勝浦眞仁 Mahito Katsuura

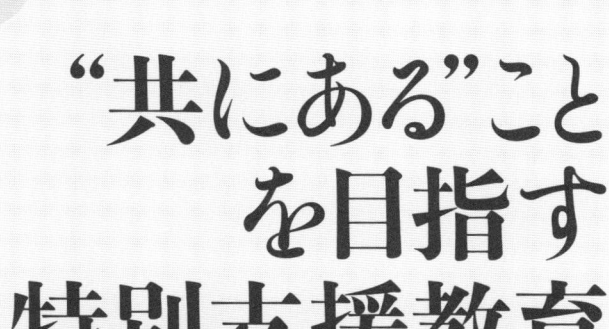

"共にある"こと
を目指す
特別支援教育

関係論から発達障碍を問い直す

ナカニシヤ出版

まえがき
―発達障碍のある子どもと私たちとの関係性を問うこと―

　いま，発達障碍と特別支援教育はこれまでの概念を転換し，また新たな局面を迎えつつある。

　発達障碍においては，2013年のDSMの改訂により，発達障碍を健常者とのスペクトラムとする方向性が強く打ち出された。例えば，自閉症の小カテゴリーであったアスペルガー症候群等がなくなり，それらすべてをまとめて「自閉スペクトラム症」とするなど，自閉症はこれまでよりも拡がりを持った概念となった。発達障碍は独特な状態を表す概念ではなく，身近にいる人たちのことや私たち自身をも包含するようになり，それぞれの特徴を活かした社会への参加のかたちが模索され始めている。

　また特別支援教育においては，共生社会の形成に向けたインクルーシブ教育システムの構築が目指されるようになった。その背景には，我が国が2014年1月に「障害者権利条約」を批准したことがある。この条約の批准に向けて，2011年8月に「障害者基本法」が改正され，「障害を理由とする差別の解消の推進に関する法律（障害者差別禁止法）」が2013年6月に成立，2016年4月から施行される。こういった一連の障碍者制度改革の中で，インクルージョンの理念に基づいた教育が検討されている。

　インクルーシブ教育システムでは，障碍のある子どもと障碍のない子どもが，同じ場で共に学ぶことを追求する。ただし，それは単に同じ場にいることを目指すのではない。子どもたちが授業内容を理解し，学習活動に参加していける実感・達成感を持ちながら，充実した時間を過ごしつつ，生きる力を身に付けていけるかどうかが最も本質的な視点となる。この観点から，発達障碍のある子どもたちに私たちがどう向き合っていくのかがより問われるようになってきた。

　このように発達障碍概念は移ろい，発達障碍のある子どもを巡る教育・保育のあり方，制度やシステムの変更に，教育・保育の現場はどうにか対応しよう

としてきた。しかし，時代の変遷の中でどのような状況にあろうとも，目の前にいる発達障碍のある子どもと共に生きていこうとして，その子との関係に私たちが心を砕いてきたことは今も昔も変わらない。自閉症を報告したKannerやAspergerをはじめ多くの先人たちも同様に，様々な観点から発達障碍のある子どもと私たちとの関係性を問うてきたのである。しかし，従来の枠組みでは発達障碍のある子どもたちに対する理解が表面的なものに留まる傾向があり，彼らと彼らにかかわる人たちとの対人関係の内実に迫れないという問題があった。

本書は，いくつかの事例を手掛かりとして，発達障碍のある子どもたちとの関係性から生まれる，新たな発達障碍の見方を示すとともに，"共にある"ことを目指す特別支援教育のあり方を提言したものである。筆者がボランティアや支援員として，発達障碍のある子どもたちとかかわり，「関与・観察」（鯨岡，2005）する中で掴んだ，彼ら独特の世界の"捉え方"や"感じ方"がよく現れたエピソードを記述し，そこで繰り広げられた対人関係を詳細に描き出した。

事例に挙げられているエピソードには，目の前にいる発達障碍のある子どもと向き合おうとして，筆者やその子の担任，クラスメイトたちが様々に試行錯誤している姿がある。発達障碍のある子どもの身体感覚を我が身でなぞろうとし，彼らの思いに想像を馳せ，また自らの持つ枠組みや感受性を根底から見つめ直すなどして，私たちは分からないなりに発達障碍のある子どもたちに心を砕いてかかわり，理解しようと努めてきた。

そのすべてが報われるわけではないのだが，この心を砕くプロセスの中で，時に，発達障碍のある子どもの体験している世界が，私たちに掴めるときがあった。こういった「共有できる体験」を積み重ねる中で，発達障碍のある子どもたちは寄り添ってくれる私たちに支えられながら，自らの思いを押し出し，私たちとつながろうとする。それによって私たちは彼らを受け止めやすくなり，"共にある"という実感が生じる。こういった営みにこそ，特別支援教育やインクルーシブ教育が目指すべき着地点があるのではないだろうか。

学校現場で，日々奮闘しながら，しかし実直に発達障碍のある子どもたちを受け止める教員や，学校ボランティアや支援員の人たちをはじめとして，発達障碍のある子どもにかかわるすべての人たちに，彼らが心を砕いて向き合って

くれる人を心から求めていることを，本書から実感していただけたなら，筆者としては望外の喜びである。

2016 年 3 月

勝浦　眞仁

目　次

まえがき　*i*

第Ⅰ部　理論編

序章　広汎性発達障碍のある子どもたちの生きる世界に迫るために……3

はじめに　3
第1節　広汎性発達障碍の子どもとかかわった体験を通して　4
第2節　発達障碍のある子どもとのかかわりにおいて私たちが問うべきこと　13
　　第1項　どのような枠組みで発達障碍のある子どもたちを見ているのか　14
　　第2項　発達障碍のある子どもたち独特の世界の"捉え方"や"感じ方"を掴めているのか　15
　　第3項　発達障碍のある子どもたちだけでなく，かかわり手の変容は問われているのか　17
第3節　本書の目指すところ　18

第1章　発達障碍とは
　　　　 ―自閉症概念の出現から高機能広汎性発達障碍に至るまで―……21

第1節　自閉症概念の出現（1960年代後半まで）　22
　　第1項　自閉症概念の出現する以前　22
　　第2項　Kannerが見ていた子どもたちとの関係性　26
　　第3項　Aspergerが見ていた子どもたちとの関係性　31
　　第4項　Kanner・Asperger以降における自閉症概念の動向

　　　　　　　　　　　第 5 項　我が国における自閉症概念の出現　45
　　第 2 節　自閉症概念の展開と発達障碍概念の萌芽（1970 年代）　50
　　　　第 1 項　従来の自閉症概念を転回する必要性　51
　　　　第 2 項　Rutter が見ていた子どもたちとの関係性　53
　　　　第 3 項　我が国における発達障碍概念の萌芽　58
　　　　第 4 項　発達障碍のある子どもたちへの多様な支援とその展開　68
　　第 3 節　発達障碍概念の拡大と展開（1980 年代から現在まで）　79
　　　　第 1 項　Wing が見ていた子どもたちとの関係性　80
　　　　第 2 項　自閉症の中核概念の探求　87
　　　　第 3 項　発達障碍に対する多様な支援方法の広まり　97
　　　　第 4 項　我が国における発達障碍概念の展開　101
　　第 4 節　本書で明らかにしたいこと　115

第 2 章　方法—「関与・観察」とエピソード記述— ……………123

　　第 1 節　特別支援教育研究における子どもたちの描き方　123
　　第 2 節　本研究の方法　129
　　　　第 1 項　子どもたち独特の世界の"捉え方"や"感じ方"をどのようにして掴んでいくのか　130
　　　　第 2 項　対人関係をどのように描き出していくのか　137
　　　　第 3 項　本研究における倫理上の配慮　143

第 II 部　事 例 編

第 3 章　事例検討 ……………………………………………147

　　事例 1　相貌性を知覚するアスペルガー症候群生徒の 1 事例
　　　　　—知覚共有体験から生まれた理解と援助—　147
　　　　第 1 項　支援員の立場から生まれた問い　147

　　　　第2項　事例検討　151
　　　　第3項　事例1のまとめ　160
　事例2　共にあろうとする気持ちを育んだ情動調律
　　　　―特別支援学級に在籍する自閉症をもつ生徒の事例から―
　　　　166
　　　　第1項　情動調律が持つ意味とは　167
　　　　第2項　事例検討　170
　　　　第3項　事例2のまとめ　178
　事例3　支援を必要とする児童とかかわる学校ボランティアの育ち
　　　　―ボランティア体験を学級担任とエピソードで共有する試み―
　　　　183
　　　　第1項　学校ボランティアの体験から　183
　　　　第2項　事例検討　187
　　　　第3項　事例3のまとめ　196

第4章　総合考察
　　　―発達障碍の新たな理解と特別支援教育―················203

　第1節　発達障碍に対する立ち位置―同じでもなく違うでもなく―
　　　　203
　第2節　発達障碍とは何か―関係論から発達障碍を問い直す―
　　　　206
　第3節　関係性を重視した特別支援教育のあり方
　　　　―"共にある"ことを目指して―　216
　第4節　今後の課題　227

あとがき　231
引用文献　233
索　引　251

第Ⅰ部　理論編

序章
広汎性発達障碍[1]のある子どもたちの生きる世界に迫るために

■ はじめに

　本書は，発達障碍[2]の1つである，広汎性発達障碍の特徴があるとされる子どもたちに筆者が学校現場で出会い，その日常生活における彼らとその子たちの担任教師やクラスメイト，また筆者とがかかわる姿を描き出すことを通して，自閉症やアスペルガー症候群のある子どもたちの生きる世界に迫ることを目指したものである。

　DSM-Ⅳ-TR（American Psychiatric Association, 2000）[3]の診断基準によれば，広汎性発達障碍（Pervasive Developmental Disorders）とは，①対人的相互反応における質的な障碍，②コミュニケーションの質的な障碍，③行動，興味，および活動の限定された反復的で常同的な様式，これら3つの質的な障碍があり，自閉症やアスペルガー症候群等を含む。ICD-10（World Health Organization, 1992）においても，ほぼ同様の診断基準を挙げているが，発達する諸機能の遅れというよりもむしろ偏りという用語で本来は定義されるものであると指摘している。

---

1) 一般には「障害」と表記される。しかし，①「害」という字は「碍」という字よりも負の側面をより連想させること，②「碍」は「石+得る（みつかる）」という成り立ちから，石が道を塞いで邪魔しているという意味を表しており，生得的な障碍が発達を妨げているという発達障碍の実態に合っていると考えられること，の2つの理由から，本論文では「障碍」と表記した（小林・鯨岡，2005；田中，2009a）。ただし公文書や文献から引用する際には，それらの表記に合わせて「障害」とした。
2) 発達障害者支援法や文部科学省の定義などでは，LDやADHD等も発達障碍に含まれているが，本論文においてはDSM-Ⅳ-TRにおける広汎性発達障碍を念頭に置き，自閉症スペクトラムの子どもたちを対象として，発達障碍という用語を用いている。
3) 2013年にDSMの改訂が行われ，DSM-5（2013）となった。DSM-5については第4章で検討する。第Ⅱ部で提示する事例においては，DSM-Ⅳ-TRに基づいた診断がなされている。

広汎性という言葉が示唆するように，障碍の現れは多岐にわたっており，どの方向から自閉症やアスペルガー症候群の子どもたちに眼差しを向けるのか，何を本質とするのかが重要であり，広汎性発達障碍の子どもたちと出会ってきた先人たちも多様な観点から彼らの生きる姿に光を当ててきた。ただその諸理論をもってしても，筆者が出会ってきた，自閉症やアスペルガー症候群の子どもたちが生きる世界に手応えをもって迫れた感触を十分に抱ききれていない面がある。

> 　発達障碍のある子どもたち独特の世界の"捉え方"や"感じ方"をどのように理解し，また支援していけばよいのか。

　この問いが生まれてくるきっかけとなった筆者の体験を提示し，発達障碍の子どもたちの生きる世界に迫るために不可欠となる観点について考察した上で，本書が目指すところを序章では述べることとしたい。

第1節　広汎性発達障碍の子どもとかかわった体験を通して

　小・中学校の通常学級に在籍し，発達障碍のある児童・生徒への教育的対応がますます求められていることを背景として，彼らの学校生活をサポートする「特別支援教育支援員（以下，支援員と略記する）」の活用が近年提唱されるようになってきた（文部科学省，2007a）。支援員とは，障碍のある児童・生徒に対し，学校における日常生活動作の介助を行ったり，学習活動上のサポートを行ったりする者である。

　支援員を活用する試みはまだ緒に就いたばかりで，先行研究ではほとんど取り上げられていない現状であるが，教育現場での実践から得られた知見を基に，支援員の役割や活用の仕方について検討し，議論を深めていくことが求められている分野である。

　筆者もある公立中学校で支援員として教育実践に携わり，自閉症やアスペルガー症候群など発達障碍と診断された，またはその可能性があると思われる子どもたちに関与してきた。そしてその生徒たちが教師やクラスメイト，また筆

者との人間関係の中でどのような学校生活を営み，また発達的変容を遂げていくのかについて観察を行ってきた。この「関与・観察」（鯨岡，2005）をする中で起きた出来事で，先の問いが生まれるきっかけとなった2つのエピソードを提示する。

エピソードで対象となったのは，通常学級に在籍するダイキ（仮名）という中学3年生の男子生徒で，自閉症スペクトラム[4]と診断を受けている。ダイキが2年生のとき，支援員として筆者はこの中学校に着任した。そして3年生になるとき，彼を担当することとなり，担任の田中（仮名）先生とともに支援にあたることとなった。

ダイキは本中学校において支援を必要とする生徒の1人で，学校関係者から筆者らに引き継がれていた前年度までのダイキの情報に，こだわりが強く，確認作業が多いため，学習や作業がなかなか進まないことが挙げられていた。そこで，授業時間におけるダイキの学習補助や学習室での個別支援，また休憩時間や放課後には，ダイキの好きなアニメの話を聞くことや，他の生徒との交流を図る役割を筆者は担い，彼のサポートに取り組んでいた。担任の田中先生とは連携しながら支援を進め，月に1回程度，ダイキについて情報交換を行っていた。

こういった背景の下で，ダイキと田中先生とのあいだに諍いが起きた場面を記述した。なお，提示するエピソード場面において，筆者は出来事をその場で記述していたわけではなく，休憩時間や放課後等に記録を残すようにしていた。よって，エピソードの記述においては，関与していることをより強調するために，筆者ではなく，その場で関与していた「私」と記述することとした。

エピソード1　わがままではない（6月中旬：朝学活後）
【背景】　朝学活が終了し，1時間目の授業が始まる前の頃合いに，筆者はダイキの時間割を確認するため，彼の教室へ向かっていると，ダイキと田中先生が

---

[4]　自閉症スペクトラムは自閉症スペクトラム障碍として，広汎性発達障碍とほぼ同義の意味で用いられることが多い。しかしながら，この2つの概念には本質的に大きな違いがあり，同じ意味合いの言葉として用いてよいのか疑問が残る。その点については，自閉症スペクトラムを提唱したWingの議論に基づいて，第1章第3節で議論することとする。

廊下に出ていて，教室のドアの手前のところで言い争っている様子が目に飛び込んできた。何事かと思い，筆者は2人の方へ近寄っていき，話に耳を傾けてみた。

> ダイキは田中先生を真っ直ぐに見つめ，先生の服の袖を握りしめながら，「僕は遅刻していない」と語尾を上ずらせつつ，大きな声で言った。田中先生は「でもな，8時25分に教室には来ていなかったじゃないか。チャイムが鳴るまでに着席しておかなければ遅刻だろ」とやや強めの口調で叱った。しかしすぐさま「違う」と先ほどの声よりも大きく高い声で，ダイキは叫ぶようにして言った。
> 「何が違うんだ」と田中先生も感情が高まってきて，やや怒るようにしてダイキに言うと「だって僕は，チャイムが鳴るより前には校門を過ぎていたんだ」とダイキは訴えた。「でも席には座っていなかっただろう。先生が教室来たときにはいなかったぞ」と田中先生もダイキの目を真っ直ぐに見ながら応じていた。「そうだけど，校門を過ぎたときに考えごとをするのに忙しくなったんだ。チャイムが鳴ったのは分かっていたけど，それをちゃんと思い出さなくちゃいけなかったんだよ」とダイキは早口になりながら田中先生に訴えていた。ただ「考えごと」という言葉が気になって，「考えごとって何」と私は思わず口を挟んだ。
> するとダイキは身体の向きを私が立っていた方にやや変えて，私の目を見ながら「先生（私）に話さなきゃいけないことがあったんだけど忘れちゃって……。それを最初からきっちり思い出していたんだよ」と言った。「どんなこと」と私は問い直してみると，ダイキは「この前に話していたアニメのことだ」と答えた。
> このやり取りを聞いていた田中先生は，アニメと聞いてうなだれた。そして「そんなのお前のわがままじゃないか」と言った。するとダイキはすぐさま田中先生の方へ身体を向き直し，右足で床をドンと踏み鳴らすと，「わがままじゃない」とまた叫ぶようにして大きな声で言った。

その後，ダイキと田中先生とが言い争っているうちに，1時間目始業のチャ

イムが鳴った。そこで田中先生は「もう授業が始まるから，また後で話そう」と話を切り上げようとすると，「僕は遅刻じゃないからね」とダイキは言って，教室に戻って行った。

　このエピソード場面について若干補足しておく。普段の学校生活において，ダイキが遅刻してくることは珍しいことではない。むしろ夜更かしをしてしまうせいもあってか，遅刻して登校することの方が多く，授業中に眠ってしまうこともある。なぜ夜更かしをするのか彼に尋ねたところ，「いろいろと考えることがあるからだ」と答え，その内容を語ることはなかった。ただ遅刻したとしても，普段のダイキなら先生に素直に謝ることもあり，遅刻したことをきっかけにダイキと田中先生が正面衝突することはこれまでなかったので，筆者はやや驚いていた。

　このエピソードの中で，ダイキの遅刻の要因となった「考えごと」を田中先生が「わがまま」と言ったことが筆者には印象に残った。始業前には校門を過ぎていたが，アニメの話を思い出すことをダイキは優先して，その場に立ち止まってしまったようだ。チャイムが鳴ったときには教室で座席に着いていなくてはならないというルールがある本中学校において，ダイキの遅刻していないという主張を田中先生は認めるわけにはいかず，それを「わがまま」と判断したのだった。

　しかしながらダイキは「わがままじゃない」と叫ぶように，また身体の力強い動きを伴って，田中先生に反発した。ダイキからすれば決して「わがまま」ではなく，チャイムが鳴り終わるまでに，教室へ行かなくてはならないという学校のルールを差し置いてでも，忘れてしまった話を最初から思い出しておくこと，つまり「考えごと」をせずにはおれない心境になってしまったようであった。

　これは「わがまま」というよりも，「強迫症状」(飯田，2006)といった発達障碍の特性[5]に起因した行動と考える向きの方が多いかもしれない。すなわち

---

5) 発達障碍のある子どもに対して，特性に応じたアプローチが盛んに行われている。しかし，この特性という見方はこれまで真に問われてきたのだろうか。発達障碍のある人と私たちを明らかに分かつ特性を考慮する必要がある。これについては第4章第2節で議論する。

ダイキは自閉症スペクトラム圏にある発達障碍の子どもであり，確認作業が多いという特性上，アニメの話を最初から忘れずに確認しておかなくては，次の動作に移ることができない状態になったと考えることもできるだろう。

しかしこの「強迫症状」という観点においても，このエピソードでダイキの感じていたことに迫りきれていないのではないだろうか。というのも，この場面でダイキが訴えていたように，アニメの話を最初から最後まできっちりと思い出さなくては気が済まない状態になった背景には，たとえ急がなくてはならない状況であったとしても，筆者にアニメの話を伝えたい，話そうとしていたダイキの思いがあったからである。このダイキ固有の状況や思いを無視したまま，「強迫的思考」によるダイキの行動として考えるだけでは，ダイキ自身が感じ体験していたこと，あるいはダイキという1人の人間のありようを十分に掬い取れているとは言い難い。

このエピソードにおいて検討してきた「わがまま」という観点，および「強迫症状」という観点いずれもが，定型発達の人々がダイキに向けた評価的な眼差しであり，彼の体験に寄り添ったものであるとは必ずしも言い切れない。すなわち，他の人から見たら間違ったルールかもしれないが，現在ある状況から導かれた「俺ルール」(ニキ，2005) とでもいうべき，発達障碍のある子どもたち独特の世界の"捉え方"や"感じ方"がダイキに見受けられたのであった。

これに加えて，ダイキの独特な"感じ方"を筆者が感じた場面がもう1つあった。それは体育大会のときのことで，最終種目の男子リレーの場面から始まる一連のエピソードを次に提示する。

エピソード2　リレーへの興味は……（10月初旬：体育大会）

【背景】　ダイキは運動を苦手に感じており，体育があまり得意な生徒ではなかった。体育大会でも自分の参加する競技には出場するものの，それ以外の時間はクラス席から少し離れた場所で好きなアニメの話を筆者にしようとしていて，筆者もダイキにできるだけ応じるようにしていた。

体育大会も終盤になり，最終種目であるリレーの時間になった。ダイキにとっては，中学最後の競技なので応援してほしいという思いが筆者にはあり，「最後のリレー始まるし，応援しに行こう」と筆者はダイキを誘った。ダイキは

第1節　広汎性発達障碍の子どもとかかわった体験を通して　9

「分かった」と思いのほか素直に応えて，クラス席の最前列に2人で座りこんでリレーを観戦した。周囲ではダイキのクラスメイトが自クラスを応援する準備をしていた。

> リレーが始まった。クラスメイトの生徒たちは運動場の方へ身を乗り出し，大きな声で声援を送り始めた。一方，ダイキはリレーが始まったことに気付いたのかどうか分からないが私の方を向き，好きなアニメの話を抑揚もつけて，笑顔で話し続けていた。私はダイキの方に時折顔を向け，相槌をうちながらも，身体は運動場の方に向けて，リレーの展開にも注意を向けていた。そこへ第一走者が，応援席の付近へやって来て走り去っていった。周りの生徒たちは「行けー」「頑張れー」と大きな声を出して応援していたが，ダイキはその間も私に絶え間なく話しかけ続けていた。
>
> その後，競技が中盤に差し掛かり，第3走者が走っていたとき，「今どこ」とダイキは突然尋ねてきた。私は不意の質問にやや驚いたが，ようやくリレーに興味を持ってくれたのかとも思い，「今，あそこの黄色いはちまきをしている人で，2位だよ」と私は答えてみた。しかしダイキくんは「そうか。でね……」と言って，アニメの話を続けた。
>
> リレーはアンカー勝負になり，ダイキのクラスのアンカーが他クラスを逆転し，ダイキのクラスは勝利した。するとその瞬間，クラスの生徒数名が喜びを爆発させるようにして飛び上がり，リレーメンバーの方へ駆け出していった。そして，それに釣られるように，他の生徒たちも走り出し，運動場中央付近にクラスの輪ができようとしていた。しかしその最中でもダイキは私に話し続けていて，あっという間にクラス席にいるのは，ダイキと私の2人しかいなくなろうとしていた。
>
> そのとき突然ダイキは話すのを止めて立ち上がり，私に何も告げないままクラスメイトのいる方へゆっくりと駆け出した。そしてそのままクラスの輪の中に入ってしまい，その中でどこへ行ったか分からなくなってしまった。その様子を見ていたダイキのことを知る保護者が「何で行っちゃったんでしょうね」と私に尋ねてきた。問われると，いったいどうしてなのかよく分からない思いが私にも湧いてきた。もしかするとリレーに

興味を持っていたのだろうか。それともクラスメイトが移動したからダイキも移動しようとしたのだろうか。

　その後スキップを踏みながら，ダイキは笑顔でクラス席にいた私のところへ戻ってきたので「リレーよかったね。ところでどうしてみんなのところ行って来たの」と尋ねてみた。するとダイキはその笑顔のまま「なんとなくだ」と答えた。

　このエピソード場面で，ダイキはリレーに興味を持っているのかいないのか，またこの状況をどのように感じていたのかについて，傍にいた筆者には今一つ掴みきれておらず，分からなさが残る場面であった。また最後の応援で盛り上がる周囲の生徒たちと，それを全く気にしていない様子で，リレーのスタート時から楽しそうにアニメの話をするダイキとの間には大きな気持ちのズレがあるのではないかと感じてしまっていた。

　一方で「今どこ」と言って，リレーを気にする問いかけをダイキは筆者に投げかけてきた。もしかすると自分のクラスがどこを走っているのか分かっていなかったから，ダイキは応援のしようがなかったのかもしれないとも筆者には思われたので，リレー走者の場所を伝えてみたが，ダイキは「そうか」と言って，アニメの話を再開した。

　その後リレーに勝利し，クラスメイトが運動場に集まっている中でもダイキは話を続けていた。次から次へと横を人が通り過ぎて行き，砂埃が立つような状況であったが，それも全く気にしていないかのようであった。しかし周りに人がいなくなると，今度はダイキもクラスの生徒たちが輪になっている方へと自ら歩みを進めていった。その様子を不思議に思った保護者の問いに，筆者も分からないでいたので，戻ってきたダイキに尋ねてみた。すると「なんとなくだ」とダイキはそのときも曖昧な答えをして，特に何か明確な理由があったわけではなさそうであった。ただ機嫌良くスキップして戻ってきたことから，クラスの輪に加われたことは心地よい体験ではあったようだ。

　体育大会の1週間後，体育の授業において体育大会とその準備で行った陸上競技についての振り返りを行った。記入用紙の中には走力についての自己評価

第1節　広汎性発達障碍の子どもとかかわった体験を通して　　11

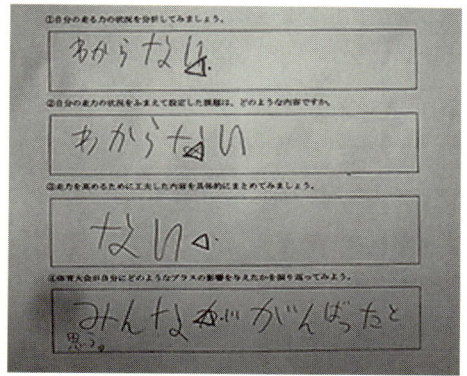

図—1　体育祭の振り返り

や工夫に関する質問が並んでおり，ダイキのサポートに当たっていた筆者は，一緒にその課題に取り組んだ（図—1）。走る力を分析し，高めるための工夫についての質問に，「わからない」や「（工夫したことは）ない」と答える中で，「体育大会が自分にとってどのようなプラスの影響を与えたかを振り返ってみよう」という質問において，「どういう意味」とダイキは聞いてきた。筆者が「体育大会の感想とかよかったと思うことでいいよ」と提案すると，「みんながんばったと思う」とダイキは書いた。

　ダイキと過ごした体育大会の一日を振り返ってみれば，ダイキがクラスの生徒たちと交流したのは，クラスの応援や輪に入った場面のみであった。また外から見ていた保護者が指摘したように，応援しているようには見えないダイキが話をやめて突然クラスの輪の方へ向かうことは，傍にいた筆者からしても違和感のあることで，その時点では分からなさの残ることだった。しかし，体育大会後に取り組んだ課題を通して，ダイキなりの仕方でクラスの生徒たちの様子に注意を向けていたのではないかということが見えてきた。その場で輪の中に入り，機嫌よく振る舞っていたことを考え合わせても，リレーを観戦したことはダイキの心に残る体験となっていたようだ。応援するという行為ではなく，また「なんとなくだ」としか言葉では言い表せない思いがあったにしても，ダイキなりにその場に居て，リレー選手の頑張りやクラスメイトの様子に注意

を向けていたことに，筆者は気付かされた。

　そのことを踏まえてエピソード2を再検討すると，アニメの話をしながらもリレー選手を気にし，またタイミングにはズレがあったが，クラスの輪に加わろうともしている。これがダイキなりの応援やクラスメイトとの関係の取り方だったのではないだろうか。一方，クラスの生徒たちも，皆が応援に盛り上がる中で周囲の様子に気を留めていないように見えるダイキに応援を強いたり，彼の話を遮ったりするようなことをしなかった。ダイキがその場にいることをクラスの生徒たちも見守ってくれていたという環境もダイキにとって必要であった。すなわちこのダイキの事例を通して示唆されるのは，発達障碍の子どもたちはそれぞれの仕方で学校の場に一生懸命に参加しているのであり（田中，2007a），そのあり様を周囲の教師やクラスの生徒たちもその人のスタイルとして見守り，受け止めていくことによってこそ，独特の"捉え方"や"感じ方"をする生徒たちが生きやすくなり，また心に様々な体験が残っていくということであった。

　特に通常学級に在籍し，一見，他の生徒たちと大きな違いがあるようには見えない発達障碍の子どもたちだけに，その人なりの表現方法や生活スタイルがあること，すなわち，その人らしい「"我が"まま」と考えられる姿があることを理解し，筆者のような支援員や支援に携わる者が「つなぎ役」（Glenys, 2002）となって，学校関係者やクラスの生徒たちに発信していくことが，彼らと私たちとが学校で共に生きていく上で欠かせないものとなってくる。

　しかしその一方で，学校という場には明文化されたものであれ，暗黙のものであれ，決まりやルールがある。エピソード1で提示したように，たとえ彼の"捉え方"に基づいて，遅刻でないとダイキが主張しても，学校という場ではそれを認めるわけにはいかず，先生としてダイキと向き合って話すことが必要なことがある。またエピソード2においても，筆者がダイキに何らかの働きかけをして，その周囲の状況に合わせるよう指導や工夫をするべきではないかという指摘もありうるだろう。実際，リレーを気にしているのだろうけれども，アニメの話を続けるダイキの様子と周りの生徒たちが応援している状況とのあいだにある食い違いを，筆者はその場で強く感じていた。つまり，ダイキは筆者にアニメの話を聞いてほしいのだろうという思いの一方で，ダイキにも周りの

生徒と同じように応援をしてほしいという筆者の思いもあり，その狭間でダイキにどのように向き合うべきか，葛藤していたのだった。この2つのエピソードを通して，発達障碍のある子どもたちを特別扱いすることなく，学校のルールや決まりを守り，また周囲の状況にも目を向けられるような，学校の一員としての自覚を期待する眼差しが私たちにあることにも気付かされた。

　学校で共に生活を営んでいく中で，発達障碍のある子どもたちを，その人らしいスタイルで，「"我が"まま」に生きる人として私たちが見守り受け止めていくと，その子の歩調に合った学校生活が生まれてくる面が確かにあった。しかしその一方で，共に生きるがゆえに，無理がない範囲で私たちの集団活動や学校の規範やルールとの同調性を求めてしまう面も学校現場には少なからずある。この両面にどう折り合いをつけるのかというのが，発達障碍のある子どもを支援することの難しさの中核にある――先の問いは，こうした実感から生まれてきたものである。

第2節　発達障碍のある子どもとのかかわりにおいて私たちが問うべきこと

　現在，特別支援教育という教育枠組みの下，小・中学校で通常学級に在籍し，発達障碍を抱える児童・生徒への支援の必要性が数多く指摘されてきている（黒田，2004a；高畑，2006）。その支援の焦点は障碍特性の理解とそれに基づく個別対応のあり方に関するものが中心であったが，対象となる児童・生徒が通常学級に在籍することを考慮した，集団の中での支援が模索されるようになってきた（別府，2010）。筆者が上記のエピソードで体験した，発達障碍のある子どもと私たちとが共に生きる場における支援の難しさも，現在の特別支援教育研究の中で問われるべき重要課題の1つであると考えられる。

　では，もう少し具体的に，発達障碍のある子どもへの支援を考えていく際，私たちはどのような問いを立てていくべきであろうか。先に挙げた筆者の体験に基づいて，考察を加える。

14　序章　広汎性発達障碍のある子どもたちの生きる世界に迫るために

第１項　どのような枠組みで発達障碍のある子どもたちを見ているのか

　現行の特別支援教育の枠組みにおいて広く受け入れられているのは，ある行動に対する原因や問題点を洗い出すアセスメントを行い，そのときの対応や考えられる手立てを示していくことである（門，2007；姉崎，2009）。すなわち，学校生活や対人関係を生きていく上での児童・生徒の不都合さやアンバランスさを把握することによって，①それに基づく支援・工夫が展開しやすく，その成果をチェックできる，②支援の必要性を周囲の生徒や保護者等に向けて説明しやすく，理解が得られやすい，という２点において有効なアプローチを模索していくのである。

　ただし，このアプローチにおいては，どういった観点からの「不都合さ」「アンバランスさ」であるのか，誰にとっての「成果」なのかということが，必ずしも十分に考えられていないことが多い。私見では，発達障碍のある子どもにかかわる人がどのような立場にあり，どのような役割を担っているのか，つまりどのような枠組みの下で支援をしているのかについて，常に自覚的でなければならない。例えば筆者の場合，中学校の支援員という立場から，エピソード２で提示したリレーを応援する場面では，クラスメイトと一緒にダイキも応援に参加してほしい思いがあった。その思いの背景を掘り起こせば，集団での活動に参加できるように援助してほしいという学校側の要望があり，学校という場における集団との同調性を求めるような枠組みを筆者は暗に担っていた面があった。それはただちに良いとも悪いとも言えないものではあるが，少なくとも，私たちが発達障碍のある子どもたちを支援しようとする際には，そのような枠組みを持っていることを自覚し，果たしてそれが本当に妥当なものなのかどうかを吟味していく姿勢が不可欠なのではないだろうか。

　しかしながら，発達障碍のある子どもたちを評価する際に，学校の規範やルールに沿った行動を子どもがとることができたかどうかという枠組みを無自覚に用いている人が，現在の教育現場には多い。エピソード１の田中先生のように，ダイキが遅刻しないで登校できるようになることを目指して，学校の規範やルールが個人の都合とは無関係に存在することを理解させようと促すことは，教師の立場からの指導として自然なものではあろうし，ある面では必要なことでもある。こういった働きかけによって，発達障碍のある子どもたちが，

第2節　発達障碍のある子どもとのかかわりにおいて私たちが問うべきこと　15

その状況における「より適切な行動」について理解できるようになっていくという面もあるだろう。

　しかし，他方で定型発達者側からの一方的な評価的枠組みに対しては，エピソード1のダイキだけではなく，高機能自閉症やアスペルガー症候群の多くの当事者から疑問が呈されているのも事実である。近年，彼らが自らの言葉でその内面世界を描き出した自伝や著書が数多く出版されているが，そこにはしばしば定型発達者の枠組みを押しつけられることへの反発が垣間見える。それらの声に真摯に耳を傾けるとき，私たちが発達障碍のある子どもたちに向けていた支援の眼差しは，果たして当事者の意図するところや思いを十分に受け止めてきたのかと問わざるを得ない。発達障碍のある子どもの行動が定型発達の枠組みにどれだけ適応的であったかどうかを問うよりも，むしろ重要なのは，発達障碍のある子どもたち一人一人の"捉え方"や"感じ方"に支援者がどれだけ近づけていたかどうかではなかったのだろうか。そうした謙虚な姿勢を欠くならば，翻訳家でアスペルガー症候群の当事者であるニキ（2006）が言う，「支援を辞退したくなる環境」になってしまうことも，場合によってはあるかもしれない。

第2項　発達障碍のある子どもたち独特の世界の"捉え方"や"感じ方"を掴めているのか

　ニキは『片づけられない女たち』（Solden, 2000）の翻訳において，発達障碍者を「非定型発達者」と呼称した。これは発達障碍のある当事者の人々にとって受け入れやすく，支援者の間でも広く使用されるようになってきた。この非定型発達者の立場から，自閉症者である泉（2003）は普通の人とは違った「異星人マインド」を持っていることを自覚し，「普通から外れるのが悪いことだという発想はあまりない」と主張をしている。また森口（2004）も「定型発達」と呼ばれる非自閉症者の行動特性を自閉症者である彼女の視点から描き，自分の行動が普通で常識的で正しいと思っている多数派の身勝手さが「教育」という名の下で強要され続けていると主張した。

　これらの主張から示唆されるのは，自閉症やアスペルガー症候群の当事者には，定型発達者から発達障碍というラベリングをされること自体に対する反発

があるということだ。自閉症のある人々の世界を内側から描いた Donna Williams（1998）も「自閉症は他者から見える行為をまとめて記したラベルであって，内なる現実について記述したものではありません」としている。

　こういった当事者からの強い反発は，「特性のある子だから，こう対応すべし」という，障碍特性理解に基づいたマニュアルを求める傾向が強まっていることへの警鐘ともいえる。定型発達者の立場で評価した見方を発達障碍のある子どもたちに押し付けていないか，支援を必要とする子どもたち独特の世界の"捉え方"や"感じ方"に向き合っていたのかを自問することは，筆者にとってのみならず，発達障碍支援にかかわる者にとって重要な課題であると考えられる（田中，2007b；鯨岡，2007）。

　ただし，発達障碍のある子どもたちの世界の"捉え方"や"感じ方"を掴むということは決して容易なことではない。先のエピソードを振り返れば，エピソード1のように頑として遅刻であることを認めないダイキにおいて，一体どのような「考えごと」が頭を巡り，彼がどのような「忙しさ」を体験していたのか，手応えを持って掴むということはなかなかに難しい。またエピソード2で，一見したところアニメの話をしているようにしか見えなかったダイキが，実は「なんとなく」リレーで頑張っているクラスメイトの様子を感じてもいたらしいということを，体育大会の振り返りといった事後的な機会においてだけでなく，その場で把握することは相当に難しかったと言わざるを得ない。

　こうした戸惑いや分からなさを記述しようとするとき，定型発達者による評価的な観点からは多くの場合，「こだわりがある」「集団に参加するのが苦手」「場の空気に即した行動がとれない」といった否定的な表現が盛り込まれてしまう。こういった記述は，彼らの体験に沿ったものではないし，それゆえに当事者からの強い反発を招きもするのだろう。しかし，当事者の特性を肯定的なものと考え，美化していけば良いのかというと，そういうことでもない。この点について，アスペルガー症候群の当事者である高森（2007）は，定型発達者によって作り出された否定的なイメージを肯定的なものに置き換えていこうとする当事者の積極性に一定の意義を認めながらも，彼らが逆に肯定的な側面を強調しすぎる傾向にあることを指摘している。高森は，当事者は生きていく過程で味わう生活上の不便さ，他者から奇異に見られることも実際体験している

という。その上で「できないことも障害もある。しかし，だから何だというのだ？　それでも私には生きていく価値がある」という自己肯定の道もあると述べている。つまり，定型発達者の枠組みによる肯定・否定の評価自体を留保し，発達障碍のある子どもたちがどのように生きていたのか，まず率直にそのままの姿を描き出すことが求められているのである。その中でエピソード２のように，ふと発達障碍のある子どもたち独特の世界の"捉え方"や"感じ方"を掴めるときが訪れるのを待つこと。そうした形で，手応えを持って彼らを掴めたとき，私たちが彼らとかかわる姿勢にも自然と変化が生まれてくるのではなかろうか。

第３項　発達障碍のある子どもたちだけでなく，かかわり手の変容は問われているのか

　これまでの先行研究においては，発達障碍のある子どもたちの変化・変容に焦点が当てられてきた。その多くは，例えば，学校生活に適応できたかどうか，コミュニケーションの発達が促されたかどうかなど，定型発達の枠組みに即した行動に焦点を当て，その行動変化を評価した論考であったといえる。一方，定型発達の枠組みの中で障碍を克服することを目指すのではなく，その人固有の特徴を活かして，生活が改善することを目指した発達援助により，彼らがより生活しやすくなることを神田橋ら（2010）は示唆している。これはアスペルガー当事者である高森（2007）が，自身を発達障碍者でも非定型発達者でもなく「SR（スローランナー）」として定義し，発達の速度・道筋が独特であるからこそ味わえる独自の人生がある可能性に言及していることとも相通ずる面がある。本論文においても，第１項での議論を踏まえれば，私たちは定型発達の枠組みからではなく，発達障碍のある子どもたちの体験している世界に寄り添って，彼らの視点から発達障碍のある子どもたちの変容を掴んでいかねばならない。

　さらに，発達障碍のある子どもたちの変容を考えるだけでなく，筆者の体験を踏まえれば，発達障碍のある子どもとかかわるその人自身の変容を問うこともまた必要だと思われる。というのも，エピソード２で提示したように，一見その場での出来事に興味がないかに見える，発達障碍のある子どもがいたとし

ても，実はその子なりに一生懸命参加している可能性があるということを支援員が気付き，理解が深まったときに，その子へのかかわりが自然と変化するということがあるからである。筆者の場合，エピソード2を通じて，ダイキの体験世界の理解が深まるとともに，ダイキとのかかわりをより丁寧にしていく必要性を感じ，これまでのかかわる姿勢や構えを見つめ直すことにつながった。

　子どもとかかわったその時点では分からない感覚が残った出来事であっても，時間の経過とともに，発達障碍のある子どもたちの世界の"捉え方"や"感じ方"にふと触れることがあり，それを知ることによって，違う観点からその出来事を見ることができた体験が筆者には何度かあった。このように，学校で営まれる日々の生活の中で，発達障碍のある子どもたちと時間を重ねていくと，ある出来事に対する新たな意味づけが，その子とかかわる人に生まれてくることがありうる。そのような意味づけを模索していくことは，私たちが発達障碍のある子どもたちと向き合っていく上で欠かせないのではあるまいか。というのも，それまでは分からなかった行動に新たな意味づけが生まれれば，私たちが発達障碍のある子どもたちを受け止めやすくなる地平が開かれ，両者の「生きづらさ」（田中，2014）を和らげることにつながってくるからだ。

　浜田（2009）も定型発達者の解釈に当てはめることなく，障碍を1つの「生きるかたち」として考え，彼ら独特の"捉え方"や"感じ方"を尊重しながら共に生きることを目指す枠組みを提唱している。私たちは発達障碍のある子どもと向き合っていく中で，子どもたちに生まれた様々な変容や育ちを考えるとともに，私たち自身に1人の人間として，どのような気づきや育ちがあったのかを問う必要性があるのではなかろうか。すなわち，共に育ち合う者同士として，発達障碍のある子どもたちと私たちとの日常生活における関係性の変容を問うていくことが欠かせないのである。

第3節　本書の目指すところ

　以上の議論から，発達障碍のある子どもの変容のあるところには，その子とかかわる私たちの変容もあると言える。そこには行動的な関係の展開にとどまらず，相互の心的な関係の展開がある。つまり，発達障碍のある子どもたちと，

かかわる者との間には独特の関係性[6]が開かれていくといえよう。

　この関係論の立場からすると，発達障碍のある子どもたちとかかわっていく中で私たちが問うべき観点を，次の3点に集約することができる。

> ① 私たちはどのような枠組みで発達障碍のある子どもたちを見ていて，どのようなところに関係の取りづらさを感じているのか
> ② 発達障碍のある子どもたちのどのような面に関係の糸口を見出し，どのようにしてその独特の"捉え方"や"感じ方"を掴んでいけばよいのか
> ③ 発達障碍のある子どもたち，およびかかわる私たち自身にどのような変容があり，両者のあいだにどのような新たな意味づけが生まれていったのか

　これらをさらに要約するならば，発達障碍のある子どもたちとその子にかかわる人たちがどのような関係性を生き，また変化させていったのか，その関係性の質と変容を掴んでいくことが，発達障碍の理解および支援において欠かすことができない，ということになる。こうした角度から発達障碍支援の問題に切り込み，具体的事例において上記3点からの検討を実践しながら，新たな支援のあり方を模索していくというのが，本書の目指すところである。

　まず第Ⅰ部第1章では，これまでの広汎性発達障碍に関する先行理論を，上の3つの観点を意識しつつ批判的に再検討する中で，十分に明らかになっていなかった諸問題を整理し，本書の目的をより明確に提示する。続く第2章では，その目的を実現するために，どのような方法が必要になるのかについて述べる。

　第3章以降は第Ⅱ部となる。第3章では，第Ⅰ部で述べた問題意識を明らかにする上で筆者にとって重要な出会いとなった児童・生徒の事例を提示する。その事例に基づいて，総合考察を第4章で行い，本研究で明らかになった新たな知見を提示するとともに，今後の課題について述べることとする。

　本書を通して，発達障碍のある子どもへの新たな理解を生み出すとともに，

---

6) この独特の関係性のことを，本文では単に「子どもたちとの関係性」と記すこととする。

その理解に基づいた特別支援教育のあり方を提唱できればと思う。また発達障碍のある人たちの観点から見ると，私たちがごく当たり前のこととして過ごしている，たくさんの出来事や現象に実は多くの不可思議な前提が孕まれている。そうした前提を共有しない子どもたちに出会うことで，私たちはこれまでと異なった角度から世界を眺めることができるようになる。本書の読者がそうやって開かれる新たな世界を感受しつつ，日常をより豊かに生きることにつながれば幸いである。

第1章
発達障碍とは
―自閉症概念の出現から高機能広汎性発達障碍に至るまで―

　本章では，これまでの発達障碍に関連する諸理論を時系列に沿って，検討していく。自閉症研究については，その基本的な考え方が大きく何度も変わってきており，常にその概念を吟味し，その変遷から検討することが宿命づけられている。発達障碍の世界の複雑さに迫るためには，時系列に沿った諸理論の分析が必要であると考えられる（杉山，1999；佐藤ら，2009）。そこで，自閉症概念の出現から今日注目されている発達障碍概念に至るまでにあった，3つの転換点を節目として区分し，発達障碍研究の変遷を検討することとした。

　発達障碍研究の歴史には，ある概念が否定されると，旧説を誤謬として葬り去って，ひとまとめに「廃棄処分」（滝川，2001）してしまう傾向や，研究者も「集団転向」（小澤，1984）していったために，1つの発達障碍理解に固執してしまいがちな面があった。よって，発達障碍の概念を相対的に考え，比較する上でも，時系列に沿って発達障碍研究を検討する意味があると考えられる。

　先行研究については，先駆者の文献および事例に関し，序章で提起した3つの観点から検討を行う。すなわち，

（1）私たちはどのような枠組みで発達障碍のある子どもたちを見ていて，どのようなところに関係の取りづらさを感じているのか
（2）発達障碍のある子どもたちのどのような面に関係の糸口を見出し，どのようにしてその独特の"捉え方"や"感じ方"を掴んでいけばよいのか
（3）発達障碍のある子どもたち，およびかかわる私たち自身にどのような変容があり，両者のあいだにどのような新たな意味づけが生まれていったのか

である。これらの観点から，自閉症やアスペルガー症候群の子どもたちとかかわっていた人たちの眼差しが，それぞれの時代でどのような意味を有していた

のかを考察するとともに，その時点では十分に問われていなかった点について批判的検討を加える。

まず早期幼児自閉症を提唱したKannerおよび自閉的精神病質を提唱したAspergerを中心に，初期の自閉症概念[7]について検討する。

■ 第1節 自閉症概念の出現（1960年代後半まで）

自閉症の歴史は，KannerおよびAspergerの発見が始まりであるとして紹介されることが多い。しかし今日，自閉症スペクトラムがあるとされる人たちが広く存在することを省みれば，KannerやAsperger以前の時代にも，自閉症のある子どもたちがいたと考えるのが妥当であろうし，実際に存在していたことを示す記録も残っている。その中で広く知られているのは，1799年にフランスの医師Itardによってアベェロンで発見された野生児ヴィクトールであり（Itard，1801），当時の記述から自閉症であると考えられている（Wing，1997；石坂，2008；Frith，2003）。

では，当時の発達障碍のある子どもたちはどのような枠組みにおいて理解されてきたのであろうか。またKannerやAspergerは従来の枠組みとはどのように区別して，自閉症概念を出現させるに至ったのであろうか。彼らの眼差しをよりよく理解するためにも，まずは自閉症概念が出現する以前の状況を振り返ることとする。

第1項 自閉症概念の出現する以前
（1）どのような枠組みで自閉症のある子どもたちを見ていたのか

19世紀半ば以降，ヨーロッパで精神医学における臨床的疾病分類学の端緒が開かれ，発展していった。自閉症概念が発見されるまでは，KannerやAspergerが観察していた自閉傾向のある子どもたちは，主に統合失調症と知的障碍の2つの精神障碍に含まれていたと考えられる（Kanner，1943；Asperger，1965）。

---

[7] 1960年代までは，発達障碍の概念はまだ提唱されておらず，自閉症は疾患として考えられていた。そのため第1節においては，疾患単位としての自閉症概念を検討することとする。ただしKannerをはじめ，発達的観点からの考察は当然試みられており，そこにどのような変容があったのかについても議論をする。

それぞれの疾病概念について検討し，KannerやAspergerの発見がなぜ新しかったのかを述べることとする。

a)　統合失調症の枠組み

BleulerはKraepelinの「早期性[8]痴呆」の概念を修正し，統合失調症を提唱した。その疾患の中心概念は痴呆化ではなく，諸神経連合の弛緩と自閉に置き換えられていった（高木，2009a）。その後1930年付近になって，発病に先だって比較的平穏な常態期が存在する統合失調症の子どもの一群が報告されるようになり（黒丸，1959；Kanner，1965），いったい何歳から統合失調症が発症するのかに関心が高まってきていた。

また精神医学において，当時子どもの精神障碍の存在は認められていなかったが，「小児精神病」と呼ばれるサブグループの定義づけが試みられ始めた（Wing，1997）。この試みの初期には，大人の精神障碍の診断基準がそのまま子どもに流用されていたのだが，1940年頃までに子どもの診断において発達的な考慮をする必要性について認識されるようになってきた。しかしそれが具現化されることはそれまでなかった。

これらに対してKanner（1943）は，自閉症児の場合，「孤立が，人生の初めから」あった子どもとしており，またAsperger（1944）も自閉的精神病質は精神病ではなく生まれつきの人格の偏りであると考えていた。すなわち，明らかな発病の段階がなく，自閉傾向を生得的な疾患であると考えることによって，従来の統合失調症概念とは区別したことが新しい概念の発見につながったと考えられる。Rutter（2001）もKannerが大人の診断基準を適用することなく，最初から正常発達の時期なしに現れてきた自閉症児がどのように変容していくのかという観点から，「発達の過程に結びつけた」ことが重要であるとして，彼の功績を称えている。

---

8)　ここで「早期」とは，概ね青年期を指している。その後，10歳以下から10代後半に発症する子どももいたことが報告されており，統合失調症の若年発症下限例が探索されているうちに，第2次世界大戦へと突入していった（高木，2009a）。

b）　知的障碍の枠組み

　20世紀初頭，ヨーロッパで初等教育の義務教育化が進み，知的障碍のある子どもを客観的に鑑別する必要性があったため，フランス教育省の要請を受けたBinetとSimonは1905年に知能検査を開発した。その後，知能検査は世界大戦における徴兵検査に用いられるなど多方面に活用されるようになっていった。

　KannerやAspergerも，彼らが記述した子どもに対して知能検査を実施し，知的障碍との鑑別の考察を行った。その際，数値的な結果よりもむしろ，検査に対する子どもの取り組み方や個々の検査への反応を重視し，考察を加えているところに彼らが子どもと丁寧にかかわっていたことがうかがえる。その結果，彼らは観察した子どもたちには潜在的に高い能力が備わっていると推測し，知的障碍と区別した（Kanner, 1943；Asperger, 1944）。

　自閉症概念が発見される以前の，自閉症のある子どもたちは，統合失調症や知的障碍の枠組みの中で考えられていたのだが，KannerやAspergerはその見解とは一線を画しながら，子どもの精神障碍の診断と治療を目指し，子どもたちと丁寧にかかわっていたようであった。

（2）「自閉」という言葉で記述されていた関係性とは

　KannerやAspergerの自閉症概念の発見には，当時の社会的状況も深く関連していた。高岡（2007）によれば，当時のアメリカ児童精神医学が，社会に脅威を与える精神薄弱児・者と，どう向き合うべきかを問われていたとして，Kannerの「自閉症の『発見』は，『精神薄弱』からの分離という作業を通じて成し遂げられた」としている。またAspergerもナチスの「障害者『安楽死』政策」を適用させないために，自閉的精神病質の概念を打ち出し，観察してきた子どもたちは社会性に異常があるものの，統合失調症や知的障碍でもなく，能力を活かせる適正な職業があることを見出そうとしていた（石川，2007）。

　その中で，それまで全く縁のなかったKannerとAspergerの両者が，同じ時期に「自閉」という同じ言葉で，観察してきた子どもたちを記述したのは興味深いことである。本来「自閉」とはBleuler（1911）が用いた用語であり，統合失調者が示す基本症状のうち，現実感覚あるいは現実機能の喪失，または撤退しようとする「現実に対する態度」などを指す概念であった（Pichot, 1996）。

しかし，KannerとAspergerは本来の意味合いとの違いを理解しつつ，観察してきた子どもたちの一面をひとまず「自閉」と形容したようなのである。両者が「自閉」という用語を用いて表そうとした，子どもたちとの関係性とはいかなるものであったのだろうか。

まずKanner（1965）によれば，観察してきた子どもたちは現実の喪失やそこからの撤退をしたわけではなく，そもそも生来的に，周囲の対人との関係自体が全くなかったと主張する。しかし外界に対して自らを全く遮断しているのかといえばそうではなく，生命のない物体は巧みに扱うことができ，物を使った活動を展開できることが確認された。Kannerは観察していた子どもたちには知的な障碍があるとは認められないものの，周囲の人たちと関係が特に疎隔されている，独特なあり方に対してぴったりとした簡潔な表現を見出すことができなかったため，相似な概念として「自閉」と表現したと述べている。Rutter（1978a）もBleulerとKannerの「自閉」という言葉の意味については混乱が生じやすいとしている。

またAsperger（1944）も，観察してきた子どもたちの本質的症状に自我と外界との関係の狭窄があり，現実との生き生きとした接触が失われ，周囲とのかかわりが乏しくなった状態（杉山，1999）を意味する従来の「自閉」との共通分母が見出されたとして，「自閉的」精神病質の名称を選んだ。しかし「自閉的」≒「多少変わり者的な」精神病質の子どもという意味合いで名付けており，「自閉的」≒「（内面生活の相対的，絶対的優位を伴う）現実からの遊離」とした，Bleulerの「自閉」とはやや違う意味で用いていることも示唆している。

KannerとAspergerの両者ともに若干の違和感を抱えながらも，観察してきた子どもたちの一面をたしかに言い当てる「自閉」という言葉で，その一群を記述することになった。そしてそれが今日の発達障碍理解にまで浸透し，私たちはごく当たり前に自閉症という用語を用いている。しかし，私たちがかかわってきた子どもたちとの関係性を「自閉的」として表現してよいのかどうか。彼らとの関係性をより適切に言い表す新たな概念や言葉を今後も問うていくべきであろう。

では，KannerやAspergerは，自閉症の子どもたちとの関係性を具体的にどのように考えていたのであろうか。両者が提示した事例や先行所見を詳細に検

討していくこととする．まず，Kannerは自閉症の子どもたちをどのような枠組みでいかに見ていたのであろうか．

第2項　Kannerが見ていた子どもたちとの関係性
（1）　Kannerの研究枠組みと早期幼児自閉症について

　Kannerは11名の特異な特徴を持つ子どもたちの事例を提示し，従来の統合失調症や知的障碍とは区別した上で，「情緒的疎通の生来的自閉的障害」のある一群が存在することを1943年の論文で発表し，翌年「早期幼児自閉症」と名付けた．原則的な2つの診断基準は，①極度の孤立，②同一性保持への強迫的固執であり，この2つに関係の取りづらさを見出して，それを基礎に派生的問題への説明を行っていった．

　特に言語症状についてKannerは興味を示し，エコラリアなど様々な特徴を詳細にまとめている．言葉が出てこなかった子どもから言語的に早熟な子どもまで，多様な特性を持つ子どもがいたが，全般的に伝達機能を持つ言葉の使用が見られなかった．また知覚刺激に対して，耳を塞ぐなどの拒否反応を示す子どもたちがいたことも指摘されている．男女比は4：1で男性が多く，素因については紆余曲折あったが，最終的には生得的要因であると結論づけた．

　KannerはKraepelinの疾病学的精神医学の知識体系や分類概念から出発していたため，当初，早期幼児自閉症と統合失調症の区別について慎重に議論を行い，最終的に彼の精神医学の教科書には，早期幼児自閉症は統合失調症の中の1症候であると位置づけられることとなるが（Kanner, 1973），1960年代には両者の区別はあまり重要ではなく，早期幼児自閉症は他の精神疾患と重なり合わない，十分にそれ自体研究の対象となることを主張していた（Kanner, 1965）．

　この背景には，診断ありきで子どもを見るべきではないというKannerの信念がある．1969年に発表された「子どもたちはそういった書物を読んだことがない」（Kanner, 1969）という論文では，子どもたちが診断基準通りの姿を見せるのではなく，「患者こそがわれわれに異なった仕方で接近してくる」のであり，「ユニークな特異性を有する個人」の中から，語りうるその人のプロフィールを次から次へと発見していくことが大切であるとしている．では自閉症児に対し

て，Kanner はどのようなかかわりを進めていたのであろうか。

（2）自閉症の子どもたちへの治療的かかわり

Kanner の弟子である Eisenberg（2001）によれば，Kanner は「子どもの世界に入っていく」ことが上手であったという。それは，自閉症の子どもたちの言葉の不適切な比喩に関する論文の中で（Kanner, 1946），ドナルドという自閉症のある子どもに関する次のエピソードからもうかがい知ることができる。

> 5歳のとき，ドナルドはクレヨンでなぐり描きをしていた。その間，彼はまじめに自信を持って，「アネットとセシルで紫ができます」と言い続けた。ドナルドは家に絵の具のびんを5つ持っており，彼はそれぞれにディオンヌの5つ子の名前を1つずつつけた。青は「アネット」になり，そして赤は「セシル」になった。それ以来彼の用語では，アネットは青，セシルは赤で，紫は5つの色の中にはなくて「紫」のままだった。（Kanner, 邦訳 2001 より）

ドナルドは 1943 年の論文の第1事例に挙げられており，Kanner にとって思い入れの深い子どもであったようである。Kanner はこのエピソードに代表されるような事例を通して，「『不適切さ』は子どもたち自身にとって不適切でなく，子どもにだけわかる比喩的転義の手がかりがつかめれば聞き手にとって了解できるものになる」としている。同一性の保持についても，周囲の環境に安全を見出そうとする自閉症の子どもたちの特徴を掴んでおり（Kanner, 1951），Kanner が掴んでいた自閉症の子どもたちの世界の"捉え方"から，私たちは今もなお学ぶところが多い。

自閉症の子どもたちとのかかわりにおいて Kanner は，「愛情深い世話と母親の役割を果たすひとりあるいはそれ以上の大人との一貫した関係が幼児や児童の正常な成長に不可欠であることは明らかである」（Kanner, 1956）と述べている。「愛情深い世話」とは具体的にはどのようなかかわりを言わんとしているのか知るために，先に挙げたドナルドのエピソードをもう1つ提示する（Kanner & Eisenberg, 1971）。ドナルドは 1942 年に親元を離れて，4年間農

業を営むルイス夫婦に預けられた。1945年にそこを訪れたKannerは，ドナルドの世話をしている夫婦の知恵に驚かされたという。

> 彼ら（ルイス夫妻）は，彼に何とかして彼の常同性に目標を与えようとした。（中略）彼が繰り返し，とうもろこし畑の列を数えていたときには，彼らは彼に耕した列を数えさせた。
> 　私（Kanner）が訪れたとき，彼は6つの長い列を耕した。彼がたいへん巧みに馬を扱い耕し，馬の向きをかえたことには驚かされた。ルイス夫妻は彼が好きで，また彼らは穏やかながらもしっかりしていることも明らかだった。(Kanner & Eisenberg，邦訳2001より)

　このエピソードでは，自閉症の子どもの常同的な行動に対して，農場の役に立てるような目標を与えようとするルイス夫妻のかかわりに，Kannerが感銘を受けた様子がうかがえる。そして，自閉症の子どもとかかわる人たちが，その子を好いているからこそ，子どもが情緒的に安定することが示唆されていた。

　このように周囲の人たちの自閉症の子どもたちに対するかかわりをKannerが重視していた背景には，病院や施設の処置によって症状が改善した子どもたちが見られなかったこととともに，自閉症児の両親[9]に情緒的な雰囲気がないことが子どもの強迫性につながっている可能性があり，彼らの養育姿勢を問う論調があった（Kanner, 1949）。その例として，子どもへのかかわりを変えるように母親を治療することで，自閉症の子どもが適応的になった事例を挙げている（Kanner & Einseberg, 1955）。

　Kanner自身は両親の養育態度が素因であると述べたことは一度もないと否定しているが，両親への彼の記述には，自閉症は両親の育て方や愛情不足に問題があるとする，いわゆる心因論に解釈されても致し方のない記述があった。ただし後には，親－子どもを対極する関係で考えるのではなく，積極的な共同治療者として位置付けるようになり（Kanner & Eisenberg, 1971），自閉症の

---

[9] 自閉症児の両親のことを「成功した自閉」ともKannerは述べている。つまり，両親のいずれか，もしくは両者ともに，何らかの形で社会に適応することはできているものの，自閉的な傾向があるとKannerは考えていた。

ある子どもの世界の"捉え方"を活かす治療的かかわりを重視していくようになった。では，このかかわりを通して，自閉症の子どもたちにどのような変容が見られたのであろうか。

（3） 同一性保持能力を人とのかかわりに役立てる

Kannerら（1955, 1971, 1972）は追跡調査を重視し，観察してきた子どもたちがどのような変容をしていったのかに関心を持って取り組んでいた。特に1971年の論文は1943年に観察された11名の自閉症の子どもたちの予後[10]を追跡した点で，当時のインパクトは大きかったようである。

1955年の段階では，5歳時点での話し言葉の有無によって予後が大きく異なっているとして，将来適応の望みが持てるかどうかの標識であるとしていた。しかし1972年の調査によれば，96名の自閉症の子どもたちのうち11名が社会に適応した状態であると考えられたが，5歳時点で話し言葉を持っていたとしても，適応できていなかった事例があったために，予後の判断基準にはならないとして後にこれを否定した。

社会に適応できた条件として挙げたのは，自閉症の子どもたちが10歳代前半から半ばにかけて自分たちの特異性を気にするようになったかどうか，すなわち自己概念の変化であった。その時期になると，自閉症の子どもたちは友だちを作るということを「知る」ようになり，個人的友情関係を形成しようと試みるようになったが，成功にはほど遠かったようである。そこで強迫的こだわりによって獲得してきた知識を，人とかかわるために積極的に役立てるようになった。例えば，音楽や歴史，数字や天文学などに関する詳細な知識によって，周りから承認されるようになり，仲間同士の共通の「趣味」としたのである。

1943年当時には，早期幼児自閉症の子どもとの関係の取りづらさの原因を，極端な孤立と同一性保持への強迫的固執に帰属させていたKannerであるが，観察してきた子どもたちの30年近くにわたる追跡調査によって，自閉症の子どもたちに対する新たな意味づけが彼に生まれてきた。すなわち，一見極端に

---

10) 「予後」という表現は，病気が治療した後やその後にたどる経過についての医学的見通しという意味合いが含まれており，発達障碍とされている現在の自閉症理解からいえば，適切ではない。ただ当時，自閉症は治癒する疾患であると考えられていたことから，第1節においては，「予後」という表現を用いた。

孤立しているように見える自閉症の子どもたちであっても，彼らの強迫的なこだわりによって獲得した知識を利用することが集団参加への糸口となり，孤立した状態から脱却し，社会に適応しうることを見出したのであった。

■ Kanner の眼差しとその批判的検討

　Kanner の先行研究や事例に基づいて，詳細に彼の理論を検討してきたが，報告から 70 年以上経った現在においても，彼の姿勢や観察は色褪せることはなく，説得力ある描写が数多くあると思われる。早期幼児自閉症と名付けた一群の子どもたちとその子にかかわる人との間の関係性を，Kanner がどのように見ていたのか，その眼差しについてまとめておく。

　Kanner は臨床経験から，生まれて以来，周囲の人々から極端に"孤立"している一群の子どもたちがいることを指摘し，情緒的交流の自閉的障碍が生来的なものかどうかを慎重に見極めようとした。そして，基本的には生得説に立って，自閉症の子どもたちの世界の"捉え方"を活かす治療的かかわりを行った。すなわち，子どもたち自身の強迫的固執によって得られる知識が人とのかかわりに役立てられるような配慮をかかわる者が行うこと，これによって，彼らは"孤立"から抜け出し，社会に適応できるのだということが，Kanner が最終的に主張したかったことであったといえよう。

　この Kanner の理論に筆者自身今でも学ぶことが多く，日々の子どもたちとのかかわりにも役立つことが数多くある。ただ，彼の先行研究を通して今一つ見えてこないのは，自閉症の子どもたち自身が，周囲から"孤立"していたことを，日々どのように感じながら暮らしていたのか，という問題である。例えば先に挙げた，友だちを作るということを「知った」ということ，逆にいえば，友だちがいないということを「知った」のであろうが，それは彼らにとってどのような感情体験で，どのような情動が動いたのかについては言及されていない。自閉症の子どもたちにおいて友だちができることによってどのような情動が湧き，変容していったのかについては検証しないまま，その社会に適応したかどうかという治療的枠組みの中でのみ議論を行ってしまって，果たしてよかったのだろうかという疑問が残る。

　しかし客観的に観察しようという研究枠組みを持っていた彼にとって，自閉

症の子どもたちの感情や情動体験の問題は，後に触れる Bettelhiem の考え方を単なる思弁で無用のものであると批判したように（Kanner, 1968），慎重さと謙虚さをもって取り組むべきこと，言い換えれば安易に踏み込むべきではない領域であり，1960 年代には全く言及しようとはしなかった。

ただ晩年の 1972 年の追跡調査の中には，「(同一性保持能力に対する仲間からの) 承認を受けまたこれを楽しんだ」といった感情体験に関する記述がわずかながら見られる。また友だち関係が長続きしなかった事例もあり，「真のかかわり合いの欠如はそれほど不快ではない」として，生来的な周囲からの"孤立"という特徴は時間が経過しても残っていたことを確認するとともに，自閉症の子どもたちの情動についても言及している。自閉症の子どもたちがどのように情動を変容させつつ，他者との生活世界へと導かれていったのかに Kanner は興味を示し始めていたものの，その関係性の変容までは十分に煮詰められていなかったといえる。

次に Kanner と同時期に自閉的精神病質を提唱した Asperger は，自閉症の子どもたちをどのような枠組みでいかに見ていたのかについて検討する。

第 3 項　Asperger が見ていた子どもたちとの関係性

(1) Asperger の研究枠組みと自閉的精神病質について

Kanner は自閉症のある子どもたちを診断分類することをその研究の出発点としたが，Asperger は小児科医として治療教育学の立場から，彼らの人格を理解することを重視していた。すなわち，子どもたちが障碍を持つという前提に立たず，まず 1 人の人間の全体的なありようを知るために，子どもたちの遊びや勉強場面，また自由にくつろいだ状況など，彼らの日常生活に密着したかかわりを行うとともに，観察を積み重ねていった。そして観察された子どもたちの姿を記述して，子どもたちにある障碍の本質傾向を見出し，その傾向に適合する一貫した子ども像を描き出そうとした。

その結果，1944 年に発表した論文で，4 名の子どもたちの事例を描き出し，生後 2 年目の時点で「自己と外界との関係の狭窄」（Asperger, 1944）や「事物や人間との人格的な接触の狭さ」（Asperger, 1965）として表現されるような，「周囲に対する生き生きとした関係」が取りづらい状態をその本質的障碍とす

る一群の子どもたちを，自閉的精神病質と名付けた。

　4名の子どもたちだけでなく，実際には200名以上の臨床を行っており，その臨床から統合失調症とは相違はあるものの，脳炎との鑑別は難しいことが指摘されており，脳機能に障碍があることが想定された。素因については，子どもたちが父親と似通っている面があるケースの多いことから遺伝的要因が考えられること，および母親の養育態度に問題があるという意味ではなく，自閉症のある子どもの性格が周囲との情緒的な関係性を生みにくかったり，展開しにくかったりさせるという意味において環境的要因があるとした。また男性が圧倒的に大きく，女性はAsperger自身による報告ではほとんどいない。

　Aspergerは自閉的精神病質のある子どもたちと生活を共にする中で，彼らの様々な特徴を見出していた。その代表的なものが"視線"と"言語"である。まず"視線"については，特定の事物や人間に自閉症の子どもたちはきちっと目を向けようとせず，周辺視で知覚しようとする一方で，子どもたちが誰かにいたずらをしようとするときには，その眼差しは輝きを増し，いたずらをする喜びにあふれた様子でその人の方を見ることができた。また"言語"については，彼らにとって重要なことであれば，一方的に誰かに話そうとして，聞き手の様子には無関心で，話ができる状況として適しているかどうかには全く無頓着であるという。

　このような特徴が，自閉症の子どもたちの生活の表現すべてにわたって見られたことから，「亢進した自発性と障害された反応性」（Asperger, 1965）が彼らにあることをAspergerは見出していた。すなわち，子どもたちは独自の衝動やその固有の興味に従って行動する一方で，周囲からの要請に応えようとせず，課題にも関心を示さない状態にあり，その点を彼らの問題点として取り上げたのだった。

　では，このような子どもたちと日常的に出会っていたAspergerは，彼らとどのようにかかわりを持ったのであろうか。

（2）　**特殊な興味による知性を活かした教育的かかわり**

　Aspergerがまず注目したのは子どもたちの言葉遊びであり，独創的な体験や自身による観察を独創的な言語形式で表現する，言語形成の独自性であった。

第 1 節　自閉症概念の出現（1960 年代後半まで）　33

具体的には次のエピソードが挙げられる。

> 　　ある 6 ～ 7 歳の少年は，階段と梯子の相違について次のように述べている。「梯子は大変とがっていて，階段はヘビのようにとぐろを巻いている」と。（Asperger，邦訳 2000 より）

　このように自身の体験や観察に基づいて，全く新しい観点から見る自閉症の子どもの自発的独創性を掴んでおり，言語の領域に限らず，狭い範囲での特殊な興味によって大きく広がっていく知性を自閉的知能と Asperger は呼んだ。この知性は限られた領域では素晴らしい力を発揮するのだが，新しい考え方や概念を人から学習することには適さず，両親や教師の模倣をすることもほとんどなかったため，学校において学習する量は極めて少なくなってしまった。すなわち自閉的知能は自閉症の子どもたちにとって強みであり，弱点にもなったといえる。
　Asperger が観察していた子どもたちの世界の"捉え方"に対する両面性は，対人場面における彼らの"感じ方"にも現れていた。まず他者理解においては，自閉症のある子どもたちはユーモアを解することができず，心情から現れる世界の理解までには至らない場面がある一方で，動物や特定の人間と非常に感情的に深い結びつきや思いやりの心を示すことがあり，誰が好意を持っているか，非常によく感知する面があるという。また自己理解においても，他者からどのように見られているのか気にしていない様子が見られ，自己の身体内に自分が存在していないかのように振る舞う一方で，Asperger の病棟にやってきた子どもたちが家族と離れホームシックになることがよくあり，そのときには情愛のこもった言葉で家族に手紙を書き，自らの心情を大変分化した感情で書き表すという。すなわち自己や他者の理解について，過敏さと鈍感さが表裏一体になった複雑な感情体験をしていることを Asperger は掴んでいた。
　このように，観察してきた子どもたちの世界の"捉え方"や"感じ方"を掴んでいた Asperger は，彼らの問題が最も大きくなるのが学校であることを指摘する。なぜなら学校という場は，自発的な衝動や興味に対する自由が大幅に奪われ，「させる」「教える」といった周囲からの要求が大きくなるものの，子

どもたちは狭い興味のために学校生活の日常の要請には応じようとしないために，学校に適応できない状態が現れてきやすいからである。

　そこで Asperger は自閉症のある子どもたちを教育していく上で必要であった，2つの特別なかかわりを提唱する。第1は子どもたちの両面ある複雑な「情動を取り除き」，非個人的な「命令様式」を利用するかかわりである。分かりやすく言えば，冷静にかつ具体的に注意することであり，注意する際にも個人的にではなく，例えば，「みんなは……します」「皆は……します」というように，その場にいる誰にでも妥当する言い方をすると，彼らは義務付けられていることを自覚し，葛藤もなく要請されたことをやり遂げてしまうという。現在でいえば，自閉症のある子どもに見通しをもたせることであり，情動ではなく子どもたちの知性を活かして，先生からの指示を理解できるようにしていくことを Asperger は目指していた。

　第2に，自閉症のある子どもたちの特殊な興味を，彼らとかかわる人も一緒になって楽しむこと，すなわち「自閉症児とともに自閉的になる」（Asperger, 1967）かかわりを挙げている。つまり，自閉症のある子どもとともに，そのかかわり手もどうにかして，「自閉的」世界に入り込んでしまうのである。このかかわりは自閉症のある子どもたちにとって重要な意味があり，将来の就労にかかわってくることを Asperger は示唆する。このような，自閉症のある子どもたちへの特別なかかわりを通して，彼らにどのような変容が見られたのであろうか。

（3）　子どもたちの一途さと徹底性に見出した社会的価値

　Asperger は観察してきた子どもたちの予後について，様々な問題が生じていたにもかかわらず，その多くが社会生活に参加していったことから，全般に楽観的な見方をしていた。ただ社会にうまく適応できなかった事例もあり，その場合には知的な遅れを伴っていたことから，知的障碍の有無が予後を決定するとしていた。これは先に知性を活かしたかかわりを挙げていたことからも，知性による指示理解が厳しい子どもたちの場合には予後がうまくいかないことが示唆される。逆に知的障碍のない場合には，自閉症の子どもたちと冷静に具体的にかかわることによって，子どもたちは社会参加していけたようである。

また特別なかかわりとしてもう1つ挙げた，自閉症のある子どもとともに，その子とかかわる人も自閉的になるかかわりは，子どもたちがどんなことに興味があるのかを掴み，特殊な関心を活かした就職を可能にするため，就労において大きな意味を持ったという．

　多くの青年にとって，職業選択は自らの将来への可能性を放棄してしまう不安や一面的な状態へと強制される束縛感から大きな悩みになる．一方でAspergerが観察してきた子どもたちの場合には，人生の豊かな可能性に目隠しをし，子どもの頃からすでに特別の素養によって予め決められているかのように自分の道を歩んでいるという．すなわち，子どもの頃から自発的に持ち続けていた特殊な興味や関心を一途に，徹底して究めようとする能動性によって，興味のある専門分野での特殊な作業をなしとげることによる就職が可能になり，自閉症のある子どもたちに社会的価値が生まれてくることにつながってくるとした．

　このようにAspergerは，観察してきた子どもたちを，継続して追求してきた特殊な興味による知性を活かすことによって，社会に十分に貢献しうる人材であると意味づけたのだった（Asperger, 1965）．

■ Aspergerの眼差しとその批判的検討

　Kannerと同時期に自閉症概念を発見したAspergerについて検討してきた．Aspergerは，日常生活に根を下ろし，筆者と同じように学校を拠点とした関与や観察を行っていたことから，後に提示する筆者の事例の理解にとっても重要な示唆を与えた人物である．特に言語形式から体験の独自性に注目したことや，一緒に「自閉的」になって，子どもたちの世界に飛び込んで楽しもうとするかかわりは，今後も心掛けていくべき教育姿勢であると思われる．

　当時Aspergerが見ていた子どもたちとの関係性とは，「周囲との生き生きとした関係」が障碍されていることであると最初に述べたが，それをより具体的に言えば，様々な場面に現れていた，独自の関心に対する「自発性」と周囲の要望に対する「反応性」の"不調和"ではなかったか．学校現場では，自閉症のある子どもとかかわる人たちは教育の名の下，様々なことを教え込もうとする．その要望に対して自閉症でない多くの子どもたちは素直に従おうとする

が，Aspergerの観察してきた子どもたちはその要望に聞く耳を持たない。しかし一方では，自身の独自の世界は一途に徹底して深めていこうとする。周囲の人に対して「反応」を返すわけではなく，しかし独自の「自発」的な興味を深めようとするところに"不調和"が起きて，関係が取りづらくなっている状態にAspergerは着目していた。

　この関係性に対して，Aspergerは，観察してきた子どもたちの両面ある複雑な情動からアプローチするよりも，自閉的知能といわれる，特殊な興味や知性を活かした教育的かかわりを進めた。それが関心あることに対する子どもたちの一途さや徹底性を支えることにつながり，専門分野で特殊な作業ができるエキスパートになれる人材としての社会的位置づけにもつながっていったのであった。ここから「異常があるということは，必ずしも劣っているということではない」と主張し，子どもたちの自発性を活かした生き方に向けて，Aspergerは全人格でもって立ち向かおうとしていた。

　このAsperger理論と筆者の体験を比較してみると，学校現場の日常に役立てられるかかわりへのヒントが数多くある一方で，ある疑問も立ち上がってくる。それは自閉症やアスペルガー症候群のある子どもとのかかわりの中で，彼らの「情動を取り除く」ことなどできるのだろうかという疑問である。Aspergerはその際の具体的な言葉かけとして，「みんなが……します」という客観的な指示をすると，子どもたちは義務付けられたように従うとしているが，筆者の体験を振り返れば，必ずしもそうではなかった。

　筆者が学校ボランティアとして，小学校で観察をしていたある時，お昼の休憩時間が終わって，グラウンドで遊んでいた児童たちが教室に戻っていく中で，ある自閉症傾向のある女児がブランコに乗って遊んだままでいた。そこで「チャイムなったから，みんな教室に帰りますよ」と筆者が声をかけてみると，「うちはみんなと違うもん」と言って，そっぽを向かれたことがあった。

　Aspergerによれば，この冷静で具体的なかかわりでは，子どもとかかわる人の力量が問われているという。筆者が女児とかかわっていたときを振り返れば，心のどこかで児童を早く教室に戻さなくてはならないという焦りがあって，表情や手ぶりの身体表現のどこかに現れていたのかもしれない。また女児との関係性も深くない段階であり，まだまだ力量不足の面があったといえるだろう。

ただ Asperger が記述してきたところには，自閉症のある子どもとのかかわりを積み重ねていく中で，その子とかかわる人がどのように子どもとかかわる際の力量を深めていったのか，その過程が描かれていないのが残念であり，その記載があればより説得力をもって，子どもとのかかわりの機微を示せたのではないだろうか。ここから，自閉症の子どもたちの変容だけでなく，子どもとかかわる人の育ちを描き出すことが必要と考えられる。

また Kanner と Asperger は両者ともに，自閉症の子どもたちが生来的に持っていた能力を活用することによって，社会参加への道を探っていったが，子どもたちの特殊な興味や関心に対する一途さや徹底さが認められる社会環境であるかどうかも重要であったといえるだろう。

Kanner や Asperger が自閉症を発見して以降，自閉症概念を巡る動向はどのように変化していったのであろうか。次項以下では Kanner・Asperger 以降に生まれた大きな2つの流れに沿って検討する。

第4項　Kanner・Asperger 以降における自閉症概念の動向
(1)　自閉症概念の拡散と比較

まず1つ目の動向として，Kanner や Asperger によって自閉症概念が発表されて以降，子どもの統合失調症の中から特殊な症状を取り上げて記述しようとする試みがなされるようになり，症候群の部分的な特質が自閉症の行動特性と似通っている場合には，その共通点が見出されたことを根拠に自閉症という診断が行われるケースが1950年代に入り散見されるようになった。つまり，Kanner の提唱した自閉症概念の一部をもって診断されるようになったため，van Krevelen は「自閉症という診断の濫用」として1つの流行ともなりかねないと警告し，Kanner も確立した基準を守るべきだと訴えた（Kanner, 1965）。

自閉症概念をより綿密に検討する必要が生まれてきた中で，1960年代に入ると Kanner の早期幼児自閉症と Asperger の自閉的精神病質が比較されるようになった。Asperger はヨーロッパ，特にドイツ語圏では Kanner と同等の評価を受けており，Bosch がドイツ語で1968年に両者について比較検討した。その結果，Asperger 型には Kanner 型の知的障碍を有する事例が存在したこと，および Kanner 型にも特殊な興味を備えた Asperger 型の子どもがいたこ

とから，両症候群は連続していることが示唆された。これは後述する自閉症スペクトラムに通じる考え方であり，1970年には「アスペルガー症候群」という呼称を初めてBoschは用いるようになった（石川，2007）。

一方で，KannerとAspergerの両者と親交のあったvan Krevelen（1962）も両者の症候群を比較検討した。その結果Boschとは異なり，障碍の現れる時期や男女差，認知と直観の欠如の違いや予後や言葉，視線等の8つの点での違いを示した上で，両者は全く別な類型であるとした。しかし両者には共通点もあることから，ともに重要な症候群として注目すべきであることを指摘した。これはAsperger（1967）の主張ともほぼ一緒で，彼はKanner型の自閉症とAsperger型のそれとは似通っている面がたしかにあるものの質的には異なるとし，後者は高い知能と社会適応能力があることを根拠に，両症候群を区別した。

このようにKanner型とAsperger型についての比較検討によって，自閉症概念の精査が行われていたが，診断基準を明らかにしようとすることが第一義的目的になっており，本書のように自閉症のある子どもたちとの関係性を問う観点に立って，両者を比較した研究は見られなかった。私見では，KannerやAspergerが観察していた子どもたちの行動上の特性は似通ったものであったが，前者は周囲からの"孤立"，後者は子どもたちの自発性と周囲に対する反応性の"不調和"という点にそれぞれの関係の取りづらさを見ており，両者が考えていた自閉症の子どもたちの像はやや異なっていたのではないかと思われる。

ヨーロッパでは両者の比較検討が盛んに行われていたが，イギリス・アメリカの英語圏では全く関心が持たれておらず，KannerがAspergerについて言及することは残念ながらなかった。そして1981年のWingの論文によって，ようやくAspergerが英語圏でも広く知れ渡ることになる。一方，この時期の我が国においてはヨーロッパと同じようにKanner型とAsperger型の論争が盛んに行われていたが，これについては第5項で述べることとする。

以上が自閉症概念の1つの大きな動向であったが，その流れと並行して，精神分析学の立場から自閉症に対する新たな解釈が生まれ，1つの潮流となった。それが心因論に立った自閉症への理解である。次にその動向を検討する。

（2） 心因論に立った自閉症への理解

　Kanner の自閉症概念の発見以降，アメリカの精神分析学派において自閉症の病因論，すなわち自閉症は何が原因であるかについて議論されるようになり，1950年頃には内因性の統合失調症という見方から，心因論の考え方へと移行するようになった。心因論とはすなわち，自閉症の原因は養育者とのかかわりにあるとする考え方で，今日では否定されている。

　では当時なぜ心因論へと傾いていったのだろうか。1つには第2項でも指摘したが，Kanner が1950年付近の論文において，自閉症のある子どもの両親を「成功した自閉」と記述し，親のパーソナリティを自閉症状と関連づけようとしていたことが挙げられる。Kanner 自身は否定するが，そこには心因論として理解されても致し方ない記述が散見された。もう1つには，ホスピタリズム研究の成果から，発達早期の養育環境や対人関係にアメリカの精神分析学派が着目していたことや，統合失調症の家族研究において家族間におけるコミュニケーションの病理が着目されたことなども背景にあったとされる（滝川, 2001）。

　こういった背景から精神疾患の病理や治療において，親 - 子関係の占める割合が重要な意義を有すると考えられるようになり，心因論の立場から自閉症に類似の症候群として，Mahler らが幼児共生精神病を報告し，Rank が非定型発達児という概念を提唱するようになった（黒丸, 1959）。そして，1950年から1960年において時の注目を集めたのが，Bettelheim による自閉症の治療であった。彼は自閉症のある子どもたちとの関係性をどのように見ていたのであろうか。

（3） Bettelheim が見ていた子どもたちとの関係性
a） Bettelheim の研究枠組みと小児自閉症について

　Bettelheim は精神分析学を背景とした心因論の立場から，1967年に『自閉症・うつろな砦』（Bettelheim, 1967）という著書を記した。翻訳を行った黒丸は，この著書は Bettelheim の「長年にわたる自閉症に対する挑戦の総括」であったと評価している。この著作で提示されていた3名の自閉症のある子どもたちの症例を検討することは，Bettelheim が養護学校の校長として行った，30年に及ぶ子どもたちへの取り組みを知る上で有効である。それらの症例に基づ

き，Bettelheim が自閉症の子どもたちとの関係性をどう見ていたのかについて検討を行う．

彼によれば，小児自閉症は「世界に対する根源的な無力感」から発生すると述べている．すなわち子どもが生まれたての赤ん坊の時期に，その子を世話してくれる人たちが子どもの反応に対して敏感ではないために，世界が子どもの望む通りにならず，知的能力はあるものの，自分で努力しても世界への効果は無力だという確信から，無刺激に見えた世界が極度に破壊的な方法で彼に迫ってくるようになり，完全に希望のない極限状態に自分がいるのだと感じることによって，自閉の殻の中に逃避し，極度の受動態勢を取るようになるとしている．

彼がこの考えに至った背景には，1 つに 1932 年から 1936 年にかけて，2 人の自閉症のある子どもを自宅に引き取り生活を共にして，治療と教育に専念したことがある．またもう 1 つに，1938 年から 1 年間，ユダヤ人であった彼自身がナチスによる強制収容所生活を体験したことがあると思われる（村瀬，2004）．この 2 つの体験に Bettelheim は関連があることを見出した．つまり，強制収容所における劣悪な環境によって，人々が主体性や能動性を失い，ただ死を待つのみの状態にあったことと，子どもがもともと欲しかったわけではなく，生まれた後も子どもが存在しない方がよかったと考える両親の養育態度によって，子どもたちが能動性を失い，世界に対する無力感を募らせることとのあいだに共通の構造があると考えたのであった[11]．その結果，Bettelheim は子どもたちが生来的に対人関係を持っていないとする Kanner の説に反論し，子どもたちは対人関係をもともと持っていたものの，その能動性が満たされない体験があったと考えている．

この考えに対して，自閉症のある子どもの親をひどく苦しめたとの批判が 1970 年代に入ってなされるようになったが，その批判が生まれる以前の当時において，Bettelheim は自閉症のある子どもたちを家族から引き離すことが必要であると考え，特別な環境の下で治療しようとした．では，自閉症のある子ど

---

[11] Bettelheim の自閉症理解には，自身の強制収容所での体験が色濃く反映されているのだが，やや自身の体験に引き付け過ぎて解釈してしまっている嫌いがある．また精神分析学の立場から子どもの行動を多様に意味づけているため，子どもの"捉え方"よりも，"感じ方"を重視していたように思われる．

第 1 節　自閉症概念の出現（1960 年代後半まで）　41

もたちとどのように Bettelheim はかかわっていたのであろうか。

b)　今のままの子どもたちが受け入れられる環境を作るためのかかわり

　Bettelheim は特別な治療環境の下で自閉症のある子どもたちとのかかわりを試みるようになったが，そこで重視したのは，自閉症のある子どもたちが，現在のそのままの姿で入ってゆけるような世界を創ってやることであった。すなわち対人関係が生まれ，社会参加ができるように，子どもたちを治療していくことで，私たちの世界を子どもたちにそのまま受け入れさせようとするのではなく，自閉症のある子どもたちが，彼らの固有の世界の中で私たちと一緒に居るように感じられるような環境を作ることを目指し，Bettelheim は徹底的に子どもと向き合い続け，自閉症のある子どもたちの可能性を信じて粘り強くかかわっていた。

　その 1 つの具体例として，Bettelheim の著書の 2 人目の症例であるマーシアへのかかわりを取り上げる。マーシアは食事を規則正しく取らず，キャンディだけを食べていた。もっと変わったことには，彼女は人差し指で耳を押え，小指で鼻の穴を塞いでしまった。そのために自分のお皿から食物を口に運ぶことができず，テーブルで食事をすることができずにいた。その彼女に対して，食べさせようとしたり，食べるように言ったりといった様々な働きかけがなされたとしても，何の効果もなく，彼女をより一層自閉的にさせる面があると Bettelheim は述べている。なぜなら，彼女にとって耳や鼻を塞がなくても「いい」などということはないのであり，もしそうであれば最初から耳や鼻を塞ぐことをしないからである。しかし食事を取らないままでいるのも問題であった状況の中で，ある 1 つの働きかけが成功した。それは，マーシアとかかわっていた人が彼女の代わりに耳を塞いであげることであった。そのときのエピソードを以下に取り上げる。

　　（かかわり手がマーシアの耳を塞いであげると）彼女はただちに人差し指で鼻をふさぎ，身体をできるだけ曲げて皿に近づき，その他の指で食べものを口に持っていった。こういった動作は他の子どもたちや，すべてそこに居あわせた大人たちをおどろかせた。その後，彼女は食事を食べる時，

われわれに鼻をとじさせたが、この要求はもはや彼女が外界を締め出す必要のなくなるまでおこなわれた。(Bettelheim，邦訳 1973 より)

　Bettelheim はこのかかわりがうまくいった理由として、次の2点を挙げている。1つには、マーシアが耳や鼻を塞ぐことで外界を締め出そうとしており、彼女にとってのその重要な意味を尊重したこと。もう1つには、マーシア自身のキャンディを食べたいという思いが認められたこと。つまり、外界を締め出そうとするために、内面が満たされないというジレンマに陥り、結局はいつも内面を満たすことをあきらめざるを得なくなっていたマーシアに対して、かかわり手が代わりに耳や鼻を塞いであげるかかわりをすることによって、彼女が、外界と内面の相矛盾する両面の要求が満たされる体験をできたことが重要であったとしている。
　このように、子どもたちの今のそのままの姿が受け入れられるような環境を作るためのかかわりが Bettelheim の学校では重視された。子どもたちが強制されることなく、自らが希望することを尊重されるような取り組みが行われていたといえる。ではこのかかわりによって、自閉症のある子どもたちはどのように変容していったのであろうか。

c) 自閉症のある子どもたちと一緒にいることで生まれる能動性
　Kanner は追跡調査において、子どもたちのうち3分の1弱が結果的に有望ないしは良好な社会的水準で生活していると報告したが、これに対して Bettelheim は Kanner と同一の基準で、8割の子どもたちが有望ないし良好な結果を得るとともに、彼の治療した子どもたち全員に著しい改善が見られたとしている。つまり、幼児自閉症の子どもたちには生来的な欠陥があるという仮説を認めず、かかわりによって変わりうるという治療可能性を強く信じていた。だからこそ、忍耐強く子どもたちとかかわっていたのであろう。
　先に挙げたマーシアの症例のみならず、他の症例においても、自閉症のある子どもたちと生活を共にし、子どもたちに何かを強要することなく、彼らの希望が尊重されるように辛抱強く子どもたちとかかわる。そうした特別な治療環境の下において、ようやく子どもたちは自身の固有の世界にかかわる人たちを

招き入れ，その信頼できる人たちに対して心を開こうとする．その結果，自己の芽生えや出現，ひろがりが見られるようになる，というのがBettelheimの持論であった．

すなわち，そもそも生得的な欠陥があったのではなく，世界から無用な存在のようにみなされ，扱われていたがゆえに，極度の受動性や無力感が自閉症の子どもたちに生まれ，特徴づけられていただけであり，その子たちが今のそのままの姿で受け入れられる環境ができれば，彼らはその子とかかわる人たちに対して心を開き，自ら能動性を発揮するようになっていく——こうして彼らの人間的な尊厳を取り戻すことを，Bettelheimは強調したのだった．

■ Bettelheimの眼差しとその批判的検討

Bettelheimを論じる上で，自閉症の子どもたちの両親の養育態度に対する彼の見解の誤りをまず指摘しておかなくてはならない．症例においても，自閉症の子どもたちの存在を否定しようとする養育態度が両親にあったとする見解が色濃く現れているが，これは当時の親を苦しめることにつながり，現在においても強く否定される見解である．現在では，脳機能に何らかの障碍のあること，両親の養育態度を唯一の素因とみなすことはできないことが，一般的に認められている．また筆者が発達障碍のある子どもたちの親に話を伺った範囲では，子どもの存在を否定しようとしているわけでは決してなく，特に乳幼児期にコミュニケーションがうまく取れなくて，どのように子どもとかかわっていけばよいのか分からないという悩みを経験した人が多い．また誰に助けや協力を求めていけばよいのか，相談相手も分からない中で，子どもを育てることに対する難しさを抱えこんでしまう人たちもいた．Bettelheimの治療していた子どもたちの両親も子どもが存在しなければよいと感じていたというよりも，子育てをすることに大きな苦労をしていたと考える方がよいのではないだろうか．その状況に対する検討を加えることなく，Bettelheimはその両親と子どもたちを引き離して，自らの養護学校に入れてしまったのだった．そうした親に対する誤解は今日否定されるべきものであることを改めて確認した上で，Bettelheimが自閉症のある子どもたちとの関係性をどのように見ていたのかを考察する．

Bettelheim は自閉症のある子どもたちと生活を共にする中で見られた様々な症状は，子どもたちの身体的内部緊張と圧力を抑圧すると同時に，外界からの衝撃を防衛する手段であると考えており，そのために彼らは能動性が発揮しにくい状態であったとしている。例えば先のエピソードで挙げた，マーシアが耳と鼻を塞ぐ行動は，食事のキャンディを目の前にして，その刺激を遮断しようとすると同時に，自らの内部に湧き起こる，食べたいという衝動も抑圧することで，ジレンマに囚われて，自らの気持ちが満たされないでいる状態と考えられる。このように抑圧的で，能動性が発揮されにくい状態を"煮えたぎる無関心"と Bettelheim は表現している。

一方で，排泄の場面では，子どもたちが辺り構わず排泄したとしても，トイレに連れて行こうとはせずに，その時，その場で用を足すことに何らかの意味があると考えて，その子どもの行動に能動性を認めようとしていた。このかかわりには，Kanner や Asperger にはない，Bettelheim ならではの眼差しがある。Kanner や Asperger の場合，自閉症のある子どもたちがもともと持っていた，強迫的固執による知識や特殊な興味・関心を活かした社会への参加・適応が目指されていたが，このかかわり方では，自閉症のある子どもたちがより一層自閉の殻に引きこもってしまう可能性があると，Bettelheim は示唆する。彼は「(子どもが子ども自身の) 固有の世界から出て来て，みんなの世界に入るように皆がぼくに望んでいる」という表現で子どもの気持ちを代弁し，子どもの症状として表れている状態を尊重することなく，外的世界への適応ばかりを目指すことに対する異議を唱えたのだと考えられる。

この Bettelheim の考えには確かに一理ある。しかし，自閉症のある子どもとかかわっていた人たちにとっては，非常な忍耐強さと大きな苦労が必要であったことがうかがえる。かかわる人たちは自閉症児の治療可能性を信じ，できうる限り彼らを受け入れようとしていたのであろう。しかし，子どものすべての行動を受け入れてかかわるときに，彼らにはどのような負担感や悩みが生まれていたのか，支援者の側の思いが描き出せているとは言い難い。

その後 1970 年代になり，Rutter の認知・言語障碍説が広まってくると，心因論による自閉症理解は糾弾されることとなり，これまでの Kanner の自閉症概念が大きく転回することとなる。よって 1970 年前後は発達障碍研究における

大きな節目の1つである。自閉症概念の展開と発達障碍概念の萌芽に至る，この時期の先行研究を次の第2節でレビューしていくこととする。ただその前に，我が国においては自閉症概念がどのように出現し，広まっていったのかについて，初めての自閉症の症例報告から1960年代までの日本における自閉症概念について検討しておく。

第5項　我が国における自閉症概念の出現
（1）　幼児期の統合失調症としての自閉症

我が国における自閉症の最初の症例は1952年に鷲見たえ子によって報告された（鷲見，1952）。その報告によると，彼女を訪れた子どもで「言葉の或特殊なタイプを持ち，人との接触において，或障害を持つ現在7歳2か月の男子のケーススタディを行った結果，（中略）現在議論されている early infantile autism のそれと類似している」症例があった。これについて，Kanner の早期幼児自閉症との比較が試みられた。この最初の症例報告の時点では，自閉症を最早期の統合失調症として位置づけることから出発していた。

その後症例報告が散発するようになり，Kanner の早期幼児自閉症と同一視することに対して懐疑的な見解が向けられつつも，無視できない関心の高まりがあった（高木，1961）。そして1957年日本精神神経学会の精神病理懇話会が比叡山において開催され，児童分裂病をテーマにした会議が行われた。様々な症例報告がなされたのみならず，保護者や施設関係者の協力により，3名の子どもたちを会議に実際に連れてきて，傍若無人に振る舞う彼らの様子を100名近い参加者が真剣に観察したという（高木，2009b）。そして Kanner の下で学んだ牧田が3名ともに早期幼児自閉症の症例と一致するという承認をして，自閉症の診断について共通の認識が生まれることとなった。

このような状況の中で，1960年には日本児童精神医学会が創立され，学会という場で自閉症に関する討論，研究が行われることとなった。牧田（1979）がこの過程を振り返って，「わが国の児童精神医学は『自閉症学』として発達したと言っても過言ではないほど自閉症に依存する形で今日に至っている」と驚きを込めて表現しているように，1960年代の日本においては，児童精神医学の中心領域としてさかんに自閉症研究が行われていた。そして自閉症とその関連概

念を整理した結果，自閉症は幼児期の統合失調症として位置付けられ，その理解が定着していった（牧田，1966）。

　日本においては Kanner の早期幼児自閉症の報告のみならず，Asperger の自閉的精神病質の事例が 1966 年に石井によって初めて報告された（石井，1966）。これはその前年の 1965 年に，Asperger に学んだ平井が会長をつとめた日本精神児童医学会において Asperger が招待され講演をし，自閉症の中核は Asperger 型であるという趣旨の講演を行ったこととも関連しているだろう（Asperger, 1967）。その後，ヨーロッパにおいても Kanner 型と Asperger 型の区別に関する議論が起きたように，日本においても，牧田を中心とする早期幼児自閉症の Kanner 型と，平井を中心とする自閉的精神病質の Asperger 型のどちらが自閉症の中核症状なのかという，いわば本家争いの様相を呈した，「牧田 − 平井論争」が起きた（川端，1972；小澤，1984）。

　牧田（1966）は Asperger 型の自閉症を，統合失調症ではなく仮性自閉症として主張し，Kanner 型の自閉症は幼児期に発症する器質的な統合失調症であり，自閉性の中核となる症状であるとした。その一方で，平井は Asperger の講演に基づき，Kanner 型と比べ，Asperger 型は知的能力の優位性が認められ，思考・体験の独創性があるものの，狭い興味に集中するために，現実への不適応が表れ，独自の状態が現れることから，自閉症の中核症状と考えるべきであるとした（平井，1967）。この論争では，自閉症の中核症状を「自閉性」とし，「自閉性」の軽い子どもが Asperger 型であり，重い子どもが Kanner 型であると分類されるようになった（平野，1979）。「自閉性」がその症状を表す指標として考えられることによって，Kanner 型の自閉症が中核症状として最終的に位置付けられるようになった。

　このように日本における自閉症概念の黎明期においては，自閉症を幼児期の統合失調症として位置付ける牧田の自閉症論に議論が収束していったが，自閉症の診断と疾病論的位置づけについての観念論に終始してしまい（高木，2009b），自閉症のあるとされた子どもたちの実像やその周囲の人との関係性はなかなか見えてこなかった。しかし自閉症という新たな概念が生まれたことによって，そうした子どもたちがいると考えられる医療や教育，福祉の現場で，自閉症のある子どもたちとどのようなかかわりを持つかが議論されるようにな

り，彼らとの関係性が模索されるようになってきた。

(2) 自閉症のある子どもたちとの関係性の模索

1960年代に入り，第4項(2)で述べた海外の動向を受けて，日本においても自閉症が心因論の観点から考えられるようになり，大学附属病院の精神科外来や児童臨床の機関を中心に精神療法によるアプローチ，すなわちプレイセラピーが試行錯誤ながらも試みられるようになり，1960年代末期にはプレイセラピーによるかかわりが全盛期を迎えた。

a) プレイセラピーによるかかわり

自閉症が心因論の立場から理解されていたため，養育者，特に母親の人格の偏りや養育態度の問題によって自閉症が発症すると当時は考えられており，母親には人格の変容を目指した自己洞察が試みられた。一方，自閉症のある子どもには完全受容や共感的態度による非指示的プレイセラピーによって，密接な身体接触も含めた，子どもたちの「閉ざされた心」を開こうとするかかわりが盛んに行われるようになった（山上，1999；小澤，1984）。しかしながら，プレイセラピーによる成果はなかなか上がらず，子どもたちとの間に意志疎通が生じることもあるのだが，言語や固執，常同行動といった症状が改善するということは全くなく，"治療"という言葉に矛盾を感じる支援者もいた（高木，2009b）。

b) 治療教育学による福祉や教育における支援

医療の現場ではプレイセラピーによるかかわりが大勢を占めていたが，Aspergerの治療教育を学んだ平井は，自閉症のある子どもたちを教育の場におくことによって自閉性が治療しうる可能性があるとして，自閉症のある子どもたちに対する福祉や教育における支援の必要性を主張するようになった（平井，1967）。

まず自閉症のある子どもを持つ親同士で協力しようとする動きが，平井が主宰していた愛育研究所を中心に徐々に活発化した。これまでの親と子どもとのかかわりの経過を踏まえて，「私たちよりあとからくる人たちのために，私たち

がしなければならないことがある」というある母親の言葉のもと，40人の母親たちが立ち上がり，「子どもたちに適切な治療と教育の場を与えてほしい」という理念に立ち，1967年に日本で初めての「自閉症児親の会」が発足した（横山，1968）。

こういった親の希望や治療者の働きかけによって，学校教育の現場においても自閉症のある子どもたちの受け入れについて徐々に理解が得られるようになり，就学する自閉症の児童が増え始めた。その一方で，どのように彼らを教育すればよいのかという戸惑いが教師の側に生まれるとともに，自閉症のある子どもの予後や学校における状況について不安と関心を持つ専門家もいた。そこでその両者によって，1965年に「自閉症といわれた子の担任の会」が立ち上がり，1967年には「東京都公立学校情緒障害児教育研究会」が設立され，現場の連携を深めることにより，自閉症のある子どもたちへの教育実践の進展が図られた（村田，1968）。

そして1969年になって，東京都杉並区立堀之内小学校内に，自閉症のある子どものための特殊学級である「堀之内学級」が実際に開設された。この学級は従来の「精神薄弱特殊学級」と区別して「情緒障害特殊学級」とされ，自閉症のある児童を対象としていた。ただし名称を情緒障碍としたことで，「自閉症＝情緒障害」と考えられるようになり，教育現場ではその2つの概念に混乱が生じたという（寺山・東條，2002）。

この「堀之内学級」は通級方式であり，通常学級に在籍する児童が週2回程度通級し，障碍の改善・克服を目的とした特別な指導を受ける学級であった。この背景には，「自閉症児は潜在的に高い能力を有するので，治療教育によって自閉性さえ改善されれば普通の子になる」という当時の親や専門家の自閉症観があったとされる（寺山・東條，2002）。つまり自閉症は治療しうる疾患であり，特別な教育や指導を行うことで，彼らの能力を改善し，症状を克服させようとする教育がなされていたのであった。

このように当時の我が国においては，自閉症の治療のみならず，教育や福祉における自閉症の子どもたちの支援に向けた萌芽も見られ，自閉症のある子どもたちといかに関係をつくっていくのかについての模索が続けられていたが，本格的な取り組みが行われることになったのは，やはり1970年代以降であっ

た。
　また，ここまでの我が国における自閉症支援に向けた取り組みは，1970年代にRutterが提唱した言語・認知障碍説によって，その状況を一変することとなる。第2節では，自閉症概念がどのように展開し，発達障碍概念の萌芽へとつながっていったのかについて検討するが，その前に，第1節で検討してきた先人たちの子どもたちへのかかわりの特徴をまとめておく。

第1節のまとめ

　ここまで萌芽期における自閉症概念を検討してきた。生まれながらにして周囲から"孤立"しているように見える子どもたちや，自らの能動性が受け止められにくく，周囲の人たちと"不調和"の状態にある子どもたち，また抑圧された状態にある子どもたちに対して，KannerやAsperger, Bettelheimらは試行錯誤しながらも，彼らとかかわりを持とうとしていた。それら先人たちに共通して見られたのは，「子どもの世界に入っていく」「自閉症児とともに自閉的になる」といった文言に見られるように，「自閉」とされる世界に踏み込もうとするかかわりをしていたことである。

　これは今日においても重視されるべき姿勢であるといえよう。Kannerらの生き生きとした記述から，彼らの世界の"捉え方"や"感じ方"を了解できる場面は数多くあった。そして支援者が子どもたちと同じように「自閉」的になってみたときに掴める，彼ら独自の世界の"捉え方"を活かすことができれば，社会に十分に適応させることができるとともに，自閉症を治療することもできるのではないか，という希望があったと考えられる。

　しかしその希望ゆえに，自閉症のある子どもたちとかかわる保護者や支援者たちを苦しい状況に追いやってしまったともいえる。自閉症は治るはずの疾患であるのに，養育状況が一向に改善しないのは，子どもたちとかかわる人たちの方に非があるとする風潮が生まれてきてしまったのだった。つまり，本来は入り込んでいけるはずの「自閉」の世界に入り込んでいけないのは，かかわり手の側に問題があるとされてしまうことになった。

　こういった状況に子どもたちとかかわる人たちは，戸惑いを感じずにいられなかったことだろう。自閉症のある子どもたちをどのように導いていけばよい

のか，その指針となるかかわり方があったわけではなく，自閉症の中核となる状態像さえ不透明なままであった。そこで，プレイセラピーのように受容的態度で，子どもたちの思うままに過ごしてもらったのだが，そこでも彼らの世界はなかなか見えてこなかった。私見では，そもそも自閉症の世界というのは誰もがすぐに入り込んでいるような世界ではない。自閉症のある子どもたちとかかわりを積み重ねる中で，多少は了解できることはあったのかもしれないが，その一方でどうしようもない分からなさが，かかわり手に残り，手応えの生まれにくい状況が続いていたように思われる。

いったいどうかかわっていけばよいのか分からない状況の中で，養育者は子育ての仕方に問題があるといわれる。この後に第2節で見られるような，客観的な研究方法による一般化が目指されるようになった背景には，このようなかかわり手の苦悩があったのではないだろうか。

第2節　自閉症概念の展開と発達障碍概念の萌芽（1970年代）

第1節では，Kanner・Asperger が提示した自閉症概念を検討した。自閉症は初期には幼児期の統合失調症として位置付けられ，Bettelheim 以降は心因論，つまり親の養育態度を問題とする立場から理解されてきた。そして，心理療法によるアプローチが試みられるようになり，自閉症を治療することが目指された。この心因論による理解や心理療法によるアプローチに対して，統合失調症には器質的要因が存在する可能性が指摘されるようになり（Goldfarb, 1961），生得的な要因が自閉症にもあるという仮説が提起されるなど（Rimland, 1964）[12]，1965年頃から従来の自閉症論に対する批判が見られるようになってくる（高木, 1972；牧田, 1979）。

またイギリスにおいて，「自閉症の原因が自分たちのせいではないと自力で考えた親たち」が「英国自閉症児協会（現在の英国自閉症協会）」を世界で最初に結成し，日本など他の国々も続いた（Wing, 1997）。さらに自閉症に対して

---

[12] Rimland の説に対しては，思弁的であることや妥当性がないことから反論も多かった。しかし自閉症を判定するための質問紙を初めて作成したり，自閉症の親の会を世界で最初に発足させたりするなど，精力的に自閉症のある子どもに対する支援をしていた人物である。

厳密な科学的研究が行われるようになり，児童青年精神医学の立場から自閉症研究の動向に大きな影響を与えた Rutter や Wing らが，1970 年代以降に新たな自閉症概念を生み出していく。

1970 年代になって，自閉症概念はどのように展開されたのであろうか。まず 1960 年代までの自閉症概念がなぜ否定され，転回されるに至ったのかを検討していく。

第1項　従来の自閉症概念を転回する必要性

Kanner が自閉症児の存在を報告してから 30 年近い時が経ち，観察してきた子どもたちが成人になったことで，彼らの予後を検証できるようになった。この予後研究が可能となったことによって，自閉症のある子どもたちに対する理解や治療は根底から問い直されることとなる。

（1）　予後研究のインパクト

予後について調査し，インパクトある結果をもたらしたのが Kanner ら（1971, 1972）である。1943 年の論文で報告した 11 名の子どもたちを追跡した結果，3 名が消息不明もしくは死亡，5 名が人生の大半を施設で過ごし，残り 3 名は仕事に就くなどして，社会生活に参加していることが確認された。また 1972 年の調査では，96 名の自閉症児のうち 9 名が社会に適応しているとしたが，自閉的な対人様式は消失することなく続いているとされた（中根，1978）。Kanner の報告以前には，Rutter ら（1967a, 1967b）と Lockyer ら（1969）がモーズレイ病院で 1950 年から 1958 年までに，自閉症あるいは類似の診断を受けた 63 名の子どもたちを追跡した一連の調査において，43％が長期入院中であり，脳に器質的障碍を持つ子どもたちとの比較においても，予後が悪かったことを報告した[13]。

Kanner や Rutter の予後研究を通して，自閉症のある子どもたちの予後は予

---

[13]　予後の良し悪しは，自閉症とされた子どもたちが，仕事に就き，社会参加できたかどうか，社会に適応できたかどうかで判定されていた。しかし，自閉症のある人たちが社会に適応できたかどうかのみで判定する基準は甚だ疑問である。後に述べる ICF を鑑みても，自閉症のある人たちを取り巻く当時の社会環境が全く問われていないことが解せない。小澤（1984）も同様の指摘をしている。

想以上に良くないことが明らかになり，プレイセラピーなど，心理療法による治療に取り組んでいた人々は衝撃を受けた。また自閉症状の経過について，Kanner は消失しないとしていたが，Rutter らは青年期になれば，自閉症状が消失もしくは軽減されるようになったとした。その一方で，知的能力や言語機能に改善は見られなかったことから，従来は欠陥がないとされていた，知的能力および言語機能と自閉症との間の関連が高いと Rutter らは主張し，これまでの自閉症概念を大きく覆すことになった（小澤，1984）。また Rutter は自閉症児 63 名のうち 10 名でてんかん発作が起こったことから，脳に器質的な障碍が存在する可能性を示唆した。

以上の3点，すなわち，①自閉症の子どもたちの予後が芳しくないこと，②自閉症には対人相互作用よりも，知的能力および言語機能に問題があること，③脳に器質性障碍の存在する可能性が高いこと，が明らかになり，DeMyer や Lotter も追認した（中根，1978）。すなわち「自閉症＝非器質的障碍」という神話の崩壊であり（小澤，1984），子どもの知的能力と治療可能性に対する楽観論は否定され，さらには心因論や統合失調症との関連性も否定されることになる。

(2) 心因論の否定と統合失調症との関連性

まず心因論について，自閉症と家庭環境との関連が調査されたが，異常な子育てが子どもを自閉症にしたという証拠を見出すことはできなかった（DeMyer，1979）。自閉症をもつ子どもの両親が冷たく，子どもへの働きかけが乏しいことを立証されなかったため（Cox et al., 1975），親の養育態度を問題視する心因論は否定される。

また自閉症を統合失調症の一類型とみなす見解が疑われるようになり，Kolvin (1971) は3歳以前に統合失調症を発症するグループと3歳以降になって発症するグループとを比較した。その結果，前者は社会的孤立・環境変化に対する破局反応・常同性などの点で Kanner の症例と共通し，後者は成人の統合失調症と共通する臨床特徴を持っていたことから，両者は明確に異なるとした（高岡，2007）。

Rutter (1972) も自閉症と統合失調症とは，性差・社会階層[14]・家族歴・知的能力・症状・経過の差異・発症年齢の7点において異なることを指摘した（石

坂，2008)。自閉症は脳器質性の発達障碍であるという新しい概念へと導いていくために，自閉症＝統合失調症というこれまでの定説を否定することが，Rutter にとって大きな意味を持っていたのであろう。言語・認知障碍説を立ち上げる Rutter は，自閉症のある子どもたちをどのように見ていたのであろうか。

第2項　Rutter が見ていた子どもたちとの関係性
(1)　Rutter の研究枠組みと言語・認知障碍説について

　1960年代の終わりにかけて心因論が否定され，心理療法によるアプローチに対する疑念が生まれてきた中で，Rutter はその行き詰まりを突破すべく，実証的研究を活用し，その結果を蓄積していくことを試みた。つまり，全く別の研究者が同様の方法を用いてもその結果が再生される，標準的な生理・心理学的技術を導入することで，自閉症児に対する理解と治療が，一般性と妥当性を持ちうるかどうかを検証していくことを目指した (Rutter, 1974)。そして基礎研究と臨床実践の相互作用を重視した立場から (Rutter, 1999)，自閉症児に独自の特徴およびその診断基準を示した (Rutter, 1978a)。それが以下の4つである。

---

① 生後30か月までに発症していること
② 社会的発達に障害があること。これは多くの特徴を持っており[15]，また，子どもの知的水準とは一致していない。
③ 言語発達が遅れかつその発達が片寄っていること。これもある定まった様相をしており[16]，また，子どもの知的水準とは一致していない。
④ "同一性への固執"が見られること。これは常同的な遊びのパターン，

---

14)　Rutter の統合失調症の概念を小澤 (1984) は痛烈に批判している。自閉症者と統合失調者との社会階層の違いが，両者を区別する一因であるという説は，現在では確かに的外れな指摘であるといえよう。ただ Kolvin (1971) や Lotter (1966) も社会階層の違いという説を支持しており，心因論的な理解が広まっていた当時の風潮から脱却しようとする最中の論文であったことから，家族の要因について言及せざるを得なかった面はあったのかもしれない。
15)　具体的には，視線が合わないことや不自然な姿勢，身体接触をさけること，集団の中で他人と協調した遊びができないことや，友情が長続きしないこと，共感性に欠け，他者の感情の反応が受け取れないことなどが挙げられている。

> 異常な固執性，または変化への抵抗といったもので示される。

　Kanner の診断基準との大きな相違点は③であり，言語発達に目を向けたことが Rutter の仮説の特徴である。Rutter はなぜ言語発達に注目したのであろうか。これには2つの要因が考えられる。第1に自閉症児の中に，社会的側面に改善が見られたものの，なお話すことのない子どもたちが存在したこと。第2に知的指数を調べた結果，視覚的・空間的な機能や記憶力のテストでは良好な結果を残したものの，配列や言葉の理解を必要とするテストでは結果が芳しくなかったことである。テストに対する子どもたちの意欲が低いわけでは決してなかったが，言葉による理解や考察，またジェスチャーの理解などの基本的な言語能力が乏しいことが明らかになった（Rutter, 1978b）。これらから，脳の器質的な疾患または不全によって言語を含む特定の認知の領域に障碍が生まれ，それが他の症状を引き起こす，つまり，言語・認知における障碍が自閉症の中核であることを示唆した（Rutter, 1978a）。

　この言語・認知障碍仮説は，Kanner の議論を180度転回している。すなわち，Kanner は自閉的孤立が基本症状で，それに伴って言語の障碍が2次的に現れると考えていた。一方で Rutter は，言語・認知の障碍が基本症状であり，それに伴って2次的に生まれる障碍が社会性の障碍であるとした（滝川, 2001）。ただし，言語・認知障碍仮説が発表された時点で，自閉症のある子どもたちに知能指数のばらつきや知覚の異常が見られたものの，自閉症に特有なものであるとは考えられなかった。

　このように対人関係や同一性の保持ではなく，言語・認知の障碍に関係の取りづらさの原因を見出した Rutter は，自閉症のある子どもたちに対して，どのようなかかわりを提唱したのであろうか。

(2) 親を共同治療者とした行動療法によるかかわり

　Rutter は，それまで従来行われていた心理療法によるアプローチと，行動療法によるアプローチ，すなわち，特定の技能の教育に焦点を当てた構造的で組

---

16) 具体的には，エコラリアや語の異常，ジェスチャーを行わないことなどが挙げられる。特に人とのコミュニケーションに言葉を用いないことが重視された。

織化された教育的手法，とのいずれが有効であるかを検討するため，①心理療法ユニット，②心理療法と行動療法を組み合わせるユニット，③行動療法によるユニット，の3つのユニットを系統的に比較する実験を行った（Rutter & Bartak, 1973）。その結果，臨床効果が最も大きかったのは第3ユニットであり，自閉症のある子どもたちに対しては行動療法によるアプローチが有効であるとして，環境面からの働きかけを重視した（Rutter, 1974 ; 1999）。そして，環境面から構造化していくアプローチによって，自閉症児の認知機能の改善と対人面・言語面において正常な発達を促すとともに，行動療法によるアプローチによって，問題行動や不適切な行動を減らしていくことが目標とされた。

　また自閉症のある子どもたちの反応が乏しいが故に，その両親は多くの難しい問題に直面しているとして，親たちを共同治療者として位置付けることを試みた。つまり，自閉症の子どもたちとかかわる人と保護者とが協力をして治療に当たることで，子どもとかかわるための特別な新しい技術，例えばコミュニケーションを向上させるためのスキルなどを，親も身につけるように勧めた。家庭を中心に，自閉症のある子どもたちの生活の場でも援助を展開していくことによって，家族が抱えているストレスや葛藤の軽減に取り組み，緊密な親子関係がありうることを確認する必要があるとした。具体的には，くすぐりなどのように，ふざけ合って遊べ，子どもにとって意味のある楽しいもので，両親にとっても楽しめる，前言語的スキルの発達を促す遊びの有効性を述べている。

　このように親を共同治療者として位置付け，家庭などの日常の場においても，行動療法によってかかわることを通して，正常な発達を促進することを目指した結果，子どもたちにはどのような変容が生まれてきたのであろうか。

（3）発達障碍概念の導入と定型発達への方向づけ

　Rutterによれば，自閉症のある子どもたちの将来の見通しは，様々な複合的要因によるとしているが，知能指数と言語スキルはその中でも大きく影響を与えるとしている（Rutter & Bailey, 1993）。また家庭を中心とした治療プログラムを組むことは，長期的にも短期的にも最も効果があるとして，その意義を認めている。構造化された環境と親を共同治療者とした行動療法によるアプローチによって，自閉症のある子どもたちやその両親には以下の変容が見られた。

まず自閉症のある子どもたちについては，次の2つの点で変容が認められた。1つに様々な不適切行動や逸脱行動が大幅に軽減しうること，もう1つは言語面や対人関係面における全体的な認知発達については，ほとんど影響は与えられないことであった。後者の点から，自閉症は治療しうる疾患とすることができなくなり，長期にわたって改善することができないものとされた。この発達障碍概念の先駆けになる自閉症の考え方を提唱したのが Rutter であった。

　また親が共同治療者として自閉症のある我が子とかかわることによって，親自身が直面していた現実の問題に対する実際的な対処技能を身につけることができた。そして，自身の子どもとかかわるときの緊張が和らぎ，親としての役割を果たしていくことによって，子育てに対する自信も徐々に生まれてくるという変容が見られた（Rutter & Bailey, 1993）。ここから Rutter は，自閉症のある子どもたちにかかわる人たちが，子ども側の問題にばかり焦点を当てるのではなく，家族全体を援助し続けていく必要性があると指摘している。

■ Rutter の眼差しとその批判的検討

　Rutter は現在の発達障碍支援および特別支援教育の土台となる考えを打ち出していった人物であったといえる。彼の考えが広まっていくにつれて，これ以降の治療や支援も大きく転回していくことになる。この転回については，次項で述べていくこととする。

　彼が注目したのは，器質性の脳の不全により，自閉症のある子どもたちが五感を通して得た感覚的な情報を意味づけていく過程，すなわち象徴過程に重大な障碍があることだった。それゆえに，対人場面における関係の取りづらさが生まれてくるのであり，言語を中心とした認知面における障碍へと，自閉症概念を収束させていった。ここには 1960 年代における心因論，すなわち家族が自閉症の原因とされたことに対する反発もあったのだろう。

　彼の意識に常にあったのは，個体能力発達の枠組みである。つまり，年齢に応じた発達に，自閉症のある子どもたちをどれだけ近づけられるのかがポイントであり，子どもたちを定型発達へと促していくことを彼は目指した。この目的のために，行動療法や構造化によるアプローチを親と共同して行い，その結果，行動上の問題が軽減されるという面は確かにあった。しかし定型発達の方

第 2 節　自閉症概念の展開と発達障碍概念の萌芽（1970 年代）　57

向へとどうしても導いていくことができなかったのが，言語面と対人面における認知能力であったといえる。それまで治療可能な疾患とされていた自閉症を，一生にわたって治ることのない障碍と位置付け，発達障碍概念を萌芽ともなるような認識を広めていったことが，Rutter の今日における意義とされている。

　しかしながら，この Rutter の個体能力発達を促す眼差しによって，自閉症のある子どもたちとのかかわりの中にある様々な機微が削ぎ落とされてしまったと言わざるをえない。また親たちも共同治療者として，定型発達に向かう枠組みへと巻き込まれてしまった。自閉症のある子どもたちの成長・発達が，親やその子たちとかかわる人たちに喜びをもたらす面があることを否定するわけではない。実際，親としての自信を持つこと，およびその役割を果たせるようになるための援助を継続することの必要性について Rutter は述べており，自閉症のある子どもたちを含めた，家族全体への支援について言及していることは，彼の発達障碍論において重視されるべき点である。しかし，親たちは子どもたちが生まれた当初から，個体能力発達の枠組みのみに囚われた見方で，子どもたちとかかわっていたのだろうか。つまり，「できないことを減らしていこう」「できることを増やしていこう」といった思いばかりで，我が子とかかわっていたのであろうか。そうではないように思われる。

　浜田（2009）は自閉症のある子どもを持つ母親と話す中で「自閉症が治ってもらったらこまる」という言葉が印象に残り，そこに様々な示唆があると述べている。この言葉の真意についてその母親は，自閉症が治ってほしい，治るはずだという思いで子どもにかかわるとき，実は今の息子のありのままを否定していることになりはしないかと言う。子どもたちのありのままの姿を引き受け，一緒に生きていくのだという母親たちの声があることもまたたしかであり，親は定型発達と同様の能力発達ラインへと我が子を乗せようとすることにのみ縛られているわけでは決してない。しかし，親が治療者であるという枠組みを持ち込んだ Rutter には，このありのままの我が子を受け止めるという親のありようが十分に検討されていなかったのである。この問題に通じる面があるが，Rutter の議論についてより批判的に検討されるべきは，自閉症のある子どもたちのありのままの姿，すなわち Kanner や Asperger, Bettelheim が記述していたはずの自閉症のある子どもたちの個別具体の"捉え方"や"感じ方"が，

彼の議論からは全く見えてこないことである。

　実際Rutterの文献には，第1節で紹介してきたようなエピソードや事例はほとんど提示されていない。一般性と妥当性を標榜する自然科学によるアプローチを自閉症研究に導入した立場からすれば，わずかな事例のみでもって自閉症のある子どもたちの全般に対する理解や支援を語ってしまうことに対する反発や疑念があったのだろう。しかし，1960年代の様々な観察事例のように，私たちが今，発達障碍のある子どもたちの体験している世界に迫らずして，彼らを理解したことになるのであろうか。

　自閉症のある子どもたちに共通して見られる子どもたちの行動特性を抽出したところに生まれた自閉症理解と，周囲の人たちが自閉症のある子どもたちとのかかわりを積み重ねた中で生まれる人間理解，子どもたちとの関係性の中での自閉症理解は違う。自閉症のある子どもたち独特の世界の"捉え方"や"感じ方"を削ぎ落とした発達障碍概念の源流を生み出してしまったところに，Rutterの大きな問題点があると思われる。

　この言語・認知障碍説による発達障碍概念が提唱されることで，自閉症のある子どもたちに対する理解は大きく転回し，各国において大きな影響が生じることとなる。では，我が国においてはどのような影響があり，それがいかなる意味での発達障碍概念へとつながっていったのであろうか。

第3項　我が国における発達障碍概念の萌芽
(1)　発達的観点からの自閉症の見直し

　我が国において，自閉症は内因性の統合失調症という見方から徐々に心因論的による見方になったこと，またその状態像はKanner型の子どもを中核としていたことを第1節で述べてきた。しかし言語・認知障碍説が導入される以前の我が国において，その病因論と状態像を見直そうとする動きが生まれる。

　まず病因論については，内因性や心因性といった単一の因子で自閉症が発症するのではなく，複数の因子が関与して症状が形成されるのではないかという提起がなされる。上出（1967）は自閉症を「対人接触の発達障害を中心とする状態像ないし症候群」と考え，その原因は決して単一ではなく，器質や性格，環境などの生物学的要因と心理社会的要因との複雑な絡み合いにあるという観

点を発表し，議論を巻き起こした。

また状態像については，発達的に症状を把握することの重要性が指摘されるようになり，縦断的観察が試みられるようになる。例えば，石井（1962）はある1人の自閉症の少女を精神発達的側面から7年間にわたって分析し，その子どもに見られた特徴的な5つの側面[17]について継時的に整理しようと試みた。その結果，発達の途上で何らかの重篤な中枢神経系の障碍を受けたとしても，なおその心的発達の傾向を停止しないと述べた。つまり，一見発達が遅れているように見える自閉症の子どもであっても，「正常発達の一定期間を時のルーペで拡大して見せ」たときのように，ゆっくりと発達的変容が起こっている可能性を示唆した。

このように言語・認知障碍説が導入される以前の我が国において，発達的観点から自閉症のある子どもたちを考察し，それぞれの症状について，その発達をつぶさに見ていこうとする動きが生まれる。その代表的な人物が小澤勲であったといえよう。彼は自閉症のある子どもたちとの関係性をどのように見ていたのであろうか。

（2） 小澤が見ていた子どもたちとの関係性
a） 小澤の研究枠組みと幼児自閉症

1960年代に入ると精神医学の領域でも生物学的研究が盛んになってきたが，精神科医としてそのキャリアを歩み始めた小澤は「心病む人たちを生物学的研究の対象とし，その症状や行動を分からないと決めつけ，それらを記述することをもってよしとするのではなく，そこに何とか理解の道をつけたいという志」（小澤，2004）をもって，まず自閉症のある子どもとのつきあいから臨床を始めた。その後，統合失調症や痴呆ケアにも取り組むが，「暮らしのなかで病者とかかわろうとする志と，対象の心に寄り添おうとする気持ち」（小澤，2004）を忘れることなく，日々の臨床に取り組んでいたという。

彼が自閉症について最初に著した論文が「幼児自閉症の再検討」（小澤，

17） 5つの側面とは，奇妙な几帳面さ，アニミズム的世界観，クイズ的質問癖，他人への身体接触癖，描画発達である。ある1人の子どもたちが見せた多彩な側面が実際に発達していくことを観察した事例は重要であり，それを「異型発達」としたことは，現在にも相通じる観点である。

1968；1969）である。この論文は「自閉症を発達障害ととらえる現在の定説の，わが国では最初の論文」（小澤，2004）であり，「我国の研究者によるはじめての本格的な所論」（山中，1977）として当時のインパクトも大きかったようだ。我が国の発達障碍概念の萌芽について知る上で，小澤が見ていた子どもたちとの関係性について，検討する意義があるといえるだろう。

　小澤は Kanner が著した自閉症の症状論に対して，「全く横断面的で，症状変遷，発達という観点が抜け落ちている」と批判し，「治療的接近にほとんど動じないかのようにみえる症例においても，積極的治療と長時間にわたる観察によって微妙なものであっても症状の変遷，発達」（小澤，1968）を示すことをその症例から示した。そして，自閉症のある子どもたちがいかに変容していくのか，つまり「経過という軸」（小澤，1969）は欠かすことができないものであるとしている。

　ただし，Kanner ら（1971, 1972）も自閉症のある子どもたちの追跡研究を行い，その予後があまり思わしくないことを示唆しているから，彼らの変化を検討する観点がなかったとはいえない。しかし小澤（1984）は予後研究についても厳しい指摘をしている。Kanner のみならず，様々な追跡研究において，自閉症のある子どもたちの予後は good, fair, poor として評価されていた。しかしそれは誰から見た評価なのか，またその評価された状況が，成人になった自閉症のある人たちやその人たちの周りで生活している両親や支援をする人にとって，いかなる意味を持ったのかという視点が全く捨象されていると指摘する。

　彼は当初，自閉を「対人反応や対人接触の特異なあり方」と考えた。そして多様で異なったレベルでの自閉症状が見られるとして，「自閉度」（小澤，1968）という概念を導入する。これは自閉症スペクトラムという概念の先駆けともいえる。自閉度は対人関係形成の遅れだけでなく，その対人関係の特異性を評価しようと試みたものであり，小澤はその自閉度の変化を論じた。

　ところで，自閉症の子どもたちの対人関係における特異性とは何を意味するのであろうか。小澤は自閉症児の防衛機制を検討する中で，彼らの知覚については，ある刺激がその背景となるべき状況から分離されず未分化なまま混沌としたものとしてある状態，または刺激を取り入れるべき心的枠組みが未構造で

ある状態であるとした。また対人反応についても環境要因と個体要因が分かち難く，未分化に混沌としている状態にあるとした。すなわち，自閉症のある子どもたちは「自他混沌の世界に投げ出されている」(小澤，1968)状態にあると考え，そこに彼らの対人関係の特異性があると指摘した。

他にも小澤は同一性保持を「反復こそが発達を促進させる1つの支えでもある」と意味づけたり，またRutterに先駆けて，認知面における発達性の障碍があることを示唆したりするなど，自閉症のある子どもたちとのかかわりにおいて，その子にとっての発達的意味をつぶさに読み取ろうとしていたことがうかがえる。この姿勢のもと，小澤は自閉症のある子どもたちとのかかわりをどのように進めたのであろうか。

b) 自己表現の芽を摘み取らないかかわり

小澤は自閉症のある子どもたちとのかかわりの中で，彼らが人を求めていることを読み取っていた。例えば，目の前にかざした掌の指の間から人をちらちら見る，自閉症児によく見られる行動には，「彼らなりのコミュニケーション希求」(小澤，2004)があると述べている。また一般にはパニックとされるような，拒否的な対人反応には，実は対人反応への萌芽が内在していることも示唆し，その具体例として，次のエピソードを挙げている(小澤，1968)。

> (小澤が自閉症のある男の子に)近寄るとやっていることを止めてしまい，さらに接触をつづけようと働きかけると，突然ふりむき顔をみて「イヤッ」という。いっぽう，母にたいしては追い求めるような行動が出始めた。その為，従来は容易だった母と分離した治療状況への導入が困難になった。

子どもたちに拒否的な対応をされれば，私たちはどうすればよいのかと，困ってしまうときもあるだろう。しかしこのエピソードでは，小澤を拒否して母親との分離が困難になるという読み取りよりも，母親がこの子にとって大事な人になりつつあることをより尊重するべきであるという。拒否という形を取りながらも，単に受動的なものではない対人関係が進められていることを重視

したのである。

　また，自閉症のある子どもたちが自らを表現し得たということ，この点については無条件に評価し，肯定するかかわりが出発点であるという。このかかわりが提唱される背景には，何らかのトラブルが起こったとき，それを自閉症のある子どもたちのみの問題とすることに対する反発がうかがえる。つまり，「自己を表現していくことを抑圧しきっていた人たちが，どんな形であるにせよ自己表現の芽を示した瞬間，その芽をつみとり，ふたたび表現を抑圧せざるを得ない状況をつくりだしている」（小澤，1972）ことを小澤は問題視していた。その具体例として，自閉症のある子ども（エピソード中では「かれ」）と一緒に入学式に行ったときのエピソードを挙げている。

> 　わたくしが聞いてもじつにくだらない長々とした校長のあいさつに会場が少しざわついてきたとき，かれが大声で「ツマラナイ，ツマラナイ」と叫んだのです。そのときもわたくしは思わずかれを制止してしまいました。

　その子との付き合いが浅いときに起きたエピソードであったと小澤は回顧しているが，このような日常が繰り返されると，自閉症のある子どもたちは自己を表現することを断念し，「自己の可能性や創造性をつぎつぎに切り捨てられ，治療者や周囲の＜枠組＞におしこめられ，しめつけられていくのではないか」と小澤は危惧していたのであった。だからこそ，自閉症のある子どもたちの自己表現の道を確保しつつ，その自己表現の意味をその子とかかわる人たちが読み取ることを大事にしていた。そこから自閉症のある子どもたちと私たちに共通する基盤を見出し，その上に立って現実に起こった失敗なり挫折なりを総括し，現実の問題を乗り越えていく方策を緻密に検討していく作業が検討されるべきであると，小澤は述べている（小澤，1972）。

　では，この自己表現を摘み取らないかかわりを通して，自閉症のある子どもたちやその子とかかわる人たちにはどのような変容が生まれたのであろうか。

c）　自閉を関係の問題とすることで見えてくる世界

　小澤は，自閉症のある子どもたちは「なにがなんだかさっぱりわからない子

ども達のことである」（小澤，1972）と述べ，その＜分からなさ＞から論を立ち上げていく。

　小澤の言う＜分からなさ＞とは，ある対象を前にしてその対象の言葉なり考えなりが，自らの持つ枠組みから著しく逸脱して，枠組みに組み込むことが極めて困難なことであり，その場合には2つの対処があるという。

　1つには＜分からない＞ことをその対象の責任とし，対象と自分との関係を断つことによって自分を守ろうとすることであり，従来の自閉症論はこの立場から処遇困難な子どもとして自閉症のある子どもたちを取り扱おうとしてきたという。これを小澤は厳しく糾弾する。もう1つの方向性として，自分自身の＜感受性＞を根底的に解体しながら，そこから生まれ出ずる対象との新たな関係に賭けることである。そこから自閉症のある子どもたちとのあいだに新しい付き合い方が生まれ，その子とかかわる人たちは，子どもたちの感受する世界を，自らの体験として感受するようになるという。

　小澤は，このように「自閉」という現象を，子どもたちと私たちとの関係の問題として提起しようとしていた（小澤，1972）。それゆえ，関係の一方の極である私たちの持っている枠組みそのものが検討されるべき対象であるはずであり，"枠組みが変われば自閉的とさえみえなくなる"ということが彼の主張したかったポイントであったといえる。自閉症のある子どもたちの自己表現の芽を摘み取らないかかわりを積み重ねていけば，自閉という現象に対する見え方に変化が生まれてくるにもかかわらず，それまでの自閉症論では全くと言っていいほど，そこが検討されていなかったことに対し，小澤は抵抗していたと思われる。

■小澤の眼差しとその批判的検討

　昨今，小澤が著した「自閉症とは何か」という大著が再刊されるなど，小澤を再評価する動きがある（村瀬，2007；佐藤ら，2009）。この論文が発表された当時はなかなか理解が得られなかったようであったが（高木，2009b），「脳の障害を見据え，しかしそこにすべてを還元するのではなく，心のありかを探る」（小澤，2004）という示唆や，「自閉は人と人とのかかわりの中で生起する」（小澤，1984）という指摘は大変鋭く，今こそ私たちがその意味を十分に吟味して

いくときであると思われる。

　小澤の事例を読み込んでいく中で，自閉症のある子どもたちを＜分かろうとする＞過程は実に「し
̇
ん
̇
ど
̇
い
̇
」ことであると改めて思わされる（点は小澤の原文のまま）。学校現場で発達障碍のある子どもたちとかかわってきた筆者からしても，子どもたちの傍に寄り添って自らの感受性を見つめ直していくことのしんどさは，身に染みて実感されることである。それでも，自閉症のある子どもたちを"取り扱いが困難な子どもたち"とする観点から脱却し，彼らの自己表現の芽を摘むことがないようにかかわりを積み上げていくことを，小澤は心がけていたように思われる。

　この小澤の眼差しは，今現在においても私たちが問うべき大事な観点であり，自らがいかなる枠組みで自閉症のある子どもたちと向き合っているのかを考えようとする筆者にとっても，得られる示唆は大きかった。ただ小澤の議論においては，かかわりの中で生起してくる自閉とは一体何なのか，その子どもの生き生きとした様子が残念ながら浮かび上がってこない。論の中心は当初子どもの症例をベースにしたものであったのだが，次第に従来の自閉症理解に対する反発からか，自閉症「論」に対する批判的検討へと移っていった面があったことは否めない。

　例えば，小澤は自閉症のある子どもたちの対人世界が「自他混沌の世界」であるという。これは従来の自閉症論に比べれば，その内的世界に踏み込んでいる点で，重要な指摘ではある。しかし，そこからもう一歩踏み込んで，その「自他混沌の世界」の中で，どのような体験が彼らに生まれていたのか。自閉症のある子どもたちがその世界のどんなところに楽しみや難しさを見出していたのかについては言及されていない。

　また小澤は発達的視点を重視し，自閉症のある子どもたちの発達の特異性を描き出そうと試みてはいるが，そもそも彼の扱おうとしていた"発達"とは一体何だったのかという疑問も残る。例えば同一性保持について，「反復こそが発達を促進させる1つの支えである」という意味を見出したことを先に挙げたが，しかしそこで扱われていた"発達"とは，結局定型発達へと方向づけられていた"発達"ではなかったか。

　ただ小澤を読み込んでいくと，彼が本当に重視したかったのは人と人とのか

かわりの中で生まれてくる自閉であり，自閉症のある子どもたちとその周りにいる人たちとの関係性によっては，自閉的とは見えなくなるような事象であったと考えられる（小澤，1984）。そこで彼が言わんとしていたのは，自閉症のある子どもたちに一見特異なありようや言葉があったとしても，その子とかかわりを積み重ねてきた人たちからすれば，まさにその子の思いや気持ちの現れとして，そこに固有な意味が生まれていること，すなわち子どもとかかわる人とのあいだに「関係的な意味」が生まれているということであった。関係的な意味と発達的な意味とが織り合わさっていくところに，自閉症の子どもたちの育ちを見て取ろうというのが小澤の最終的な目標であったと思われるのだが，最終的にその点にまで言及されることはなかった。

小澤は従来の自閉症論に対して，現代の私たちにも通じる鋭い問題提起を行ったものの，その後，自閉症のある子どもたちとの臨床を離れてしまった。臨床から離れてしまったがゆえに，自閉症に対する言説を投げかけることに躊躇が生まれてしまったようである（小澤，2006）。もし彼が自閉症の臨床を続けていれば，私たちはより多くの示唆を得たであろうし，我が国における自閉症のある子どもたちへの理解はまた違う展開をしていたのかもしれない。しかし，その後に Rutter によって提起された言語・認知障碍説が我が国へ導入されたことによって，彼の立場は残念ながら一旦退くこととなる。

(3) 我が国における言語・認知障碍説の導入から定着まで

1972 年に発表された「児童期自閉症の言語発達障害説について」（高木，1972）という論文において，高木は Rutter の言語・認知障碍説を紹介し，自身の臨床経験も踏まえた上で，「ことばの発達障害が，＜自閉症状＞に先行していることにかなりの確信をもつにいたった」として，言語・認知障碍説を我が国に導入した。この説が導入された背景には，我が国において自閉症の実態がいっこうにはっきりせず，適切な治療も報告されてこなかったことがあった。「少なくともわが国の自閉症研究は実りの多いものではなかったことを，率直に認めるべきであろう」という高木の言葉からも，当時の自閉症研究が行き詰まっていたことがうかがえる。

ただ，高木は，言語・認知障碍説を導入することによって，ことばの訓練や

行動療法的接近が支援の中心になってくることに対しては,「血の出るようなハード・トレーニングを自閉児に課することにはきわめて抵抗を感じてしまう」と複雑な思いを抱えていたようで,「このような激しい訓練を行わなければ,やはり＜ことばのない＞自閉症にことばを教え込むことはできないのであろうか」という疑問もあったようである。この葛藤は多くの治療者,研究者も感じていたようだが（牧田,1979），しかし自閉症研究の閉塞感を突破しようとして,言語・認知障碍説へと我が国の自閉症理解は大きく転回していく。

　この言語・認知障碍説が定着していく上で,大きな影響を及ぼした人物が中根晃であった。彼が著した「自閉症研究」（中根,1978）は「わが国の自閉症モノグラフ中最高級の力作」として,牧田（1979）は高く評価している。中根が終始一貫していたのは,自閉症は「自閉」症ではないことであり,決して自分の殻に閉じこもっているわけではないことを強調する（中根,2003）。すなわち,自閉症のある子どもたちもその子なりに周囲の世界とかかわりを持とうとしていて,彼らが何を求めているのかを読み取ることが大切であるというのが,中根の立場であった（中根,1969）。

　したがって「まず自閉性というものがあって,それを基礎に言語・知能・行動面に障害が起こってくる」とする,自閉性を解消することを目指した従来の心理療法に対しては,「他のより基本的障害—例えば言語や認知の障害をもたらすであろう障害—のために自閉的といわれる行動上の障害が起こってくるのであり,自閉も症状の1つにすぎない」という考えへと転換する必要性を示し,Rutterの言語・認知障碍説を支持した（中根,1978）。そして国内外の基礎的・臨床的研究の成果を豊富に集め,それぞれの科学的妥当性を自身の長い年月にわたる臨床体験に照合して確認するというスタンスで,行動療法による言語訓練を中心に,自閉症の子どもたちの臨床に取り組んでいた。

　その後,1980年代に入ると思春期の自閉症のある子どもたちの臨床にかかわることが多くなったようで（中根,2003），自閉症の症状は極めて年齢依存的であることを主張し,年齢的発達に応じた教育的配慮について具体的な提言するようになる（中根,1983）。自閉症のある子どもたちは認知機能にも言語機能にも大きな障碍を持っていて,それゆえに発達の遅れが生まれる。それを発達障碍として考え,発達を促進するために治療や療育に取り組もうとするのは誤解

であることを中根は述べている。実際には，障碍されていない機能が年齢的発達に応じて，障碍されている機能を部分的にカバーしながら学習や社会機能を獲得していくことを示し，自閉症のある子どもたちは障碍を持ちながらも発達する，発達性障碍のある子どもたちとして位置付けることを提言するようになった。

　この中根の発達障碍論は，1980年代以降の我が国における自閉症研究をリードし，先駆けとなっていった。数多くの臨床実践に基づいた提言であったがゆえに，説得力をもって当時の医学や教育の関係者に受け入れられ，言語・認知障碍説が定着していくこととなる。実際自閉症のある子どもたちが人間関係に閉ざされてしまった子どもたちでは決してなく，人とのかかわりを求めていることを臨床の中で読み取っていたことは重要な観点であると思われる。しかしながら，関係性の取りづらさを自閉症のある子どもたちの状況の認知が下手（中根，2003）であること，すなわち，子どもの個体能力発達障碍に起因させ，その改善に治療の方向性を向けてしまってよかったのか，という疑問がある。Rutter理論において指摘したように，自閉症のある子どもたちの世界の"捉え方"や"感じ方"を削ぎ落としたところに生まれた発達障碍概念に陥ってしまった面があることは否めない。数多くの子どもたちとの出会いの中で目の当たりにした姿について，それを対人関係や状況を読めないといった能力の有無に還元することなく，小澤が指摘していたような，それぞれの子どもたちにとっての発達的意味，および関係の中で生まれる意味については言及されていなかった。

　この言語・認知障碍説が定着する中で，「疾患」ではなく「障碍」として自閉症が考えられるようになり，それまで治療の枠内でのみ対応されていた子どもたちが，教育や福祉の分野において支援の対象となった。このため，多様な支援が展開されるようになり，様々な工夫が生まれ，現在の発達障碍支援の礎が築かれることとなる。この時期に，発達障碍のある子どもたちに対して具体的にどのような支援が考えられ，取り組まれたのであろうか。

第4項　発達障碍のある子どもたちへの多様な支援とその展開
(1)　治療しうる疾患から支援すべき障碍へ

　1960年代まで疾患であった自閉症は，治療を目指した医療の対象として考えられていたが，言語・認知障碍説が導入されることによって，支援すべき障碍として位置付けられ，教育や福祉における支援の必要性が社会問題化していった。この背景には2つの要因が考えられる。

a)　医学モデルから障碍モデルへ

　従来の医学的な立場においては，障碍は疾病（disorders）とほぼ同じ意味で使用されていた。そして疾病にはすべて原因があり，そこから特有の病理学的機構を経て，症候が作り出されることから，医学モデルでは，疾病の原因を明らかにすることが重視され，それを解決するための治療（cure）が行われる。

　しかし障碍を持っている人々への対応が現実には必要であることから，1980年にWHOは疾病に関連する現象を3つに分類する，国際障害分類（ICIDH；International Classification of Inpairments, Disabilities and Handicaps）を提唱した。国際障害分類が示した障碍の構造は次のようなモデルで表される（図―2）。

　国際障害分類においては，疾病によって機能障碍（impairments）が生じ，それに伴って，能力障碍（disabilities）や社会的不利（handicaps）が生まれると考えられている。この障碍モデルにおける援助では，社会的不利など，日常生活における困難さをいかに軽減させていくか，すなわちケア（care）に重点が置かれることとなった。医学モデルと障碍モデルを端的に表しているのが図―3である（竹下，1999）。

　このICIDHによる障碍モデルには，様々な問題が指摘された（上田，2005）。具体的には，障碍のある人たちの負の側面だけを取り上げ見方に偏りがあるこ

```
DISEASE                IMPAIRMENT              DISABILITY              HANDICAP
   or          ――→   （機能・形態障害） ――→   （能力障害）   ――→   （社会的不利）
DISORDER
（疾患・変調）
```

　　　　　　　　　　図―2　ICIDHのモデル図（細川（2004）より引用）

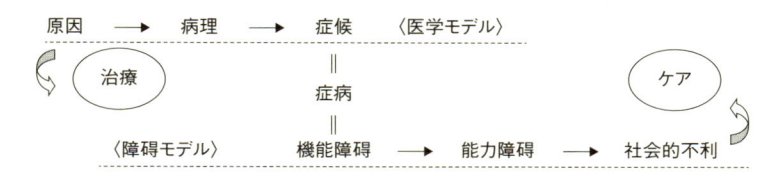

第2節　自閉症概念の展開と発達障碍概念の萌芽（1970年代）　69

```
原因 → 病理 → 症候　〈医学モデル〉
  ↺  治療       ‖
             症病        ケア ↻
             ‖
〈障碍モデル〉 機能障碍 → 能力障碍 → 社会的不利
```

図－3　医学モデルと障碍モデル（竹下（1999）より改変）

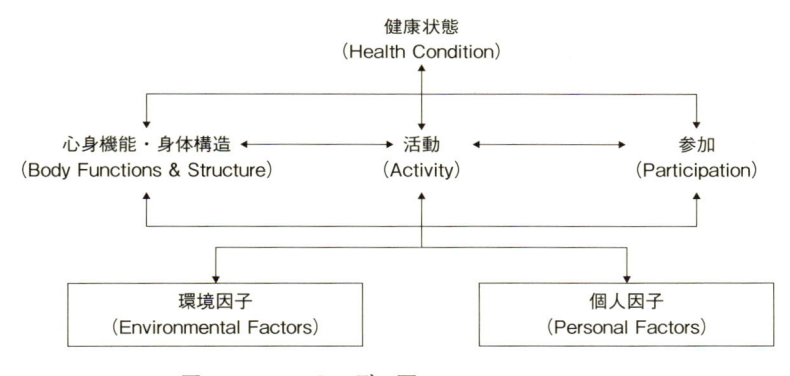

```
            健康状態
         (Health Condition)
               ↑
心身機能・身体構造 ← → 活動 ← → 参加
(Body Functions & Structure) (Activity) (Participation)
        ↑           ↑           ↑
      環境因子              個人因子
(Environmental Factors)  (Personal Factors)
```

図－4　ICFのモデル図（細川（2004）より引用）

とや，矢印が一方向ばかりで障碍があることにより社会的不利になる運命があるように思わせること，障碍の発生には環境面が大いに関連しているのに考えられておらず，あくまで障碍のために起こる個人の問題を概念化したことなどである。障碍を抱える人の周りの環境面における配慮や社会的状況，周囲の人との関係性は捨象されている。

そのため，WHOは2001年に国際生活機能分類（ICF；International Classification of Functioning, Disability and Health）へとこれを改訂する。ICFが示した生活機能構造とは次のようなモデル図で表せる（図－4）。

人が生きることの全体を示すものとしての生活機能（Functioning）を重視することや環境面の重要性，各項目の間に相互作用[18]のあることが唱えられてい

18）ICFの相互作用モデルにおいて，障碍のある子どもたちとかかわる周囲の人たちは環境の一部に含まれていると考えられる。しかし，子どもたちとその周囲の人たちとの関係性は生活面や健康面のみならず，子どもの心の育ちにもに大きな影響を与えるといえる。ICFのモデルがその側面をどこまで掬い取れているのかどうかについては，より詳細な議論を要すると思われる。

る（上田，2005）。

　こういった流れの中で，自閉症のある子どもたちが現実に抱えている問題に対応しうる支援を模索しようとする動きがより活発になり，我が国においても教育や福祉の分野で，支援の必要性が叫ばれるようになる。

b）教育，福祉での支援の必要性

　1960年代後半から1970年代にかけて自閉症の存在が社会に知られるようになった背景には，1970年に中央児童福祉審議会が「いわゆる動く重障児について」という答申を行ったことがある。重障児とは重度心身障碍児の略であり，その代表例として「著しい異常行動を有する」自閉症のある子どもが取り上げられ，マスコミなどを通して社会問題化していった（小澤，1984；高岡，2007）。

　そこで施された社会政策の1つとして，1970年に自閉症児施設という医療施設が開設され，以後，多くの子どもたちが入院することとなった。しかし全国的にほとんど拡がりを見せず，この政策は成功とはいえなかった。もう1つの政策が教育における取り組みであり，自閉症のある子どもたちに対する教育が本格的な課題として位置づけられていった。そして言語・認知障碍説が広まるにつれ，自閉症を治療しうる疾患として捉える見方は退き，通級方式での対応だけでは困難であり，情緒障碍児学級の限界が言われるようになる。その結果，固定方式の特殊学級や知的障碍養護学校で自閉症のある子どもたちへの教育が行われるようになった（寺山・東條，2002）。1979年には養護学校が義務化され，自閉症のある子どもたちは養護学校に通学するようになり，家庭や地域の福祉の一端を養護学校が担うようになる。

　この特殊学級や養護学校義務化に至るまでの方向性について，「障害児の分断，固定化，差別化」（渡部，1971）という批判や，「多くの障害児を隔離する安上がりの福祉施設」（小澤，1984）といった批判があった。また発達的見地からも「一人ひとりの子どものよりよき発達を促進する」ことを目指した立場と自閉症のある子どもたちの「いまのありのままでともに生きる」ことを目指すべきという立場との激しい論争が繰り広げられることとなり（浜田，2009），障碍児教育のあり方を巡る意見・主張の対立はその後も解消されずに今日に至っている（荒川，2003）。特殊学級や養護学校義務化を巡って様々な議論が展開さ

れる一方で、まず目の前にいる自閉症のある子どもたちに対する具体的な支援のあり方も問われることとなり、支援の方法が多様に展開していくこととなる。

(2) 多様な支援への展開

1960年代後半から自閉症のある子どもたちに対する心因論的な見方とプレイセラピーによる治療に懐疑的な目が向けられるようになってきた。その要因としては、プレイセラピーでは、自閉症のある子どもたちとの関係を築き上げていくことに困難があることや（中根, 1969）、ラポールを深めていくだけの個人療法に行き詰まりを感じる治療者がいたことが挙げられる（石橋, 1966）。

またプレイセラピーは心因性の症状に対しては有効であるが、器質的要因による症状には効かないという指摘から、プレイセラピーを何回かやってみて、少しでも変化があれば自閉症の子どもではないのではないかという指摘さえ見られるようになり（東山, 1975；後藤, 1976）、プレイセラピーは自閉症のある子どもたちの支援の中心にはなりえないという見方が支配的になってきた。

そして言語・認知障碍説の導入によって、「子どもたちのもつ基本的ハンディキャップを代償する適応能力を高める」（小林・村田, 1977）ことが目指されるようになり、まだ身につけられていない「生活をしていくための知識や技術」を新しく教え込み、身につけさせることが必要だと考えられるようになってきた（玉井, 1981）。厚生省（1981）の自閉症支援に関する報告書においても、「多様な治療・学習・生活の場に一貫性を維持し得る構造的治療環境をつくる」ことの成果が強調されている。この観点から、集団療育と行動療法を中心に、自閉症支援が取り組まれるようになる。それぞれの具体的な支援のあり方について述べた上で、どのようなことが問題となり、今日の特別支援教育や発達障碍支援へとつながっていったのかを概観する。

a) 集団療育と学校教育

プレイセラピーにおいては、子どもとセラピストの1対1の個人療法から自閉症のある子どもたちに対する治療が試みられていたが、集団を活用した取り組みが有効なのではないかということが、医療の立場から唱えられるようになってきた。

村田は自閉症のある子どもたちに週1回土曜日にボランティアを活用した集団治療を実践するとともに，小林とともに療育キャンプも行い，その効果を考察している（小林，村田，1977）。ボランティアやセラピストは一人ひとり担当する子どもに対して，受容的立場を取りながらかかわっていく一方で，訓練的な働きかけも行っていた。その結果，集団療育により，同一性傾向のパターンがキャンプ生活で崩され，偏食の改善や何事にもある程度の我慢ができるという効果があったことや，身体模倣訓練によりその能力が進展し，対人関係や言葉の面においても改善を示すことが報告された。

　また東山（1975）は集団Communication療法を実践し，子どもの発達を促進するために集団教育をする必要性を唱えた。具体的には，自閉症のある子どもたちには特異なCommunication Channelがあり，それをセラピストがまず共有することを目指してかかわる。そして，それを集団内の人々と共有できるものにするために，徐々に一般的なCommunication Channelを獲得する方向へと子どもたちを持っていくことで，自閉性を改善していくことを目指した療育であった。

　この集団を活かした療育には，パターン化してしまいがちな対人関係を，様々な人たちとの出会いを通して，より豊かに自分自身を表現することにつなげていく面はあったようだ。その一方で，定型発達の枠組みに沿った表現を身につけさせることが目的となる訓練的なかかわりであったこともうかがえる。この集団を活かそうとする療育の発想は，集団生活が営まれる学校教育の領域にも影響を及ぼすこととなる。

　若林・石井（1970）は自閉症のある子どもたちに対する教育の現状が未整備であったことから，彼らの発達状態や発達段階に応じた，独自の教育方法ならびに教育課程を考えることが必要であると指摘した。また症例を通して，学校という集団場面の中で生活することによって，対人接触が改善され，集団行動に参加することができるようになり，学校適応が可能になってきていることから，自閉症のある子どもたちが学校で様々な子どもと交流することに意義があることも示唆している。十亀（1981）も「子どもをつねに正常な子どものなかで育てていくことが大切である」と述べ，自閉症のある子どもたちが周りの子どもを模倣したり，集団行動に参加したりするようになること，また言葉の習

得数が増えたりすることを挙げ，集団の中に自閉症のある子どもたちを入れることの効果を述べている。

ただ学校現場で通常学級の担任として自閉症の子どもたちとかかわっていた内堀（1981）は，自閉症のある子どもたちが学校集団に適応したことを分析し，評価しようとする風潮に対して警鐘を唱え，「教室にいても目立たなくなったこと」や「席を離れなくなったこと」「みんなと行動できるようになったこと」は本人の気持ちを反映しているものなのか，という問題提起をしている。本来重視されるべきは，自閉症のある子どもたちが自ら喜びを感じたり，意欲的に取り組んだりできることを教師が共に見つけ出していくことであり，一人一人に合った学習意欲を維持し発展させていくことであるとしている。上出・伊藤（1981）も他者からの働きかけが強ければ強いほど，結果的に，子どもの自閉傾向を強めてしまう可能性や，一定の外在基準に同調することだけをねらっている集団指導の場合，自閉症のある子どもたちはますます他者から逃避してしまうのではないかという危惧について述べており，彼らの意欲や思いを問う観点から問題を提起した。

こうして，集団療育や学校教育の現場から，集団を活かした支援が生まれてくる一方で，1つの問題が生じてきた。それは，教師や支援者が自閉症のある子どもたちの発達を促すことを目的として，彼らに集団活動を体験させ，その集団に協調させていくことを訓練という名の下に求める面と，自らのかかわりが子ども自身の興味や関心，また思いに根差した働きかけになっているのかを教師や支援者が問い，一人一人の子どもを受け止める中で，子どもたちの意欲や思いを引き出していく面との，2つの面にどのような折り合いをつけるか，である。玉井（1979）が述べているように，当時はこの両面の体験ができる治療教育の形態が通級教室であるとされていたものの，徐々に自閉症のある子どもたちと周囲の子どもたちとの学力や生活面における違いが大きくなり，学校現場で自閉症の子どもたちを教育することの困難が認識されるようになっていった。

本来は自閉症のある子どもたち自身の興味や関心，またその思いに気づいていくことから教師や支援に携わる人たちは関係を作り，その関係を積み重ねる中で子どもたちにどのような育ちが生まれてくるのかを問うべきであるが，そ

の育ちが個体能力発達や集団への適応という大きな枠組みに回収されがちである。これは現在の特別支援教育においても問題として浮上してくる。特別支援教育において私たちは何を問うべきか，後の第3節においてより詳しく議論していくこととする。

b） 行動療法と心理療法

行動療法はすでに様々な精神疾患へのアプローチとして，種々の問題行動に対して適応されていたが，自閉症のある子どもたちに対するアプローチとして，欧米で初めて導入したのが Ferster であるとされる（梅津・篁，1969；中山・中山，1974）。その後，我が国でも梅津ら（1969）が自閉症のある子どもに対して行動療法を適用したことが報告された。

梅津らによれば，従来のプレイセラピーは受容を前面に出したものであったために，子どもたちに対する過保護や放任が生まれ，躾がなされていなかったと批判する。そこで行動の統制を重視して，自閉症のある子ども自らが行動をコントロールすることを目指した行動療法を実践した。そこで目指されていたのは「知的能力，言語能力，社会性等の発達の基礎を与えること」（中山・中山，1977）で，常に機会を捉えては私たちの社会に引き戻す，引き上げようとする努力・工夫が積極的に行われていた。Rutter の言語・認知障碍説が導入されて以降，言語発達，獲得に向けた訓練が中心に行われていたようで（松井・中山，1973），言語認知領域の"誤った学習"を修正し，より適切な学習ができるよう直接アプローチする支援として，行動療法が有効であると考えられていた（佐藤ら，2009）。

その後，①子どもの自閉症の背後には，原因は何であれ共通した認知の障害があり，②オペラント条件づけ法による言語訓練と弁別訓練を軸とした接近は，行動を改善するだけでなく，その背後にある認知異常の改善も促進する，という2つの指針に立って行動療法が進められていくこととなる[19]（中山・中山，

---

[19] 中山（1978,1979a）は当初 Rutter の説に賛同していたが，「言語・認知障害は対人関係の障害と同時平行的にかつ相互依存的に生じてくると考えるのが自然ではなかろうか」と述べ，言語・認知障碍説への問題提起を行っている。そして言語・認知や対人関係の障害の背景には，刺激の濾過を行うメカニズムがあるとして，学習における刺激選択の失敗を自閉症の原因とする IRM 障碍説を提唱した。

1974)。このように構造化された設定状況における指導により，自閉症のある子どもたちの持つ障碍の細かい構造を明らかにする支援が中心になってきたことを，中根（1999）は「1970年代の研究の直接の成果である」としている。

　しかし行動療法によって獲得された言語表現や社会的スキルが特定の場面と結びついてしまい，日常生活に汎化できないという問題がさかんに指摘されるようになってきた（中山・中山，1973）。また強い批判に晒された心理療法であったが，治療者側からの子どもへの介入を極力控え，受容を中心とするプレイセラピーでは，人への能動的なかかわりが薄い自閉症の子どもたちには，対人交流が生まれにくかったことを踏まえ，かかわる人たちがより能動的に自閉症のある子どもたちに働きかけて，人への関心や人とかかわることへの興味を引き出す心理療法が行われるようになってきた（石橋，1966；滝川，1995）。その中で「専門的で訓練的なアプローチであればあるほど，子どもたちを受け身に陥らせる恐れ」（山上，1997）があるのではないか，と行動療法に対する問題提起がなされるようになる。

　そして，自閉症のある子どもたちの奇妙で常道を逸したように見える行動に，意味あるものを見出していこうとする中で，子どもたちの原始的な心の世界を共感的に理解しようとする治療（Tustin, 1972；1994）がなされたり，今ここでの適応を目指すのではなく，子どもたち自身の主体的な体験世界に目を注ぎ，自分自身の人生を切り拓いていく自我発達の土壌として，人とのかかわりにおける情緒的なつながりの不可欠さを唱える主張（山上，1997）が，心理療法の立場からなされたりした。

　この行動療法と心理療法のそれぞれの立場からのアプローチは，発達障碍支援における対立を招くこととなったが，この２つの立場を両立することを目指す主張もある（中山，1979b）。例えば森田（1975）は，ある自閉症の子どもへの集中模倣訓練の結果，心理療法よりも行動療法の方が効果的であったことを認めつつも，訓練に付随して生じる子どもたちの不安や心理的動揺を軽くするためにも心理療法は必要であり，「訓練＋心理療法」という方式が有効なのではないかと提案している。また作田（1981）も行動療法は一部の機能を操作するのみで，バランスのとれた人格発達が促されないのではないかという危惧がある一方で，心理療法は，ある個体能力の中で特に遅れている能力を選択的に強

力に発達させることにおいては不十分であると述べ，その2つの療法を併用し，統合して用いた技法を試みている。

　ここまで見てきたように，言語・認知障碍説が導入され，定着していくことによって様々な支援が展開していくこととなった。ところが，言語・認知障害説にはその限界があることも明らかになる。いったいどのような限界点が見出されたのであろうか。

（3）　言語・認知障碍説の限界

　自閉症の原因を言語・認知の障碍と考えた Rutter の説では，自閉症の中核症状を説明できないことが次第に明らかになってきた。その最たる理由が，抽象的思考や概念形成といった認知における障碍が，なぜ自閉的孤立を生じさせるのかをきちんと説明できないことであった（滝川，1995）。その根拠に2つの研究が挙げられる。まず1980年代に入ると，高機能自閉症やアスペルガー症候群に代表されるような，言語能力は高いものの，自閉症と同様の症状を持つ子どもたちが存在することが明らかになったこと。もう1つに発達性失語症と自閉症とを比較研究した結果，社会性の障碍という側面において，全く異なる状態像が見られたことであった（杉山，1999）。すなわち，発達性失語性の子どもたちの場合，友人を作ることに大きな困難はなく，ジェスチャーなど非言語的コミュニケーションにも問題はなかったのだが，自閉症のある子どもたちの場合，対人交流が制限されていたのである。

　後に Rutter（1987）自身も，言語認知の障碍によってすべてを説明することには限界を見出し，その後は対人関係の障碍こそが自閉症の中核症状であると述べ，Kanner や Asperger の出発点へと回帰してゆく。そして，社会性の障碍をいかに説明していけばよいのか，その中核症状を追究していこうとする動きが1980年代に入り活発化していくこととなる。

　1970年代は Rutter の言語・認知障碍説が自閉症研究を席巻し，発達障碍概念の萌芽に至った時期で，自閉症を中心とした発達障碍のある子どもたちへの支援も本格化してきた。しかしながら，この時点での発達障碍概念は，認知面における障碍に集約されていたため，そこから自閉症のある子どもたちの世界の"捉え方"や"感じ方"が捨象され，子どもたちとの関係性のありようも背

景化されてしまった。実際、小澤のように子どもとかかわり手の関係性の中で、その子の発達をつぶさに見ていこうとする動きは、なかなか理解されなかった。支援においても、訓練的アプローチと、その子の興味や思いを大事にして、かかわりを取り交わしていくアプローチとの狭間で様々な軋轢が生まれることとなり、何を発達と考えるのかについての混乱も見受けられた時期であった。

1980年代に入ると、言語・認知障碍説に代わって、自閉症の中核症状とされる社会性の障碍に対して認知面と情動面からアプローチしたいくつかの学説が発表される。またWingが自閉症スペクトラムの概念を発表し、自閉症のある人と定型発達の人との間に連続性があることを主張することとなり、発達障碍研究は再び大きな転機を迎えることとなる。第3節では、発達障碍概念がどのように展開し、また拡大していったのかについて検討していく。そして、発達障碍のある子どもたちとの関係性が再びどのように問われていくことになったのかについて考察することとする。

第2節のまとめ

ここまでRutterが言語・認知障碍説を導入してからの自閉症概念の展開を検討してきた。第1節のまとめで、自閉症のある子どもたちとかかわる人たちの苦悩を指摘したが、彼らの苦悩に応えることを目指して、自閉症の子どもたち一般に成り立つかかわり方が探求されることとなった。その結果、構造化による環境面からのアプローチとともに、行動療法によって個体能力発達を促していくかかわりが提唱されたことが、この時期のかかわりの特徴として指摘できる。このかかわり方は、定型発達者の社会に適応できるよう改善していくことが目指されており、定型発達の枠組みの中で自閉症のある子どもたちを理解しようとしていた。

この個体能力発達を促すことを目指す態度は、第1節で述べた「自閉」の世界に踏み込んでいこうとする姿勢とは対極にあるものである。つまり、自閉症のある子どもたちとかかわり、彼らの世界に寄り添っていく中で、かかわり手の持っている枠組みを少しずつずらしていきながら、身体的に了解していこうとする態度を180度転回し、自閉症児の行動をかかわり手の持っている枠組みに引き寄せて理解しようとするかかわり方であるといえる。このかかわり方は

自閉症のある子どもたちにどのようにかかわったらよいのかという指針は明確であるため，保護者をはじめとする養育者には受け入れやすかったことだろう。また心因論からの反動もあったために，従来の受容的な立場からは反論がしづらかった面もあったように思われる。

しかし徐々にではあるが，教育や福祉の分野をはじめとして，自閉症のある子どもたちを定型発達の枠組みに押し込めて理解していくことに対する疑問が投げかけられるようになってきた。それは1つに「ありのままの子どもたちを否定」してしまうことに対する反発であり，また個体能力発達を促すために訓練的に何かをさせる働きかけが，果たして子どもたち自身の思いを尊重したものになっているのかという疑念が，かかわり手に湧いてきていたこととも関連があったように思われる。

自閉症のある子どもたちとかかわる人たちが定型発達の側に引き付けて彼らを理解しようとすればするほど，子どもたちが体験している世界からますます遠ざかってしまったために，目の前にいる子どもとかかわっているはずであるのに，その子らしさを全くといってよいほど理解できているようには思えない感覚がかかわり手に生まれてきたのではないだろうか。

こういった状況に対して疑念を投げかけたのが小澤勲であり，彼はRutterの主張した言語・認知障碍説や支援のあり方に強く反発した。それによって自閉症のある子どもたちに対するかかわり方を巡って，激しい対立が起こってしまうことになった。つまり，「一人ひとりのよりよき発達を促進する」ことを目指す立場と，自閉症の子どもたちの「いまのありのままの姿で共に生きていく」ことを目指す立場との意見の衝突である。特別支援教育の領域では，現在もその余韻が残っているように感じられるときもある。しかしこの対立が，自閉症のある子どもたちの生活にとって有益な議論になりえていたのであろうか。本来重要であるのは，この2つのかかわり方の両方を視野に入れて，統合した観点を提示することであったように思われる。そしてそれを試みたのが，次節に見るWingであった。

第3節　発達障碍概念の拡大と展開（1980年代から現在まで）

　第2節では，Rutterの提唱した言語・認知障碍説を検討した。自閉症のある子どもたちには，言語機能を中心として，認知面に障碍があるという理解が1970年代に定着してきた。また，行動療法を中心とした支援が展開されていった。しかし，言語・認知障碍説では，彼らの対人関係の障碍を十分に説明できないことが指摘されるようになった。その背景には，アスペルガー症候群をはじめとして，発達障碍のある子どもたちの中に，言語能力は高いものの，対人関係がうまくいかない子どもがいることに対して注目が集まってきたことがある。

　そもそも自閉症は稀な障碍であると，当時は考えられていた。というのも，自閉症の有病率を世界で初めて調査したLotter（1966）の「10000人に4.5人」という数値が，それまで疑われることなく神聖化されていたからである（Honda et al., 1996）。また予後研究から，自閉症のある子どもたちは，知的障碍を伴っている場合が多いとされていた。これらから，自閉症のある子どもの数はそもそも少なく，かつ，その多くが知的障碍を伴うと考えられていたのであった。したがって当時は，知的障碍を伴わない自閉症の子どもたちは，本当に稀な存在であると考えられていた。また，知的能力さえあれば，社会適応に向かうと考えられていたため，彼らは支援の対象とさえされていなかった。

　しかし1980年代になって，知的障碍を伴わない自閉症の子どもたちに対する関心が高まってきた。そのきっかけは，Rutterと同じ英国学派であったWing（1981）が「アスペルガー症候群」を提唱し，自閉症スペクトラムという概念を生み出していったことにある。自閉症が発達障碍として位置付けられ，そのバリエーションに関する議論が始まったことで（石川・市橋, 2007），自閉症を中心とした発達障碍研究は再び混沌としていく。そこでまず，Wingが自閉症のある子どもたちとの関係性をどのように見ていたのかを検討する。

第1項　Wing が見ていた子どもたちとの関係性
（1）　Wing の研究枠組みと自閉症スペクトラムについて

　Wing を語る上で，彼女の子どもに自閉的側面を持つ長女がいたことを指摘しておかなければなければならない。Wing は「成人した自閉症の娘の親であり，また研究と臨床の経験をもつ専門家でもある二重の役割が，そのいずれか一方の観点だけの人からは得られない洞察をもたらす」（Wing, 1996）と述べており，自閉症研究の第一人者としての立場のみならず，当事者の親として，自閉症の人とその家族への支援サービスの充実を目指した活動を行っていた（門，2000）。

　彼女の研究の出発点となったのが，ロンドンのキャンバーウェル地区において行われた疫学調査である（Wing & Gould, 1979）。地域の保険・教育・福祉サービス機関がかかわっていた，914人の子どもたちにスクリーニングを行い，132名を調査対象として選んだ。調査対象を選別した基準の1つ目は，障碍の3つ組，すなわち，①社会的相互交渉の障碍，②コミュニケーションの障碍，③想像力の障碍，これらいずれかの特徴を抱える子どもであること。2つ目に，行動パターンや障碍の如何によらず，知能検査あるいは学力検査において，重度発達遅滞を抱える子どもであること。この2つの基準から，スクリーニングが実施された。

　その結果，「10000人につき21.2人」の割合で，相互的対人交流の障碍のある子どもがいることが明らかになった。そのうち，従来から指摘されていた，知的障碍を伴う自閉症の子ども，いわゆるカナータイプの典型的な自閉症の割合は「10000人につき4.9人」であった。数値としては，先に示した Lotter の調査結果とほぼ近似する値である。この結果から Wing は，知的障碍を伴わずとも，自閉的傾向のある人が実際にいることを示した。そして，相互的対人交流の面に障碍がある人たちをも自閉症に含めることで，その状態像に多様な行動形態があることを明らかにした。その具体的な状態像を以下にまとめる（Wing, 1997）。

　1　社会的相互交渉の障害
　（a）　孤立群…小さな子どもたちに一番多いタイプで，まるで他人が存在

していないかのように振る舞う。自分自身の世界にとどまり，自らの無目的な活動にすっかり夢中になっている。
(b) 受動群…他からまったく孤立しているわけではないが，自分から人との交わりを始めようとはしない。問題行動は少ないが，青年期に際立った変化が起こって，行動に異常が現れることもある。
(c) 積極・奇異群…世話をしてくれる人に対して，活発に近づこうとするが，自分の関心事を一方通行で延々と述べることがある。自分の思い通りに周りが関心を示してくれないと，扱いにくくなったり，攻撃的になったりする。
(d) 形式ばった大仰な群…最も能力が高く良好な言語レベルの人たちに現れる。過度に礼儀正しく，堅苦しく振る舞う。うまく振る舞うために大変な努力をし，人と付き合うときのルールを，厳格にこだわって守ろうとする。

2　コミュニケーションの障害

話し言葉を使うことができず，即時反響言語や遅延反響言語が見られる。また話し言葉を理解することができない，不自然な口調や単調なリズムで話す，変な抑揚をつけるといった行動がある。また非言語的コミュニケーションを使うこと，理解することに困難がある。

3　想像力の障害

単純な反復的動作や手の込んだ反復的なルーチンを繰り返す。この反復した常同的動作は，想像力の障害というコインの裏面とみなすことができる。自閉症児は，柔軟で創造的な思考を含む行為を楽しめず，他人とのアイデアの交換も楽しめない。また他者に理解や興味がなく，将来の計画を立てるために現在や過去の経験をまとめることもできない。こういった障害があるために，何らかの楽しみをもたらす動作を反復することにのみ，安心を見出している。

その後，Wing（1981）は「アスペルガー症候群」というカテゴリーを規定し，「正常範囲内の奇人変人や別種の臨床像へと連続的につながっている。基礎病理がもっと明確になるまでは，正確な境界線を引くことはできないと言わざる

を得ない」と述べた。ここから，いわゆる定型発達の範囲内にあると考えられていた人たちにも自閉的傾向があることを認め，自閉症を幅広く見る立場を明確にし始めた。そして3つの自閉的特徴が，重度から軽度まで連続的に分布しており，それらの間のどこにも明確な境界を設けることができないこと，しかもそれらが極めて軽度であれば，正常との間での区別さえ困難な状態にまでなることを「自閉症連続体（autistic continuum）」（Wing, 1988）と名付け，後にはこれを「自閉症スペクトラム（autistic spectrum）」と呼んだ（Wing, 1996）。

　自閉症概念を，カナータイプの典型的な自閉症の人たちに限定することのない，幅広い枠組みを導入したことによって，類似した問題を抱えて，同じような援助を必要とする子どもたちが，実は多くいることを示した（市橋，2006）。ここにWingが発達障碍の概念を拡大した大きな意義があったと考えられる。

　また，このスペクトラム概念は，門（2000）が述べているように，「優しさの科学的表現」ともいえよう。この概念を導入することで，自閉症の子を持つ親が，自身の産んだ子どもを障碍のある子として全く別個の存在として考えるのではなく，我が子との間につながりがある可能性を知ったのである。自閉症のある娘を持つWingならではの着想といえる。

　このように，自閉症をスペクトラムとする見方を主張したWingは，自閉症のある子どもたちに対して，どのようなかかわりを提唱したのであろうか。

（2）　生活するために必要な「外的な枠組み」を与えるかかわり

　Wing（1996）の議論に基づいて，自閉症の子どもたちとの関係の糸口を，彼女がどこに見出したのかを論じていくこととする。

　Wingが自閉症の子どもたちとかかわる上で手掛かりとしたのが，「時間」と「空間」である。この2つの側面を理解していくことは，彼らにとって非常に困難であるという。またそれと同時に，彼らがこの生活世界をどのように見ているのかを理解する上で，非常に重要であるともしている。まず「時間」については，次のような具体例を挙げている。

　　話のできる自閉性障害の人たちが，未来の出来事について繰り返し確認したり，それがいつ起きるのかと絶えず聞きに来るということがあります。

第 3 節　発達障碍概念の拡大と展開（1980 年代から現在まで）　83

> 彼らは，細部にわたって正確に示された予定表を何度でも際限なく手に入れたいのです。親や教師たちは，こうした行為を注意を引きたいからだとか，じれったいからだとか考えがちです。しかし，このように質問せずにはいられない不安感には，未来もいずれは現在になるのだということの理解がいかにむずかしいかということが示されています。（Wing, 邦訳 1998 より）

「時間」は見たり触ったりすることができるものではない。そのため，自閉症の子どもたちは，具体的な実体を持たない出来事の流れに，混乱せずに対応することができない。この問題に対して Wing は「時の流れを実際的な項目で表すこと――抽象的概念を具体的事柄に置き換えて示すこと――は最も良い助けになります」と述べ，「時間」を具体的に目で見える形にする支援の必要性を指摘する。

「空間」についても同様で，自閉症のある子どもたちは，「空間」における物の境界や関係を理解することに困難があるという。次のような具体例がある。

> ある女の子は，まるで一度も自分の手を見たことのないかのように，手は袖からはえていると 5 歳でまだ思っていました。子どもたちは同じ品物を別の方向から見たときの形どうしを関係づけることがとても難しいと感じているようで，そのために品物をいろんな角度から近くでしげしげと眺めるのかもしれません。ほかの人には明らかだと思える物と物との境界も，彼らは気づいていないようです。たとえば，彼らは自分の家がどこで終わり，どこからが隣なのかがわかっていないことがあります。（Wing, 邦訳 1998 より）

「空間」の境界について，自閉症のある子どもたちは，全く認識できていないようである。このような状態にある自閉症児たちが，複雑な人間関係に困惑するのは当然のことであるとも，Wing は述べる。

自閉症の子どもたちの「時間」と「空間」の"捉え方"から，生活上における混乱を軽減するために，Wing は「空間の境界や時間，人間・品物・出来事の

関係を，それらの意味を目で見て分かるように，いろいろな方法や手段を用いて，できるだけ簡単に説明」する支援方法を提唱した。つまり，視覚的な手段を用いて，具体的な内容を伴った「外的な枠組み」を，保護者や教育に携わる人たちが彼らに与えていくことが必要であると主張したのだった。

　自閉症のある子どもたちの不適切な行動を少なくし，基本的な生活スキルを身につけさせることを目指した支援方針のもと，様々な援助方法が実践されていった[20]。このように「外的な枠組み」を与えること，つまり，目に見える形で生活の様々な場面を構造化していくことによって，自閉症のある子どもやその周囲の人たちにどのような変化が生まれてきたのであろうか。

（3）　自閉症のある子どもの潜在的な能力やスキルを最大限に発揮する

　Wing（1996）は，自閉症のある子どもたち，またその親に確かな変化があったという。障碍の3つ組とされる面について，どのような変化が見られたのかを以下に具体的に述べる。

　まず社会的相互交渉の障碍については，保護者や教育者が，守るべき決まりごとを一貫して明確に示す接し方を続け，子どもたちに楽しい経験を与えるようにしていけば，「愛着」が形成されていくと述べている。ここでいう「愛着」とは何を指すのか。Wingによれば，当初は，「欲得ずくの愛情」であるという。例えば，手の届かないところにあるものが欲しいとき，相手の手の甲や腕を掴んで，目的物に持っていくなどの行動に見られるように，自らの一時的欲求に応えてくれることから生まれる「愛着」である。

　しかし時が経つにつれて，彼らなりのやり方で，「愛着」はより深いものに育っていくという。具体例として，視線が合わない子どもに対する以下のエピソードがある。

　　ある幼い女の子は，鼻を押すとおかあさんが顔をゆがめておもしろい表情をして見せるという遊びが好きでした。その子はその遊びをせがむとき

---

[20]　Wing（1996）は，落ち着きのない行動や多動，人を困らせるなどといった，不適切とされる行動1つ1つに対して，対処の仕方を示している。また，トイレのしつけや協調性など，基本的な生活スキル1つ1つについても，その教え方を述べている。

第 3 節　発達障碍概念の拡大と展開（1980 年代から現在まで）　85

にはうれしそうに目を合わせるようになり，さらにはほかの要求のときにも目を合わせるようになりました。(Wing, 邦訳 1998 より)

　保護者など周囲の人たちが，自閉症の子どもたちと，視覚的に楽しい経験を積み重ねていくことによって，対人交流が徐々に生まれてきたことがうかがえるエピソードではある。ただし，子どもの行動上の変化の記述のみにとどまっており，実際の心の問題，すなわち母親と子どもの心の持ちようにまで踏み込んでいるとはいえない点で，「愛着」と考えてよいのかどうかは疑問に思う。
　またコミュニケーションの問題については，幅広い社会的経験を子どもに提供することが最良の方法であるという。例えば，言葉や写真でその日の予定を予習し，予習よりもっとたくさんの言葉や写真で，その日の出来事を復習することを勧めた。そうすることで，子どもたちは出来事同士の関連性が分かるようになり，また，言葉というものが意味を持つということを知る機会にもなるという。
　最後に想像力の問題については，日常の決まりごとへの執着（ルーチン）で，子どもや親に悪影響を及ぼすものに対しては，対決していく必要性があるとしている。保護者が慎重に，毎日ほんの少しずつそのルーチンに変化を持たせれば，子どもはある程度変化というものに慣れてくるという。また一度その問題が解決されれば，決まりごとをやめたとしても，世界はバラバラになったりしないということに子どもたちは気づき，それまで以上に，親たちに積極的な関心を向けてくれるようになるという。その姿から，親も子どもを援助する自分たちの能力に自信を持つようになるとしている。
　以上見てきたように，保護者や教育者が「外的な枠組み」を与えれば，自閉症の子どもたちも外的世界の変化に徐々に慣れ始めて，3 つ組として指摘された状態像にも変化が見られた。またその変化から，保護者自身は子育てに徐々に自信を持つようになると，Wing は考えていた。

■ Wing の眼差しとその批判的検討
　Wing が見ていた子どもたちとの関係性を，研究経過に沿って述べてきたが，彼女の中には大きな葛藤があると感じるのは筆者だけであろうか。またこの葛

藤の内実こそが，自閉症を中心とする発達障碍概念の分岐点であるように思われる。

彼女がどのような葛藤を抱えていたのか。私見では，「自閉症児（Autistic child）」として子どもを見るのか，「自閉症のある子ども（Child with Autism）」として子どもを見るのか，その狭間で彼女の思いは「揺れ」ていたと考えられる。その「揺れ」がうかがわれる，コミュニケーションに関する記述を以下に2つ示す（Wing, 1976）。

> 自閉症児は，単に話し言葉とか言語だけでなく，コミュニケーションの全側面にかかわる損傷をもっているといわねばならない。（Wing, 邦訳 1977 より）

この記述からは，自閉症の子どもたちには生まれながらにして障碍があること，またそれがゆえに，周囲の人々とのコミュニケーションが取れないことを示唆している。つまり，コミュニケーションの不全を，子どもの器質的障碍に起因するものとして考えている。その一方で，以下の記述も見られる。

> その子どもをよく知っている人は，その子特有の音声や言葉の使い方を理解し，その意味を解釈できる。（Wing, 邦訳 1977 より）

この記述からは，子どもたちはその子なりの仕方で周囲に思いを伝えようとしているのだから，問われるのは，その子の思いを受け止める人のあり方なのだということも示唆される。Wing は自閉症研究の第1人者として科学的に自閉症を理解していこうとすると同時に，自閉症のある娘の親として，娘に寄り添いながら人生を歩んできたからこそ生まれる自閉症理解との狭間で，大いに「揺れ」ていたように思われる。

彼女の著作の中には，「障碍よりも，まず人を重視する」（Wing, 1996）という記述も見られる。また「自閉症スペクトラム」という概念生成を通して，自閉症傾向のある子どもと私たち自身との間に連続性を持たせ，私たちの体験の延長線上に彼らの体験を位置付けることが彼女の目指していたことと考えられ

る。筆者はこの考えに賛同する。この観点からすれば，自閉症スペクトラムは広汎性発達障碍の別名であるという言説に対しては，当然疑問が呈されることになる。後者は「障碍」というカテゴリーで，私たちとは異なる者として自閉症のある子どもたちを分断しているからである。「現行のICD-10やDSM-Ⅳでの，筋の通らない基準を搭載した広汎性発達障害の部分は，無効にされるべきです」とWingが主張していることも頷ける（石川・市橋，2007）。

一方で，やはり障碍は障碍として考えていることもうかがえ，「スペクトラム障害（spectrum disorder）」とWing自身が記述することもある。また障碍とされる面を最小限にすることを目指す支援を行っていることからすれば，子どもを器質的な障碍を有する，私たちとは根本的に違う存在と見て，構造化された療育環境やプログラムを取り入れることを求める記述も見て取れる。

発達障碍のある子どもたちに私たちが寄り添って，彼らに近い立場から，その子どものありようを問う立場なのか。それとも自閉症のある子どもとのあいだに客観性という壁を置き，子ども一般に成り立つ障碍の行動改善を目指す立場なのか。Wingの「揺れ」は，発達障碍のある子どもにかかわる人，一人ひとりがその依って立つ価値観や人間観を問う契機となるはずであった。しかし，現実にはそういった動きはなかなか生まれず，自閉症の中核となる原因を究明し，行動改善を目指す，一般化された支援方法の確立を求める動きが加速していく。

自閉症スペクトラム概念の導入により，発達障碍概念はまた混沌とした状況を迎えることになる。第2項と第3項では，自閉症の中核症状がどのように探求されていったのか。また行動改善を目指す立場に舵を切った結果，どのように発達障碍支援が展開されていったのかについて言及し，その問題点を指摘する。

第2項　自閉症の中核概念の探求

対人関係の障碍が自閉症の中核症状であるという言説を受けて，認知的側面から社会性の問題を説明しようとする研究動向とともに（Baron-Cohen et al., 1985; Ozonoff et al., 1991），情動的側面から説明しようとする研究動向が起こり（Hobson, 1993b），お互いを触発しながら，自閉症の中核概念を探求しようと

した。本項では，この研究動向から生まれた諸理論を概観し，その問題点を指摘する。

(1) 認知的観点から見た中核症状
a) 心の理論障碍説

自閉症は心の理論能力の障碍であるとする仮説を Baron-Cohen ら (1985) が発表して以降，その仮説を支持する研究から批判的な研究まで，数多くの議論がなされてきた (石坂，2009)。「心の理論障碍説」とは，「人々には心や精神状態があり，その精神状態が行動と関連しているという通常の理解を自閉症児が発達させることに失敗している」(Baron-Cohen, 1993) とするもので，その最たる証左が誤信念の課題である。

誤信念課題である「サリーとアンのテスト」(図―5) [21]を，自閉症のある子どもたちに初めて適用したのが Baron-Cohen ら (1985) であった。課題に対して，対象となった自閉症児のうち，80％が正答できなかった一方で，対照群であるダウン症児と健常児においては，15％程度の誤答に止まり，正答率の差

---

[21] サリーとアンのテストとは，以下の図に表せる誤信念課題で，他者の考えを推測できるかどうかを見る。

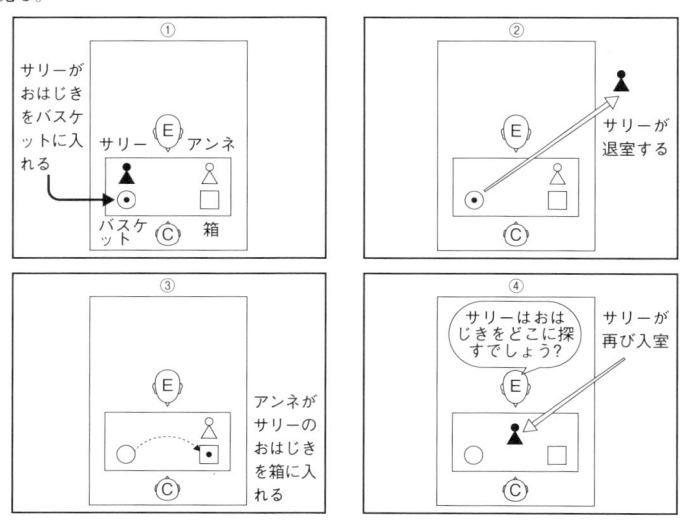

図―5 サリーとアンのテスト (Baron-Cohen et al (1985) より引用)

が有意に現れた。この結果から，自閉症児は，他者が異なる信念を持っていることを理解できない可能性が指摘された。

　ただ少数ながらも課題をパスした自閉症児がいたこと，および，すべての健常児やダウン症児がこの課題に正答できたわけではないことから，Baron-Cohen は，より複雑な信念理解テストを自閉症児に試みた（Baron-Cohen, 1989）。その結果，自閉症児で課題をパスした者は誰一人としていなかった。よって，自閉症は心の理論能力に特異的な特徴を持つ発達障碍であると結論付け，現在も Baron-Cohen はその研究を進めている。

　Wing の提唱した3つ組の障碍のうち，社会的相互作用の面とコミュニケーションの面の2つについては，「心の理論障碍説」により説明可能であるとされる（Baron-Cohen, 1988）。また，それを追認する実験結果もある（Tager-Flusberg, 1993）。しかし，想像力の障碍といわれる，興味の限局や常同的な行動などの特徴は「心の理論障碍説」では説明できていない。また様々な実験結果において，心の理論能力が障碍されているのは自閉症に限られた話ではなく，他の障碍や健常児においても，課題をパスできない者はいる。そして，自閉症を他の障碍と区別するために使用可能な，心の理論の課題は現在のところない。よって，「心の理論障碍説」が自閉症の基本的障碍とするには不十分であるといえる（石坂，2009）。

　そこで近年では，心の理論能力に十分な発達が見られないことを二次的な障碍と考え，それを引き起こす原因の探求に研究が向かっている。そこで注目されているのが，「共同注意の欠如」である。Baron-Cohen は，自閉症児の大多数において，自分と他者が同一の対象に注意を向けていることを同定したり，確認したりするために必要な三項表象を形成すること[22]，この機能に著しい欠陥があると述べている（Baron-Cohen, 1995）。つまり，自閉症児は三項表象を形成することができないために，他者の信念や考えを理解することができず，心の理論能力も障碍されるとする説である。しかし，これを裏付けるデータはまだない。そこで，心の理論能力を司る脳の部位を探求する研究が行われるようになり，脳研究へと進んでいくことになる。

22）Baron-Cohen は，この機能を SAM（Shared-Attention Mechanism）と名付けている。

なお近年になってBaron-Cohen（2008）は，「共感化－システム化仮説」を提唱するようになった。「共感化－システム化仮説」は，心の理論障碍説の問題点を認めるとともに，b）およびc）で紹介する実行機能障碍説，弱い中枢性統合仮説等の諸理論の長所を取り込んでいるとされ，自閉症者は「共感性の発達の遅れと障害」と「完全か平均以上に強いシステム化の技能」によって特徴づけられているとされる。臨床に合わせて理論を変更していくBaron-Cohenの柔軟さが垣間見られる一方で，「共感性の発達の遅れと障害」と，「完全か平均以上に強いシステム化の技能」との関連については，十分に説明されているわけではない（河野，2015）。

b） 実行機能障碍説

実行機能とは「将来の目標に向かって，適切な問題解決の態度（セット）を持続させる能力」（太田，2003）であり，脳の前頭葉の心的機能とされる。先に述べた「心の理論障碍説」では説明することができなかった，想像力の障碍，興味の限局や常同的な行動に理論的枠組みを与えた。

まずRussellら（1991）は「窓課題」という欺き課題を考案した。具体的には，実験者と子どもが机を挟んで向かい合っている状態で，子どもの側にだけ窓が開いている箱を，子どもの前に2つ置く。1つの箱にはチョコレートが入っており，もう1つの箱は空である。これらを子どもたちの前に置き，チョコレートの箱を子どもが指差せば，そのチョコレートは大人が取り，空の箱を子どもが指差すと，子どもはチョコレートをもらえるというゲームを繰り返し行った。その結果，対照群である健常児とダウン症児は空の箱を指差すようになるのに対して，自閉症児はチョコレートの箱を指差し続けた。ここから，自閉症児は対象に注意を引き付けられたまま，それを保持する傾向が強いため，問題解決に向けた適切な行動が取れないとする，「実行機能障碍説」を唱えた。

またOzonoffら（1991）は高機能自閉症児を対象として，実行機能検査と心の理論課題の両方を行った。その結果，両課題ともに対照群と比較すると成績が劣っていたが，特に実行機能課題での失敗率は高いことが分かった。そこで，実行機能障碍は心の理論障碍よりも深いレベルでの障碍であると仮定し，それを検証した。そしてその仮説を追認するように，実行機能が障碍されているこ

第 3 節　発達障碍概念の拡大と展開（1980 年代から現在まで）　91

とを示すデータが数多く提出された（太田，2003；Pennington, 1996）。

　ただ実行機能には多くのスキルが含まれており[23]，自閉症児においてはすべての実行機能で問題を抱えているのか，それとも自閉症に特有の実行機能障碍があるのかが問題になり，様々に実験がなされた。その結果，自閉症では計画性，柔軟性，計画の変更，そして抑制性といった実行機能に問題があることが分かってきた（石坂，2009）。しかし，これらの実行機能は臨床上で頻繁に見られることで，突然の行動変化に弱い面やパニックといった従来の知見を言い換えたものに過ぎず，新たな認識をもたらすものとはいえない。

　以上が「心の理論障碍説」および「実行機能障碍説」の概要だが，自閉症状の原因を探求すればするほど，発達障碍のある子どもたちと私たちとが生きる日常の世界とはますます乖離し，彼らの世界の"捉え方"や"感じ方"が全くといってよいほど取り上げられなくなっている。確かに実験的アプローチにより，自閉症児の認知プロセスと定型発達者のそれとは大きな違いは浮き彫りになってきた。しかし，その認知機能が十分に働かないことによって，日常の生活においてどのような困り感が生まれるのか，その実態が全く見えてこないことに大きな問題がある。

c)　弱い中枢性統合仮説

　自閉症のある子どもの中枢性統合に弱さが見られるとしたのは，Frith (1989) である。ジグゾーパズルや単語の文脈理解などをするとき，対象を 1 つの全体として見ようとする傾向が私たちにはある。Frith は，この大量の情報の流れを一体化しようとする神経の働きを，中枢性統合と名付けた。自閉症児はこの中枢性統合に弱さがあり，情報を束ねて全体的な意味を抽出することや，また，それを利用することができないことに注目し，中枢性統合の弱さが自閉症状の原因であるという仮説を出した。

　この仮説は，情報を統合して一般的な意味を抽出することができない，あるいは全体的な展望が持てないといった傾向がある，自閉症児の弱みを説明しようとするだけの説ではない。電車や車などの細部について詳細な情報を持って

---

23) 太田（2003）によれば，実行機能にはセットの変更，企画能力，作動記憶，文脈的記憶，抑制，流暢性などが含まれる。

いたり，断片的な記憶に優れた力を発揮したりする，自閉症のある子どもたちの強みにも着目している。つまり，自閉症の子どもたちは，物事を全体として捉えることは難しいものの，物事のある一部分に対しては，とても詳しくその特徴を捉えていることに目を向けている。

この観点が，これまで述べてきた「心の理論障碍説」や「実行機能障碍説」とは大きく違う。反復的な繰り返しや同一性の保持の欲求，物の一部への固執といった，自閉症のある子どもたちの障碍とされる面のみを説明しようとするのではなく，サヴァン的能力や優れた機械的記憶といった，彼らの強みについても，「弱い中枢性統合仮説」は説明可能としている（Frith & Happé, 1994）。ここから，この弱い中枢性統合は障碍なのではなく，1つの認知特徴であるとHappé（1999）は主張する。自閉症は認知の障碍やゆがみによって生じている病態なのではない。通常とは違った独特の認知様式を持っていることが，自閉症ならではの特徴になるということである。

一方で中枢性統合という概念自体が曖昧であるという指摘がなされており，様々な情報の統合はいったいどこでなされているのか，脳はそもそも情報の連絡網であり，それらの情報を統合する中枢を持たないことから，中枢とは何かがより明確に定義されない限り，検証することが困難であるといった批判もなされている（石坂, 2009）。

このような指摘があったことに加えて，ここまで述べてきた，「心の理論障碍説」や「実行機能障碍説」「弱い中枢性統合仮説」の3つの理論は全く異なる次元にある学説なのか，それともそれらに共通する中核的障碍があるのかどうかが問われることになった。1つの仮説を推し進めるだけではなく，統合していく見方の必要性も唱えられるようになってきたために（Rutter & Bailey, 1993），Frith（2003）は「空白の自己」という認知特性が自閉症児にはあることを主張した。

「空白の自己」とは，「自覚的自己」の不在とも言い換えられる。「自覚的自己」とは，自分自身を客観的に振り返ることができる能力のことであり，比喩的な意味では，上空の鳥の目の位置から，自分自身の姿を振り返ることである。よって「自覚的自己」が不在であるとは，自分自身が周囲からどのように見られているのかを想像できないということである。それゆえに，自閉症のある子

どもたちは他者を経験しにくく、社会的孤立が生まれるとFrithは指摘した。
　以上がFrithの学説であるが、先にも述べたように、自閉症の子どもたちの弱さや障碍のある側面だけを指摘するのではなく、彼らの強みや特徴的な世界の"捉え方"に着眼したことは、大いに意義があるように思われる。なぜなら、自閉症のある子どもたちが何にフォーカスをし、生活世界をどのように捉えているのかを探ることは、彼らの体験に迫る上で、重要な手掛かりになるからである。
　また自己の問題も取り上げられており、自己意識や自己理解に関する議論が、発達障碍との関連の中で、今後より取り上げられてくると思われる（十一・神尾，2001；別府，2006）。ただし、Frithのように自己を認知機能として考え、その成熟と欠損という観点で研究する限り、人と人とのかかわりとは切り離された自己を検討することになる。しかし他者との関係性と無関係に自己というものを議論して良いのかどうか、そこに大きな問題点が孕まれているように思われる。

(2) 情動的観点から見た中核症状
　Rutterら（1993）によれば、自閉症の社会―情動的障碍に焦点を当てて研究を行った初めての人がHobsonであるという。(1)で議論してきたように、自閉症のある子どもたちは、認知面に様々な問題があるという実証結果が数多く出てきたため、当時の研究者たちは、「情動的領域」よりも「認知的領域」に、自閉症児の対人関係がうまくいかない原因があると暗に仮定していた。この仮定に対してHobson（1993a）は疑問を投げかけ、他者に情動を介した対応ができないために、人間関係が生まれにくいことを基本的な障碍とする「対人関係障碍説」を提唱した。
　彼の「対人関係障碍説」は、Kanner（1943）の理論を発展させたものと考えられる。「情緒的疎通の生来的自閉の障害」とするKannerの主張を受け継いだ研究は、Hobsonが取り上げるまで、ほとんどなかった。またKannerの臨床から得られた知見に対して、Hobsonは様々な実験や実証研究を行い、自閉症児の場合、情動を認識することや、自身の情動状態を表現することに困難があることを示した（Hobson，1989）。

Hobson は，自閉症の基本的な特徴として，「対人関係性」(personal relatedness)[24]の能力が乏しく，対人関係の経験が足りないとしている（Hobson, 1993b)。対人関係の障碍がなぜ生まれるのか，具体的には次に示す4つの順序に沿って起こることを Hobson（1989）は示している。

- （ア） 他者との情緒的対人関係を発展させるのに必要な行為と反応の連動を司る素質的基盤が欠如していることによってもたらされる。
- （イ） 他者との情緒的な対人関係は，「自分自身の世界と，他者と共通する世界を，共に構成していく」のに不可欠である。
- （ウ） このような間主観的（intersubjective）社会的経験を欠くことから，周囲の人を，その人なりの感情や思考，欲望，そして思考などを持つ存在として認識することができず，抽象能力や象徴的に感じたり考えたりする力に欠ける。
- （エ） この対人経験の乏しさによる発達的な結果として，自閉症のある子どもの認知的または言語的躓きがもたらされる。

この Hobson の知見をさらに発展させていったのが Trevathen（1998）である。彼によれば，自閉症のある子どもたちは，コミュニケーションに込められた意味を学び取ろうとする"動機"を司る脳のシステムに欠陥があるとしている。そしてその欠損に基因して，誕生後に形作られる注意と認知，言語理解や学習のプロセスに不全や異常が現れてくると述べている。そして，他者に共感的にかかわるための動機システムの発達概念を，正常な発達と自閉症の場合に分けてモデル化したのが図—6である[25]。

---

[24] 対人関係性とは，「人々が相互に関係づけられていること」，ないしは「人々を結びつけている関係性」を意味している。この関係性が，人間関係や認知，言語の発達の共通基盤となるのだが，これが生まれてこないことが自閉症の最も根底的な原因であると Hobson は考えている（Hobson, 1989)。
[25] 図の記号の意味を以下に記す。
A＝第1次間主観性：表出され，積極的に受け止められた情動，B＝第2次間主観性：共同注意を伴う人－人－物の相互作用により，共有された話題が共同意識によって有意味性へと高められる，C＝言語の出現，D＝コミュニティ内で文化に沿って十分な責任ある生活をすることを理解できるだけの成熟，アスタリスク（＊）は，おおよその「心の理論」思考の発達の始まりを示す。

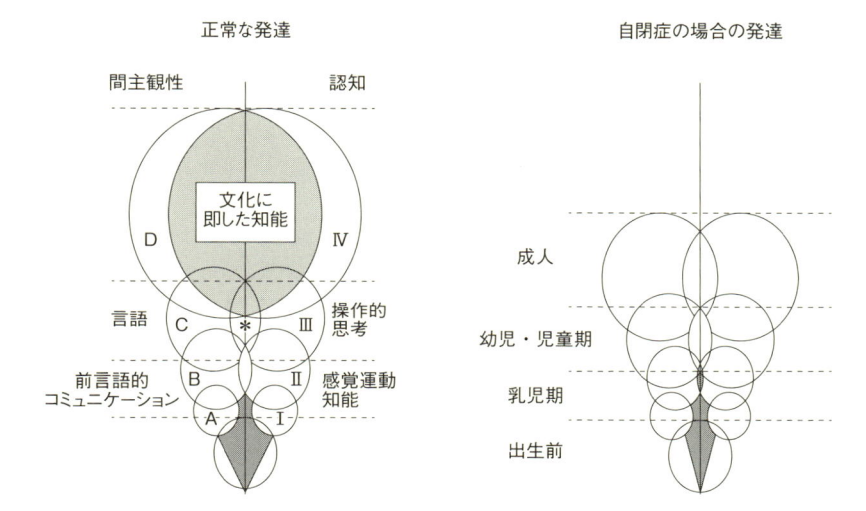

第3節　発達障碍概念の拡大と展開（1980年代から現在まで）　95

```
        正常な発達                    自閉症の場合の発達

    間主観性      認知

         文化に
         即した知能
      D          IV                         成人

                                            幼児・児童期
     言語  C  *  III  操作的
                   思考                      乳児期
                                            出生前
    前言語的 B    II  感覚運動
    コミュニケーション    知能
         A    I
```

図―6　人間の心にある2つの基本的な動機システムの発達概念を説明するための図式（Trevathen（1998）より引用）

　HobsonやTrevathenの主張は，自閉症の中核症状の原因を認知面にあるとする立場の主張を180度転回している。つまり，自閉症の中核症状の原因は情動面にあり，情動的結びつきが生まれにくいから，認知面の発達も促されないとする立場である。この立場に対して，認知論からの反論はあるものの（Rutter & Bailey, 1993），しかし認知発達ありきではなく，情動的結びつきを，自閉症理解の中で取り上げていこうとするところに，HobsonやTrevathenの大きな貢献があったと思われる。しかし，自閉症のある子どもたちは，他者との情動的な結びつきが生まれないとしていることに対しては疑問が残る。そもそも彼らは「情動」という言葉をいかなる意味で用いたのであろうか。彼らが行ってきた実証的アプローチを検討してみると，それは実験的に示された「情動」だったと考えられる。

　HobsonやTrevathenによれば，自閉症のある子どもたちは，静止画やビデオなどにおいて示される，顔の表情や音声，身振りなど，他者の身体的行為に対して，その行為の情動的な意味，例えば，恐れや喜び，悲しみといった感情を捉えることが苦手であるという。もちろん自閉症の子どもたちにも「情動」

はある。その点は Hobson も Trevathen も認めてはいるが，脳の器質的な障碍および対人関係の乏しさも相俟って，社会 - 情動的手がかりの同定が下手であり，また表出の仕方も異なるという理解を導いた。しかし実験的に設定された「情動」ではなく，自閉症のある子どもたちと私たちとがかかわり合う中で生まれる「情動」については検討されていたのであろうか。

　Stern (1985) は「カテゴリー分けした感情 (categorical affects)」と「生き生きとした情動 (vitality affects)」に分けて「情動」を議論している。前者は「悲しみ」や「幸福」「怒り」といった，命名された情動状態で静的なものであり，後者は時間とともに変化する動的で積極的な感情表出である。Hobson や Trevathen が取り扱ってきたのは，前者の「カテゴリー分けした感情 (categorical affects)」であった。一方で，後者の「生き生きとした情動 (vitality affects)」についても言及は見られるが，実証的アプローチでは検討しにくいとして，十分に議論されていなかった。しかし，発達障碍のある子どもたちとのかかわりの中で，私たちがその時々に直感的に感じる「生き生きとした情動」は確かにある。その動きのある情感が，日常生活を動かし，子どもたちとの関係の糸口になっていく限り，その「情動」に迫っていくことは不可欠である。この「生き生きとした情動」に迫れていないところに，Hobson や Trevathen の大きな問題点がある。

　加えて，自閉症のある子どもたちと私たちとの対人関係は果たして障碍されているのだろうか。そもそも人と人とが場を共にすれば，どのような関与の仕方があったにせよ，対人関係は生まれてくるものである。またその対人関係の中で問題が生じたとき，その原因を一方にのみ帰属するものことはできない。とすれば，発達障碍のある子どもたちと私たちとの対人関係の場においても，その子と向かい合っている私たちのあり方も問われなければなるまい。「対人関係障碍説」では，自閉症のある子どもたちと情動的な結び付きが形成されにくい原因を，自閉症児側に押し付けている面がある。そのために，発達障碍のある子どもたちに寄り添って理解していこうとする姿勢がなかなか見えてこない。

（3） 多因論的観点から見た発達障碍

　認知的観点および情動的観点から，自閉症の中核症状に言及した理論を概観してきた。そのいずれの理論においても，その妥当性の検証を重ねる必要があるといわれている（山上，1999）。それに加えて，自閉症を1つの要因によって生じると考えるのではなく，多因論的に考え，それぞれの成因がどのように発達的に関連しあって，状態像が形成されていくのかを検討しようとする動きも起こっている。特にこの動向は，遺伝研究や脳研究において顕著である。

　例えば遺伝研究では，自閉症スペクトラムは多因子疾患であると推測されるようになった。つまり，複数の遺伝子と環境要因の作用の累積によって発症する疾患と考えられており，自閉症スペクトラムとの関連が推測されている遺伝子が数十種類見つかった（鷲見，2008；今村ら，2009）。また脳研究においても，自閉症のある子どもの脳には，発達早期の特異な成長パターンが見出される。しかし個人差があるため，その多様な状態を一般化するには至っていない。こういった事情から，神尾（2008）は以下のように述べている。

　「これまで自閉症の症状を説明するさまざまな理論仮説が提案されてきた。しかしいずれも自閉症の多様性という謎，つまり自閉症に見られる大きな個人差を説明することができない。説明が当てはまる人々もいれば，説明と矛盾する行動特徴をもつ人々もいるからである。またいずれかの1つの理論仮説によって，ひとりの自閉症者の症状すべてを矛盾なく説明することもできない」

　このような背景から，発達障碍のある子どもたちの世界の豊かな多様性を，1つの仮説に収めようとするのではなく，多様なままに見つめようとする考え方が広まってきている（佐藤ら，2009）。このように，多因的な観点から発達障碍を考えようとする動きが広まっていく中で，それに対応した，多種多様な支援方法が生まれてきた。次項ではその支援方法を検討し，その問題点を述べる。

第3項　発達障碍に対する多様な支援方法の広まり

　従来行われていた受容的な心理療法から，行動療法的アプローチへと転回したのが，Rutterであった。そして，構造化された包括的な支援プログラムを体系的に発展させていったのが Schopler（1982）であり，彼は TEACCH (Treatment and Education of Autistic and related Communication handicapped CHildren）プログラムを米国ノースカロライナ州で実践してきた。「第2世代モデル」（十一，2004）とも呼ばれる TEACCH は，我が国においても広く普及することとなる。

ここでは TEACCH の概略を紹介し，その後に続いた発達論的アプローチによる支援を検討する。また現在に至るまで，多様な支援方法が生み出されてきたが，その中で見過ごされてしまっていることについて述べる。

(1) TEACCH の理念

TEACCH プログラムの目的は，自閉症スペクトラムの人たちが，社会の中で出来る限り自立した生活を送れるよう，その行動を支援していくことにある（内山，2006）。その目的を果たすために，診断・評価や教育プログラム，また就労支援など多岐にわたるサービスが提供されているが，そこには TEACCH の基本的な理念が貫かれているという（村松・門，2009）。そこで村松らの議論に沿って，TEACCH の基本的な考え方を6つ挙げる。

＜1＞ 相互に歩み寄るアプローチ

　TEACCH は，自閉症スペクトラムの人たちを「普通にする」とか「治す」という方針を取らない。自閉症スペクトラムと私たちとが相互に歩み寄り，同じ社会で共存するための方法を探っていく。そのために，自閉症スペクトラムの人たちにスキルを身につけさせることだけではなく，環境を，彼らの文化に合わせることも考える。

＜2＞ 自閉症の文化を理解し尊重する

　自閉症スペクトラムの人たちには，定型発達の人たちとは違う情報処理や思考，行動のパターンがある。これを「自閉症文化」と呼ぶならば，彼らの様々な強みと弱みを理解することが必要となる。例えば Frith の議論で見たように，全体より部分の認知に強い，といったことである。その中でも特に重要な異文化特性が，聴覚処理よりも，視覚的情報の処理に強みを持つ人で多いことである。自閉症者を"visual learner（目で見て学ぶ人）"と呼ぶこともある。

＜3＞構造化[26]により環境を分かりやすくする

環境を構造化すること，すなわち，具体的に整理された形で情報を視覚的に提示することにより，自閉症スペクトラムの人たちが，自分をとりまく環境が持つ意味と見通しを理解でき，安心して生活をすることができる。また周囲の環境の意味を，自閉症者自ら理解できるため，自立して行動することにつながる。

＜4＞アセスメントと個別化

自閉症スペクトラムの人たちに共通する特性もあるが，個人差も大きくあるため，一人一人にあった教育や支援の計画を作成していく。そのためにアセスメントを継続的に行い，その評価に基づいて教育方法や教育内容を修正する。

＜5＞強みや興味関心を生かす

自閉症スペクトラムの人たちの得意なことや長所に注目し，活用していく手立てを用いる。また興味・関心のあることを，課題や活動に積極的に取り入れることで，集中して主体的に取り組むことができる。自閉症スペクトラムの人たちにとって，得意なことや興味関心を最大限に生かして，成功体験を積むことが大切である。

＜6＞家族との協力関係

TEACCHでは親や家族との協力関係を非常に大切であり，また不可欠なものと考える。親を「共同治療者」として位置付け，親と専門家がパートナーシップを築きながら支援にあたる。常に親の意見や希望を聞き，プログラムに取り入れながら，支援を進める。

以上がTEACCHの基本的な考え方である。この理念の下に，SchoplerはTEACCHを実践してきた。その結果，青年期および成人期の自閉症者のほとんどが収容施設で過ごしていた時代に，米国のノースカロライナ州では，施設や精神病院に収容されている自閉症者の割合が8％しかなかったことを，Schoplerは報告した（Schopler et al., 1982）。ただし，ノースカロライナに固有

---

26) TEACCHにおける構造とは，ある場面で起こる出来事の意味と，その出来事の後の見通しのことである。また構造化とは，その場の状況に最も適切な意味と見通しを具体化して伝えることである。

な風土や地域性を背景にできた TEACCH プログラムであり，そのまま他の地域や社会でコピーできるものではないことには注意を促している。

　Wing（1996）が示したように，自閉症のある人たちは，「時間」や「空間」などで自分を位置付けることが非常に困難である。そのため，彼らが私たちの世界や文化に合わせるのは難しい。そこで，自閉症の人たちに合わせて環境を構造化し，情報提供の仕方を工夫する。その後，自閉症の人たちにも，私たちの文化の中で共存し適応するための努力を求めていくアプローチと考えられる（佐々木，2003）。この考え方は世界中で広く浸透し，TEACCH は自閉症支援で確固たる地位を築いていった。

　自閉症のある人たちに歩み寄ろうとする姿勢や，彼らの持っている特徴を生活に活かしていこうとする，TEACCH の基本的理念には頷ける面もある。また環境を構造化することは，自閉症スペクトラムのある人たちだけでなく，私たちにとっても分かりやすい。例えば，信号機や道路標識などを思い返せば，視覚的に状況を理解する手立てを私たちも実際に利用していることが分かる。このように，誰にとっても分かりやすく情報を提示することを目指した工夫を様々に行っていく方向性を否定するつもりはない。ただし，TEACCH が焦点を当てているのは，自閉症スペクトラムの子どもたちの特性や認知的な強みや弱みであって，私たちがかかわっていく中で感じられた，彼らの世界の"捉え方"や"感じ方"ではない。したがって，自閉症のある子どもたちと私たちとの関係性を，TEACCH の枠組みで汲みとることができているとは言い難い。

（2）　多種多様な支援方法の広まりとその問題点

　ここまで TEACCH について取り上げてきた。その後も，発達障碍のある子どもの発達像や状態像に合わせて，感覚統合療法（岩永，2007）や対人関係発達指導法（Gutstein, 2000），関係障害臨床（小林，2000），絵カード交換式コミュニケーション・システム（Bondy & Frost, 2001）やソーシャルストーリー（Gray, 2004）など，多種多様な支援方法（Glenys, 2002）が提唱された。それら現在行われているすべてを1つ1つ議論していくことは，筆者の力量を超えてしまうとともに，私たちの問題意識とも離れていってしまうため，ここでは行わない。ただいえることは，多種多様な支援方法があるということは，それ

らのどれもが決め手に欠けるということの裏返しでもある。

　なぜどの支援方法も決め手に欠けるのであろうか。TEACCH も含めて，これら多種多様な支援における最大の問題点は，すべてが方法ありきで，その前提となる子どもたちとの関係性が全く見えてこないことにある。子どもの状態像・発達像をアセスメントし，その子に対する支援方法を選択していくという考え方は理解しやすい。しかしアセスメントにおいては，子どもの発達状態に対する「評価」，つまり，個体能力発達の枠組みから「何ができているのか」，また「何ができていないのか」ばかりが問われている。その一方で，自閉症のある子どもたちは，周囲の人たちとどのようにかかわったのか，その具体的な場面が描かれることはほとんどない。自閉症のある子どもたちと私たちとが，思いや情動をやりとりできる関係性ができていない限り，どのような手立てで発達臨床に臨んだとしても，自閉症のある子どもたちが心を開いてくれることはなかなかなく，どのような対処法も有効にはならないであろう。つまり，子どもたちとの関係性が問われていないからこそ，どの支援方法も決め手に欠けてしまうのである。

　ここまで海外における動向について議論してきた。実は，第3項で示してきた支援の中に我が国オリジナルの方法はほとんどない。海外で提唱された支援方法を日本に取り入れるばかりで，ここにも大きな問題があるように思われる。古来より人と人との関係性を重んじる文化として位置付けられることの多い，我が国ならではの特長をより発信していく必要性があるのではなかろうか。そこで次項では，我が国における発達障碍概念の展開と拡大について検討する。

第4項　我が国における発達障碍概念の展開

（1）　高機能[27]への注目

　Wing が「アスペルガー症候群」を規定し，自閉症概念を拡大していく中で，自閉症とアスペルガー症候群との異同に関心が集まるようになった。DSM-Ⅳ によれば，初期の言語発達によって両者は区別される。一方で Wing の自閉症

27）ここで高機能とは知的な遅れがないことを意味し，一般に IQ70 以上のものをさす（杉山，2007a）。IQ85 以上にすべきという議論もあるが（栗田，1995；中根，1999），発達に伴って，IQ が向上するケースもあることから広く考えることとする（杉山，2000a）。

スペクトラムのように，その差を重視するよりも，同じグループとした方が有用であるという立場もある。

　臨床や研究の立場からも，自閉症とアスペルガー症候群の異同について数多くの議論がなされ（神尾，2000；黒田，2004b；石川，2007），結論は出ていない。また「幼児期でみれば自閉症，思春期でみればアスペルガー症候群」というように，年齢により診断の移行が生じうるという立場もある（杉山，2000a）。このように両者を比較する中で，自閉症の中でも特に知的障碍を伴わない群が注目されるようになり，「高機能自閉症」という概念が1981年にDe Myerによって発表された（高岡，2007）。

　また自閉症概念の拡大に伴い，高機能の子どもたちも含めた形での疫学調査が実施されるようになった（中根，2009）。Hondaら（1996）は，「10000人に対して21.1人」の子どもたちが自閉症であり，そのうちIQ70以上の高機能自閉症は53.3％であることを報告した。これらの調査結果から，自閉的傾向のある人たちが従来の研究よりも多くいることが分かった。

　加えて，高機能自閉症やアスペルガー症候群のある人たちの社会適応や発達経過は，決して楽観できるものではないことが明らかになった（太田，2000）。内山（1997）が「高機能自閉症やアスペルガー症候群の一番の問題は，高機能だからといって楽観視されてしまうことです。楽観視されすぎて勉学や社会適応上，子どもに過大な負担を与えやすい。知的に高機能であるからといって，対人関係障害が軽いとは限らないことに注意すべき」と指摘しているように，知的障碍を伴わない高機能自閉症やアスペルガー症候群の子どもたちを，支援対象に含める必要性が高まってきた。こういった背景の中で生まれてきたのが，「高機能広汎性発達障碍」，およびその枠組みをより広げた「軽度発達障碍」という新たな発達障碍概念であった。

　DSM-ⅣやICD-10において，広汎性発達障碍の下位概念であるレット障碍と小児崩壊性障碍では，重度あるいは最重度の知的障碍を伴うが，高機能は見られない。一方で，アスペルガー症候群においては8割が高機能であり，自閉症においても2割が高機能自閉症である。さらに特定不能の広汎性発達障碍のある人たちの中にも，高機能者は存在することから，杉山・辻井（1999）は，高機能のアスペルガー症候群，高機能自閉症，高機能の特定不能の広汎性発達

障碍の3群を合わせて,「高機能広汎性発達障碍」と名付けた。また広汎性発達障碍に限らず,ADHDやLD等においても高機能の一群が存在することから,それらを合わせて「軽度発達障碍」という新たな概念を杉山(2000b)は提唱した。この2つの概念は海外では見られない。しかし,学校や社会の中で,支援の対象外でありながら,生きにくさを抱えていた人々がいることを世間に周知する意義はあった。

しかしこの「高機能広汎性発達障害」や「軽度発達障碍」という概念に対して,2つの批判がある。1つ目に概念の曖昧さである(石坂,2008)。実際,文部科学省も「『発達障害』の用語の使用について」(2007b)という通達の中で,「『軽度発達障害』の表記は,その意味する範囲が必ずしも明確ではないこと等の理由から,今後当課においては原則として使用しない」と発表し,「軽度発達障碍」という名称は用いられなくなった。

2つ目に,知能指数が高機能かどうかという観点を導入したことで,それが生活全般にわたって高機能,もしくは障碍の程度が軽いという誤解を与えたことがある。通常学級に在籍し,高機能とされる発達障碍のある子どもたちにとって,支援の手が少ないこともあって,現実として学校には様々な生きにくさが実際にはある(田中,2008;別府,2010)。従来の知見がいかにIQという指標に囚われており,定型発達との差異の中で,発達障碍を考えていたかがうかがえる。

このように高機能への関心が高まっていく状況の中で,これまで発達障碍の当事者とされていた人たちが,それぞれの興味深い体験世界を私たちに向けて発信するようになった。

(2) 発達障碍当事者による発信

近年,高機能自閉症やアスペルガー症候群をはじめとして,発達障碍の当事者とされる人たちによる自伝や手記が数多く発信されている(Williams,1992;森口,2004)。杉山(2002a)が「長年の謎であった自閉症の体験世界がようやく明らかになってきた」と述べているように,その著された文章を通して,発達障碍のある人たちの内的世界が,徐々に私たちに開かれつつある。

また自伝や手記を分析する試みも行われるようになってきた(Happé,

1991；杉山ら，1998）。例えば杉山（2002b）は，高機能自閉症者が語る自閉症体験の分析を通して，自閉症は認知に特有な面を持った，ある種の異文化であると考えた。そして，その文化を尊重することによって，自閉症スペクトラムの人々との共生がある程度可能になることを論じている。また櫻井ら（2009）はKJ法を用いた分析を行い，発達障碍がある人の特性や生得的に抱えている困難な側面，それらに対する各人の対処や工夫の方法を明らかにしようとした。こういった試みの背景には，「チェックリストのような診断基準でマニュアル的にこの障碍を理解するのではなく，もっとこの障碍をもつ方々の世界に近づき，わかりたい」（櫻井ら，2009）という，臨床に携わる人や研究者の思いがあり，その姿勢には筆者も賛同する。ただし，自伝や手記の分析が，発達障碍がある人たちの認知や特性を明確化することを目的としているために，多数派である定型発達の人々との違いをより浮き彫りにする方向に働いている面があることは否めない。

　さらに昨今興味深いのは，自伝や手記にとどまらず，発達障碍のある人が，自身の身体感覚の説明を試み，体験している世界の理論化に向けた取り組みが行われるようになってきたことである（ニキ・藤家，2004；Williams，2006）。そして，自身の思いや考えを相手に伝えることに困難があると考えられていた発達障碍について，「当事者研究」というジャンルを初めて立ち上げようとしているのが，アスペルガー症候群と診断された綾屋と，脳性まひの当事者でもある小児科医の熊谷である。

　綾屋と熊谷が「発達障害当事者研究」（綾屋・熊谷，2008）を立ち上げる背景にあったのは，コミュニケーション障碍があるとする従来の自閉症概念に対する不満である。つまり，コミュニケーションは2者の間に生じるものであるはずなのに，なぜその限界を一方のせいにできるのか，定型発達とされる多数派の外側から見た判断に過ぎないのではないかという異議申し立てであった。そこで綾屋が熊谷との対話を通して，日常生活の体験を内側から詳細に記述し，彼女自身にとっての自閉概念，またその独特の身体感覚を私たちに伝えようとしたのである。

　この「発達障碍当事者研究」を読むと，私たちが全くと言っていいほど気付いていない，または意識しないまま通過している，様々な身体諸感覚に気付か

第 3 節　発達障碍概念の拡大と展開（1980 年代から現在まで）　105

される。

　例えば自閉症は視覚優位とされているが，綾屋は聴覚優位を自認しているといい，音で周囲を見ていると言っていいくらいに聴覚であらゆる情報を取り続けているらしい。しかしそのために，プールサイドを歩けないという。以下にその記述を示す。

> 　屋外にある人気のない静かなプールサイドを歩いているときは，水によって音が吸収されて聞こえなくなることにより，プール側の位置が低く感じられる。そのせいで急斜面の崖に立っているときのように，体が水のほうへ傾いてそのまま落ちそうになるので，なるべく水際は歩かないようにしている。

　こういった感覚を知ると，改めて自分自身の身体感覚に耳を澄ませてみたくなる。これは筆者だけが体験した感覚ではなく，「私の体性感覚を動かしてしまう」（河本ら, 2009）という書評や「思考が一緒に経験できるというか，自分の中に入ってきちゃう。途中で『悪霊退散！』みたいに拒絶したい感じにちょっとなったぐらい浸透してくるんです」（伏見ら, 2009）というコメント等に見られるように，多くの人が経験する読後感のようである。発達障碍当事者の感覚は私たちから乖離したものでは決してなく，その内面世界を私たちの身体感覚でもって，理解しうるということである。

　ここで問うていく必要があるのは，発達障碍当事者の内面世界を対話の中で明らかにしようとするパートナー（熊谷）は，どのような態度でもって，当事者（綾屋）と向き合っていたのかということである。ここでは，熊谷はどのようなスタンスで綾屋の話を聞いていたのだろうか。それについて熊谷は「綾屋さんの中には言語化しにくい何者かが渦巻いていて，それを切り分けていく作業」（伏見ら, 2009）を行っていたとしている。つまり，対話を通して綾屋の体験している世界を，徐々に言語化していくことを試みていたようだ。

　これは従来の当事者の語りや自伝を分析していくという手法において，見逃されていた観点ではなかろうか。というのも，発達障碍当事者研究を行っていく上で，当事者との対話の中で語られる体験に想像力を働かせ，自分の問題に

置き換えて考えること（綾屋・熊谷，2008）によって，読み手が身を持って彼らの体験世界を理解していこうという態度は，発達障碍当事者の認知や特性として，定型発達との差異を強調する方向性とは全く逆のアプローチだからである。

　しかしそこでは「身体レベルで面食らっている自分と，伝わる言葉にしなきゃいけないと冷静である自分との間のせめぎあい」（河本ら，2009）があると熊谷は述べており，彼にとっても一筋縄にはいかない，苦労を伴う過程であったようだ。ここから，発達障碍のある子どもたちと出会い，彼らの世界の"捉え方"や"感じ方"に迫っていくためには，私たちも体験の渦中に身を置いて（浜田・伊藤，2010），彼らの内面世界を想像することで，自分の身体を通したリアルな実感を得ていくことが必要であるといえる。その一方で，そのリアルな実感を他者と共有しうる言葉で表現しようとすることもまた欠かせない。発達障碍のある子どもの世界の"捉え方"や"感じ方"を掴んでいくためには，「渦中に片足をつっこみ，しかし半ば俯瞰された自分語り」（綾屋・熊谷，2010）が私たちに求められている。

　こういった社会の流れの中で，教育の機会均等化からインテグレーション，インクルージョンへという障碍児教育の国際的動向も生まれ（鈴木・内海，2004），学校教育においても大きな転換期が訪れる。それが特殊教育から特別支援教育への転換である。

（3）　特別支援教育への転換
　2000年以降，我が国において発達障碍に対する社会の関心が急激に高まってきた。その要因の1つに，重大な刑事事件において加害者が精神鑑定の結果，広汎性発達障碍と診断されるケースがあったことがある。そのため広汎性発達障碍のある人たちが犯罪事件を引き起こしかねないと見る風潮があった。しかし車谷（2007）が実際に調べてみたところ，大阪少年鑑別所で鑑別を行った約5,600人のうち広汎性発達障碍と診断された事例は18例（0.3％）で，疫学調査の数字に比べても低いことが分かった。障碍自体が事件を引き起こしている根拠は全くなく，悲しい誤解であった。

第 3 節　発達障碍概念の拡大と展開（1980 年代から現在まで）　107

　また支援の谷間にあった「高機能広汎性発達障碍」などの障碍をも対象とする法律として，発達障害者支援法が 2004 年に公布された。その中で，発達障碍は以下のように定義され，支援の対象が拡げられることにつながった。

> 　発達障害とは，自閉症，アスペルガー症候群その他の広汎性発達障害，学習障害，注意欠陥多動性障害その他これに類する脳機能の障害であってその症状が通常低年齢において発現するものとして政令で定めるものをいう

　加えて，第 2 節で述べた自閉症親の会は，1989 年に「社団法人日本自閉症協会」となり，現在は各都道府県に支部を持つようになった。また，様々な NPO が立ちあがり，発達障碍のある子どもたちの支援活動が盛んになってきた。
　こういった状況の下，「21 世紀の特殊教育の在り方について——一人一人のニーズに応じた特別な支援の在り方について——（最終報告）」（文部科学省，2001）が発表された。この報告によると，これからの特殊教育は，障碍のある児童生徒等の視点に立って一人一人のニーズを把握し，必要な支援を行っていかねばならないとされている。「障害の種類と程度に応じた教育」から，「一人一人のニーズに応じた教育」への転換が始まったのである。
　加えて，2002 年に行われた「通常の学級に在籍する特別な教育的支援を必要とする特別な教育的支援を必要とする児童生徒に関する全国実態調査」（文部科学省，2002）において，学習面や行動面で著しい困難を持っていると担任教師が回答した児童の割合は 6.3% であり[28]，教育現場に大きな衝撃が走った。通常学級の 30 人クラスでいえば，2 人前後は支援を必要とする児童・生徒がいることが分かり，特別支援教育へと転換する 1 つの根拠となった。

28）この調査は担任教師の回答に基づく結果で，6.3% が LD や ADHD，高機能自閉症の割合を示すものではない，という留意事項が付記されている。2012 年にも「通常の学級に在籍する発達障害の可能性のある，特別な教育的支援を必要とする児童生徒に関する調査結果について」（文部科学省，2012a）が公表された。これによれば，知的発達に遅れはないものの，学習面又は行動面で著しい困難を示すとされた児童生徒の割合は 6.5% という結果であった。これは，2002 年の調査結果で示された 6.3% という数字とほぼ変わらないと考えられ，小学校・中学校の通常学級に在籍する児童生徒の中に，知的な遅れを伴わないものの，支援を必要とする子どもたちがいることを，改めて認識させるものであった。

特別支援教育の基本的な考えが初めて示されたのは，2003年の「今後の特別支援教育の在り方について（最終報告）」（文部科学省，2003）であった。この報告において，「特別支援教育」という用語が初めて用いられた。報告では，「特別支援教育とは，これまでの特殊教育の対象だけでなく，その対象でなかったLD，ADHD，高機能自閉症も含めて障害のある児童生徒に対してその一人一人の教育的ニーズを把握し，持てる力を高め，生活や学習上の困難を改善又は克服するために，適切な教育や指導を通じて必要な支援を行うものである」としている。

これを受けて，2004年に中央教育審議会初等中等教育分科会特別支援教育特別委員会が設置され，2005年に「特別支援教育を推進するための制度の在り方について（答申）」（文部科学省，2005）での答申の提言等を踏まえ，2006年に学校教育法の一部が改正される。そして，2007年4月に特別支援教育が正式にスタートした。文部科学省（2007c）では，特別支援教育の理念は以下のように述べられている。

> 特別支援教育とは，障害のある幼児児童生徒の自立や社会参加に向けた主体的な取組を支援するという視点に立ち，幼児児童生徒一人一人の教育的ニーズを把握し，その持てる力を高め，生活や学習上の困難を改善又は克服するため，適切な指導及び必要な支援を行うものである。（中略）さらに，特別支援教育は，障害のある幼児児童生徒への教育にとどまらず，障害の有無やその他の個々の違いを認識しつつ様々な人々が生き生きと活躍できる共生社会の形成の基礎となるものであり，我が国の現在及び将来の社会にとって重要な意味を持っている。

この理念の下，特別支援教育は現在全国すべての学校において実施されており，校内委員会の設置や，特別支援教育コーディネーターの役割の重点化，また個別の指導計画や個別の教育支援計画の作成，特別支援教育支援員の活用などの実践が行われている。

一人一人の子どもたちの教育的ニーズに応えていこうとし，また共生社会の実現を目指した，この特別支援教育の理念には大いに賛同する。しかし，現実

には様々な課題があり，理念の実現に向けた試行錯誤が今も続いている。

　2012年には，特別支援教育の実施状況等について把握することを目的とした調査が行われた（文部科学省，2012a）。その調査では，「児童生徒の受けている支援の状況」，例えば，座席位置やコミュニケーション上の配慮など，対象となる児童生徒への「個別の配慮・支援」を行っているかどうかが問われていた。

　この児童生徒に対する「個別の配慮・支援」の仕方や方法を探ることが，現在の特別支援教育におけるメインストリームになっているとよい。またこの傾向は，幼児教育の世界においても同様で，発達障碍等の診断はないものの，同年齢の子どもたちに比べて，落ち着きのなさが目立つ子どもや，集中力が続かない子ども，気持ちや場面の切り替えに時間がかかる子どもなど，いわゆる「気になる」子どもたちに対して，幼稚園や保育園の中でどのようにかかわっていけばよいのか，その対応が問われている（田中，2008；本郷，2010）。

　「気になる」子どもや支援を必要とする子どもたちへの特別支援を考える上で，その子の特性を把握することが重要であるといわれる。つまり，発達アセスメントを通して，支援児の苦手な面と得意な面を把握し，一人一人の子どもに合った環境を設定したり，その子に合わせた伝え方，教え方をしたりしていくことである。こういった対応を保育者や教師が探っていくことによって，子どもたちが学校生活への見通しが立ちやすくなる面はたしかにある。しかしながら，支援児にとって見通しのある環境や，支援児に合わせたかかわり方をすることだけが特別支援教育なのではない。そのように筆者に感じられたエピソードを以下に取り上げる。

エピソード　「僕のシルシ」（年中クラス　11月下旬）

　【背景】　ある幼稚園で出会った，年中のマコト（仮名）という男児のエピソードである。異年齢保育の場面で，ホールに園児たちが集合して先生の話を聞くとき，マコトはじっと座っていられないで，教室を動き回っていた。このことについて筆者は幼稚園の先生方から相談を受けた。

　園側の当初のかかわりとして，ある保育者がマコトをひざに抱っこすることにした。マコトは喜んで先生のひざに座り，しばらくその対応が続いていたのだが，徐々に周りの子どもたちが不満を抱き始め，「なんでマコトは先生のおひ

ざに座っているの」と尋ねるようになってきた。先生としても，子どもたちを毎回ひざに抱っこするわけにもいかず，その受け答えに困るようになってきていた。

　先生方から相談を受けた筆者は，マコトの日常の様子をより詳しく聞いてみたところ，絵本の絵を見ることが好きなことや，言葉による指示より絵を用いた方が伝わりやすいといった情報から，視覚的に物事を捉えることが得意なのではないかと判断し，ホールで園児が集まるときには，床に印をつけることを提案してみた。この環境を設定する試みに先生方も賛同して頂き，ホールの床に丸印をつけたところ，マコトも気に入ったようである，との連絡を受けた。そこでマコトは実際，どのように過ごしているのかと思い，筆者は幼稚園を訪れ，その場面を観察していたときのエピソードである。

　ホールには100人近くの子どもたちが集まっていた。3つのグループに分かれて，円形の形になって座っていた。各グループでは，園の先生方が出席を取っている中で，筆者はホールに入り，後ろからマコトの様子をうかがっていた。するとマコトは，周りの子どもたちと並ぶようにして一緒に座っていて，その座っているお尻の下には，たしかにビニールテープで作った丸印があった。

　私[29]はしゃがみこんで「おはようございます」とマコトに話しかけてみた。すると，「おじさん，だれ」と私の方をやや見上げるようにして，マコトは答えた。「今日はみんなと遊びに来たんだよ」と応えると，「ふーん」とマコトは答えた。

　私は床にある丸印を指さしながら「この丸は何かな」と聞いてみると，「これはね，僕のシルシなんだよ」とマコトは私の方を見ながら，うれしそうに言うと，丸印を指先でなぞった。「シルシなんだ。いいねえ。ここに居るようにしているの」と尋ねてみると，「うん」とマコトは頷いた。

　そこへ私たちの会話が気になったのだろうか，近くに座っていた男の子がマコトと隣の子の間に割り込むように身を乗り出して，「おじさん，だれ」と笑いながら，尋ねてきた。座る場所が狭くなってしまったため，マ

29）エピソード場面では，筆者を「私」と記載している。その理由は序章に記した。

コトは横によけたのだが，その間に，その男の子が，丸印のあるところに，正座の状態で座ってしまった。それを見つけたマコトは，その男の子を押しのけようとして，座っているその子の足の右側を，無言のまま両手で押し始めた。

　ホールの床に丸印をつけるという環境設定の試みは，視覚的に物事を捉えることが得意と思われるマコトにとって，分かりやすい表示の仕方であったようだ。筆者自身もその姿に安心するとともに，一人一人の子どもたちに合った支援方法がたしかにあることを実感した。
　またこの事例において興味深く感じられたのは，「僕のシルシ」というように，ホールに「僕」の居場所のあることをマコトが分かったようで，そのシルシを指でなぞって，うれしそうにしていたことであった。当初はホールにいてもなかなか落ち着きがなく，先生のひざに抱っこされることで，気持ちを支えられていたマコトであったが，ここが「僕」の居る場所なのだと思わせてくれるものに丸印はなったようで，他の子どもに奪われたくないという気持ちもうかがえた。このように，丸印等の環境を設定する試みは，支援を必要とする子どもたちに，「僕」のもの，「僕」の場所，「僕」のシルシといった，「私」についての所有意識を生み出していく可能性を感じさせるものであった。
　ただこの事例で考えさせられたのは，「個別の対応・配慮」だけでは，支援を必要とする子どもの生活のすべてがうまくいくわけではないということである。マコトにとっては大事な丸印であったのだが，周りの子どもたちからすれば，その意味が理解できるとは限らず，時にはこの事例のように，その場所に踏み込んでいくことがあっても不思議ではない。またその丸印の意味を周囲の子どもたちに伝えて，納得してくれるならまだしも，なぜマコトだけにシルシがあるのかと問われれば，先生のひざに抱っこしたときと同じ構造で，周囲の子どもたちに何らかの不満や違和感が残ってしまうのではあるまいか。
　保育や教育の現場には，支援を必要とする子どもたちだけでなく，他の子どもたちとも一緒に暮らしているという現実があり，支援が必要な子どもに個別に配慮して，分かりやすい伝え方をすれば，それでよいというわけではないということが，この事例から示唆される。もちろん個別の配慮が重要であるが，

その支援方法ばかりを考えるわけではなく，支援が必要とする子どもたちは園や学校において，1人で生活しているわけではなく，周りの子どもたちや保育者，教師と生活しているということを保育や教育の中で考えていくことが必要である。いやむしろ，私たちが共に生活しているという現実にしっかりと向き合っていくことにこそ，特別支援教育の本当の意義がある。

しかし現状として，「個別の配慮や支援」という意味での特別支援教育にあまりに重点が置かれ過ぎてしまう状況が，昨今の研究動向から見て取れる（浜谷，2012）。それは園や学校の現場で，「気になる」子どもや支援を必要とする子どもたちに対する実践的な手立てが求められていることが一因としてある。しかし，支援を必要とする子どもと私たちとが共に生活していくからこそ生まれる問題や気づきを，その子だけでなく，その子とかかわる先生や保護者，また周囲の子どもたちとの間で共有していくことができるかどうかが，特別支援教育において鍵になっている。その問題や気づきに対して，個別に配慮や支援を行うことで問題が解決されたり，状況が改善されたりする場合もあるだろう。ただそこで終わってしまうのではなく，生活が両者にとってどのように変容していったのか，またそこにどのような心の育ちが生まれたのかを検証していくことが，これからの特別支援教育には求められている。

第3節のまとめ

ここまでWingが自閉症スペクトラムの概念を提示してから，我が国で特別支援教育が開始されるに至るまでの変遷を概観してきた。第2節で指摘したように，自閉症のある子どもたちに対するかかわり方を巡る対立，つまり，個体能力発達を促すかかわり方を目指すのか，それとも子どものありのままを受け止めるかかわり方を目指すのか，その二者択一を迫られる時代背景があった。その中で，科学者でありかつ自閉症の娘を持つ母親であるWingが示唆した「揺れ」は，2つのかかわり方を対立するものとしてではなく，両方大事にするべき立場として統合することを試みたと考えられる。

Wingをはじめとして，様々な支援方法において目指されたかかわりの特徴とは「外的な枠組み」を与えることであった。すなわちTEACCHをはじめとして，目に見える形で生活の様々な場面を構造化していくことによって，自閉

第3節　発達障碍概念の拡大と展開（1980年代から現在まで）

症のある子どもたちの不適切な行動を少なくし，基本的な生活スキルを身につけさせることを目指した支援方針があった。ただその指針においては，訓練的に子どもたちを定型発達の枠組みへと押し込んでいこうとしているわけではない。自閉症を「異文化」として考え，発達障碍のある子どもたちは，定型発達の人たちとはそもそも違う存在であるという認識が生まれていた。そして発達障碍のある子どもたちと定型発達とは何が違うのか，それを明らかにするために「心の理論障碍説」や「弱い中枢性統合仮説」などの学説が主張されるようになり，発達障碍のある子どもたちには様々な特性があるという理解が導かれるに至った。現行の特別支援教育において，この特性理解によるかかわりが重視されているのはこのような背景がある。

　この特性理解によるかかわりは，すぐには理解しづらい子どもたちの行動特徴を説明し，その特性に配慮する，もしくはその特性を活かしてかかわることができれば，発達障碍のある子どもたちの状態像に沿ったかかわりをしているかのような印象を抱かせる。つまり，発達障碍のある子どもは「こだわりがある」「集団に参加するのが苦手」などと説明されると，表面的にはその子の特徴を理解できたような感触があり，その特徴に合ったかかわり方が可能になると考えられがちである。このかかわり方の前提になっているのが，発達障碍のある子どもたちは私たちとは「違う」存在であるという人間理解である。発達障碍のある子どもとそのかかわり手との関係を切り離して，個と個の相互作用の中で彼らとのかかわりを考えていこうとする。

　先のマコトの事例で，幼稚園の先生方から聞いたマコトの日常での様子から，視覚的に物事を捉えることを得意にしている様子がうかがえたために，床に印をつけることを提案してみた。今振り返れば，従来から言われている特性と結びつけて考えてしまったところがあったように思う。しかし実際のマコトの姿を見ると，単に「視覚優位」という個の理解のみではおさえきれない現実が見えてくる。

　その現実とは，素朴ではあるが，発達障碍のある子どもたちと周囲の子どもたちとが共に生きているという日常である。そして共に生きていく中で，一人一人の子どもたちに様々な思いが生まれているという気づきである。このマコトの事例においても，印がついている部分を男の子に座られてしまったために，

マコトはその子を無言で押し始める。マコトは確かに視覚的手立てを用いて，自分の場所というものを認識したという特性理解に基づいた解釈もできるだろう。しかしマコトが男の子を黙々と押すその姿を見ていた筆者からすれば，外側から見た解釈を超えて，マコトはその印を特別なものとして感じていたということが伝わってきた。男の子に印の場所に座られてしまったときには，どうしたらよいのか分からなくなり，言葉で自らの思いを伝えようとすることもせず，ただ男の子を押すしかなかった面もあったのかもしれない。またマコトだけが園にいるわけではないのにもかかわらず，良かれと思って行った目印を作ろうとするかかわり手の実践が，マコトに無用のトラブルを引き起こしてしまったのではないかという反省もあった。このように，その場で共にいるマコトの身体に，筆者自身の身体を重ねて想像してみると，マコトの世界に対する内側からの理解が生まれてくる。

　周囲の人たちと共にいるからこそ，特性理解を超える子ども理解があり，それに基づいたかかわりができる。このマコトの事例は，特性という表面的な理解しかしていなかったことに対する反省を生むとともに，本来の子ども理解は実際に彼らと丁寧にかかわっていく中で，かかわり手の身体の内側から湧き起こってくることに気づかせてくれるものであった。

　ここまで述べてきた従来の学説は，私たちの身体的了解を引き起こす理解にはなっているのだろうか。特別支援教育における特性理解によるかかわりが，発達障碍のある子どもとそれにかかわる人とが"共にある"という現実に向き合っているとは言い難い。またそれゆえに，様々な支援方法のどれも決め手を欠く印象がある。発達障碍のある子どもたちを定型発達に組み入れていこうとする面はやや和らいだのかもしれないが，子どもの個体能力という外的側面に着目する枠組みは未だに強く，繰り返し述べてきたように，内面に着目した関係性のあり方は十分に問われてきていない。先のマコトの事例で示したように，私たちと彼らとが共に生きているという現実に向かい合っていくのであれば，関係性から発達障碍を理解していく観点が必要不可欠となってくるのではなかろうか。

第 4 節　本書で明らかにしたいこと

　第 1 節から第 3 節にかけて，自閉症概念の始まりから，現在の広汎性発達障碍に至るまでの先行研究を検討してきた。先人たちの理論と真正面から向き合い，それらを批判的に検討してきたわけだが，自閉症を中心とした発達障碍という概念は，そのときの時代の趨勢によって，移ろいやすいことが分かる。またこれだけ多様な観点から研究がなされてきたことからも，発達障碍のある子どもたちには多くの人たちを引き付ける魅力があるように思われる。

　ここまでの議論を踏まえ，序章で提示した 3 つの観点について改めて検討し，本論文の目的，明らかにしようとしている問題をさらに煮詰めた形で提出することとする。序章で取り上げた観点とは，以下の 3 つであった。

---

① 私たちはどのような枠組みで発達障碍のある子どもたちを見ていて，どのようなところに関係の取りづらさを感じているのか
② 発達障碍のある子どもたちのどのような面に関係の糸口を見出し，どのようにしてその独特の世界の"捉え方"や"感じ方"を掴んでいけばよいのか
③ 発達障碍のある子どもたち，およびかかわる私たち自身にどのような変容があり，両者のあいだにどのような新たな意味づけが生まれていったのか

　まず，①の「どのような枠組みで発達障碍のある子どもたちを見ているのか」という論点である。ここまでの議論で見てきたように，発達障碍があるとされる子どもたちは，生まれながらにして，脳に何らかの「違い」を有していることは確かであろう。それはこれまでの様々な実証的なアプローチからも認められる。またそれゆえに，定型発達とは異なる発達の姿が生まれてくることを，私たちは受け止めていかなくてはならない。そして，その既存の枠組みとは異なる発達の姿を目の当たりにしたときに，私たちはどのようにその人と関係を形成していこうとするのか，「異質」なことに対する私たちの人間観が問われる

こととなった。

　これに対しては，小澤の議論にあったような，「分からない」ことや「異質」なことに対しての2つの対処が考えられる。1つには，「分からない」ことをその対象の責任とし，対象と自分との関係を断つことによって，「異質」であることを障碍として位置付けていくこと。もう1つには，自分自身の感受性を根底的に解体しながら，そこから生まれる対象との新たな関係に賭けること。この2つの人間観のうち，どちらの立場から発達障碍概念を考えていくのかが，本来は問われてしかるべきであったが，多くの先行研究はその点に無自覚であった。このことが，発達障碍概念の大きな混乱を招いてきたといえる。つまり，「自閉症児（Autistic children）」として，子どもたちを客観的に見て，自閉症一般に成り立つ状態像や特性の理解にとどめるのか，それとも，「自閉症のある子ども（Child with Autism）」として，子どもたちとの関係性の中で生まれる自閉症理解を大事にしていくのか。Wingの議論に見られるような「揺れ」に，私たち一人一人が向き合うことによってこそ，新たな自閉症理解，発達障碍理解が生まれてくるはずである。

　しかしながら，現状の発達障碍研究では，前者の人間観に立った先行研究が大勢を占める。例えば，RutterやBaron-Cohenにしても，あるいは「実行機能障碍説」や「対人関係障碍説」にしても，発達障碍のある子どもたちと私たちとが関係を取りづらい原因を客観的アプローチによって追究し，彼ら一般に成り立つ障碍を，「～ができない」「～が難しい」とマイナスの表現をもって定式化してきた。

　しかし対人関係において関係の取りづらさが生まれたとき，それを一方の対象の責任として押し付けることができないと私たちは考える。その論拠として土居（1992）の議論が参考になる。彼が勤務している大学で，初めて視覚障碍のある入学生を受け入れ，勉学の支障にならぬよう，学校での対策を話し合う委員会の席上で，責任者の一人が「学生は文字通り暗中模索なのでしょうが，私たちも受け入れ態勢で暗中模索しています」という発言をしたことに注目して，次のように述べている。

> 　これは盲人に対してはわれわれもまた盲人であることを示唆する点で，まことに穿った言葉である。なぜかというと，盲人に対してはわれわれも視覚に訴えて意思の疎通をはかることができないからである。（中略）すなわちわれわれは助けようとする相手と必然的に同一化するということができる。私はこの原則は，およそ何等かの困難を持っている人を助けようとする場合には常にあてはまることであると思う。

　この考察を受けて森岡（2010）は，障碍のある人と出会ったとき，「私たちもその人の前では障碍を持つ」と主張し，精神の障碍，あるいは発達の障碍を抱えた人に対して，この原則はどのように当てはまるのかを問うている。こういった障碍は外からはっきりとわかりにくいだけに，事象はより複雑になってくるとしつつも，「相手とともにいる自分の状態の微妙な変化に注意しておくことが必要でしょう。伝わりにくさ，つまずきの感覚，日常の対人関係では意にも止めない感情や身体感覚の変化が，相手の障害に内側から接近する手がかりとなります」と述べている。このように対人場面における私たちのかかわりの中で生まれた，発達障碍のある子どもたち独特の，しかし私たちには「分からなさ」として残る感覚を丁寧に考察していくことを通して，鯨岡（1999）のいう「現象学的還元」のように，私たちが暗黙のうちに抱えている枠組みを明らかにすることが求められる。さらに，近年の発達障碍当事者研究で指摘されているように，発達障碍のある子どもたちの内面世界へと接近するために，私たちが彼らとかかわった体験に想像力を働かせ，自らの問題に置き換えることによって，彼らの体験をリアルな実感にしていくこと。このプロセスの中で，発達障碍のある子どもたちとかかわり手である私たちにとっての体験の意味を明らかにしていくことも求められる。

　ここまでの議論を整理すると，私たちは，発達障碍のある子どもたちとの関係性から生まれる，新たな発達障碍理解を目指す。その際，彼らとの関係の取りづらさや行動に対する「分からなさ」を子どもたちの障碍に起因することとしては考えない。子どもたちの内面に接近するために，彼らとかかわる中で得た身体感覚や感受性を根本的に問い直し，私たちが暗黙のうちに持つ枠組みや

彼らの体験の意味を探っていくことを本研究の出発点とする。

　次に，②の「発達障碍のある子どもたち独特の世界の"捉え方"や"感じ方"を掴めているのか」という観点であるが，現在の先行研究の大多数において，発達障碍のある子どもたちの世界の"捉え方"や"感じ方"はそもそも捨象されてしまっている。現在の発達障碍支援の中心となっている行動療法など，多種多様な支援方法においては，発達障碍のある子どもたちを定型発達の枠組みへと近づけようとし，障碍とされる面を最小限にすることが目指される。またTEACCHのように，環境を構造化する必要性を唱える支援もある。それらの支援を行う際には必ずアセスメントが行われ，発達障碍の子どもたちの障碍特性や，認知の強みや弱みを理解することが求められる。しかしこれはあくまで外側から見た発達障碍児理解に過ぎない。①の観点で述べたような，内側から彼らの思いや体験を理解しようとするかかわりや支援を目指した論考は，昨今ほとんどない。むしろKannerやAsperger，Bettelheim，また我が国で言えば小澤の時代の方が，1つ1つのケースに丁寧に取り組んでいたようにさえ思われる。

　ここまでの議論から，現在の発達障碍概念は，子どもたちの世界の"捉え方"や"感じ方"を削ぎ落としてしまったところに生まれた概念であり，それゆえに，大きな問題を孕んでいることが明らかになった。一言でいえば，発達障碍という概念は，子どもたちの理解を表面的な水準に押し止めてしまう傾向を持っている。つまり，支援者が子どもたちの行動を発達障碍特性として分かったつもりになってしまったために，子どもの行動の持つ意味を考え，その思いを感じていく本来なされるべき丁寧な理解がおざなりにされてしまっているケースが多々あるように思う。これは子どもたちにとっても，彼らの思いや体験を共有してくれる他者がなかなか現れないということであるから，その育ちに与える影響は大きい。発達障碍のある子どもたちの世界の"捉え方"や"感じ方"に沿った形での，新たな発達障碍概念を生み出していく必要性がここにある。

　では，発達障碍のある子どもの世界の"捉え方"や"感じ方"とは一体何を指しているのか。まず，発達障碍のある子どもたちには，独特の世界の"捉え方"があることはたしかである。例えば，物事の細部に関する詳しい情報を持

つことや，断片的な記憶に優れた面があることなどに，Frith は着眼していた。発達障碍のある子どもたちが，生活世界の中で何にフォーカスをあてているのか，その独特な"捉え方"は私たちにとっても非常に興味深い。しかし Frith の議論では，その"捉え方"を認知機能の特徴と考えるにとどまり，子どもたちとの関係性には踏み込めていなかった。では，**発達障碍のある子どもたちが生活の中で体験している"捉え方"を，私たちが共有することができれば，どのような対人関係が切り開かれていくのか**。この問題について，第Ⅱ部の事例1では検討していくこととする。

また，発達障碍のある子どもたちの"感じ方"については，Hobson や Trevathen，Stern の議論を検討する中で取り上げた，「生き生きとした情動（vitality affects）」が鍵となる。筆者が学校現場での観察を行っている中でも，発達障碍のある子どもたちとかかわるとき，この「生き生きとした情動」を，その時々に直感的に感じることがあった。発達障碍のある子どもたちの"感じ方"を私たちが掴むことができれば，その"感じ方"に基づいた対応が生まれてくる。それゆえに，その情感を掴むことが何としても必要になる。第Ⅱ部の事例2では，**発達障碍のある子どもたちが生活の中で体験している"感じ方"を，私たちが共有することができれば，どのような対人関係が切り開かれていくのか**という問題に迫っていくこととする。

以上の2つの問いを検討していくことを通して，発達障碍のある子どもたち独特の世界の"捉え方"や"感じ方"を検討し，それらに沿った形での新たな発達障碍概念を生み出していくことを試みる。

最後に③の「発達障碍のある子ども，およびかかわる者自身の変容を問う」という観点についても，現状はアセスメントとその評価に基づいた支援により，発達障碍のある子どもたちの行動がどう変化したかを報告する研究が大多数である。発達障碍のある子どもたちのできることが増える，もしくは障碍とされる面が軽減していくということは，たしかに子どもの成長として考えられる面もある。しかし，そういった行動の変化が子どもたちの体験世界においてにどのような意味を持つのかという真摯な議論がほとんど見えてこない。

加えて，発達障碍のある子どもたちとのかかわりを通して，私たちの変容がこれまでの先行研究では全くといってよいほど問われてこなかった。しかし私

たちが気づくべきは，発達障碍のある子どもたちが私たちとのかかわりを通して育っていくように，私たちも彼らの生きる姿から，教えてもらうことがあるということだ。少なくとも，筆者の体験からはそういえる。

　特に，我が国で特別支援教育が根付き始めている今だからこそ，発達障碍のある子どもたちと私たちが，学校という場で共に生活していることの意味をしっかりと見つめていきたい。学校現場で奮闘する教師であればあるほど，今目の前にいる子どもをどう指導すればよいのか，教育していけばよいのか，が最大の関心事になる。そこで，対象児に対する実践的な支援手立てを求めることは，教育の立場からすればもっともなことである。ただそこで終わってしまうのではなく，発達障碍のある子どもたちの育ちに並行して生じている，かかわり手の子ども理解の深まりや育ちをも取り上げ，研究の俎上に載せていくことが，今後の特別支援教育研究に何としても求められる。それはなぜなのか。つまり，**特別支援教育の場で，発達障碍のある子どもと私たちとが共に生活していく意味とは何か**，という問題について，第Ⅱ部の事例3に基づいて検討していくこととする。

　このように，発達障碍のある子どもたちとの関係性から特別支援教育を考えていこうとする研究はこれまでのところほとんど見られない。この観点から特別支援教育を考えることで，個の発達成長を重視する諸外国にはない，我が国ならではの関係性を重視した，発達障碍支援の形が生まれてくる可能性があると思われる。

　以上，序章で提示した3つの観点をより具体化する形で，本書の目的と問題意識を集約すると次のようになる。

　発達障碍のある子どもたちとの関係性から生まれる，新たな発達障碍理解を目指す。具体的には，以下の3つの問題を検討する。

1）発達障碍のある子どもたちが生活の中で体験している"捉え方"を，私たちが共有することができれば，どのような対人関係が切り開かれていくのか

> 2）発達障碍のある子どもたちが生活の中で体験している"感じ方"を，私たちが共有することができれば，どのような対人関係が切り開かれていくのか
> 3）特別支援教育の場で，発達障碍のある子どもたちと私たちとが共に生活していく意味とは何か
>
> いくつかの事例を通して，発達障碍のある子どもたち独特の世界の"捉え方"や"感じ方"を検討し，それらに沿った形での新たな発達障碍概念を生み出していくことを試みる。また関係性を重視した特別支援教育の在り方を提言する。

これが本書の問題と目的である。これらを明らかにしていくために，筆者が支援員等の形でかかわった児童・生徒の事例を第Ⅱ部で提示し，考察していくが，その前に，これらの問題にアプローチするための方法について次章で検討する。

第 2 章
方法──「関与・観察」とエピソード記述──

　第1章では，発達障碍の歴史的変遷を振り返り，その概念を批判的に検討する中で，本論文の目的を提示した。それは1つに発達障碍のある子どもたちの世界の"捉え方"や"感じ方"を検討し，それらに沿った形での新たな発達障碍概念を生み出していくこと。もう1つが，関係性を重視した特別支援教育のあり方を提言することであった。この目的にアプローチしていくための方法を第2章では検討する。

　この目的に適う本研究の方法を考えると，私たちは次の2つの問いを検討しなくてはならない。それは，**(1) 発達障碍のある子どもたち独特の世界の"捉え方"や"感じ方"をどのようにして掴んでいくのか，(2) そうした"捉え方"や"感じ方"から生まれる対人関係をどのように描き出していくのか**，である。発達障碍のある子どもたちをどのように理解し支援につなげていくのか，まさにその根本となる部分の記述が問われている。

　まず，現在の特別支援教育研究においては，発達障碍のある子どもたちをどのように記述しているのだろうか。その描き方を具体的な事例から検討し，その問題点を述べる。

■ 第1節　特別支援教育研究における子どもたちの描き方

　特別支援教育の中心が「個別の支援と配慮」の仕方や方法を探ることになっている現状を第1章で述べた。近年では，インクルーシブ教育システム構築のために，個人に必要な「合理的配慮」（reasonable accommodation）[30]が提供されることの必要性が言われるようになってきた（国立特別支援教育総合研究所，

---

[30]　我が国が2014年1月に批准した障害者権利条約によると，「合理的配慮」とは，「障害者が他の者との平等を基礎として全ての人権及び基本的自由を享有し，又は行使するために必要かつ適当な変更及び調整であって，特定の場合において必要とされるものであり，かつ，均衡を失した又は過度の負担を課さないもの」を言う。

2015)。この「個別の支援と配慮」や「合理的配慮」のためには，発達障碍のある子どもたちの実態を把握していくことが必要になる。また，彼らがどこで躓いているかを分析することや，彼らへの支援が有効に働いているかどうかを評価することも必要とされる（奥住，2011）。このような理解と支援を導いていく上で大切なステップとされているのが，アセスメントである（窪島，2008）。

　特別支援教育で用いられるアセスメントとは，「各種の教育活動の開始にあたって，その対象である児童・生徒の状態を把握することに重点を置いたもので，実践の課題設定，取組みの方法の選択に生かすことを予定した事前評価といった性格をもつ」（茂木，2010）ものとされている。また，事前だけではなく「事後の評価の段階でも行われる場合があり，事前と事後を対比して考えると，事前評価は診断的なもので，事後の評価は教育評価的であるといえる」（茂木，2010）といわれている。

　アセスメントは具体的にどのように進められるのであろうか。奥住（2011）によると，大きくは2つ調べる内容があるという。1つは観察と聞き取りによるアセスメントである。観察によるアセスメントとは，「子どもの行動を観察し，発達段階，対人関係，行動特性，課題などを明らかにする方法」とされる。観察の中で問題行動等のターゲットとなる行動を記録する際には，「どの時間帯に出現したのか，どのくらいの頻度だったのか，持続したのかなどを，時間軸に沿ってチェックする方法」が一般に用いられる。また，聞き取りによるアセスメントとは，「対象児についてよく知る支援者から，本人や本人を取り巻く環境などの情報を聞き取るもの」である。聞き取る内容は，成育歴や家族構成，診断名，放課後や休日の様子などで，保護者や家族，また現在の担任教師のみならず前年度までの担任教師から情報を収集する。

　もう1つは検査によるアセスメントである。具体的には，新版K式発達検査などの発達検査，および，WISCやK-ABCなどの心理検査が行われる。これらの検査によって，発達障碍のある子どもたちに「全般的な知的発達に遅れはないかどうか」や「認知機能の発達に偏りやバランスの悪さがないかどうか」を調べる（上野，2013）。この検査結果を通して，発達障碍のある子どもたちの学習や生活支援に有用な情報を提供することが期待されている。

　ここまでの概要から，アセスメントで問われているのは，①対象児の実態を

把握すること，②対象児への教育効果を評価すること，の2点であると考えられる。この2つの観点から，発達障碍のある子どもたちはどのように記述されるのであろうか。アセスメントの具体例から，その描き方を批判的に検討する。

(1) 対象児の実態を把握すること

実態把握については様々な実践例があるが，浜谷（2006）の巡回相談の事例を取り上げる。対象児は，小学3年生の広汎性発達障碍のある男児（以下，浜谷の表記に従いX君とする）で，通常学級での行動観察[31]が行われた。そのアセスメントにおいて，X君は以下のように記述されている。

> 朝礼では，X君は，最初から最後まで周囲と関係なく飛び跳ねたり，横を向いたりして落ち着きなく，先生の話に注意を向けない。授業中は計算ドリルのような作業の場面では一定時間着席して課題に取り組むが，それ以外のほとんどの場面では，離席して先生の机に行ったりして落ち着きがなく，先生の説明や指示に注意を向けない。大人が個別にきめ細かく作業の手順を教えると授業の進行についていくことができる場面がある。先生が指示しても教科書を出さないので，先生が机から取り出そうとすると，「やめてください，どろぼう」と応えるなど，社会的な関係を不適切に認知した行動をしばしばする。他児はX君に，適宜，指示したり介助するが，X君の行動を咎めたり阻止することはない。

以上が観察によるアセスメントから得られた，X君の実態把握とされる。そもそも実態とは，発達段階や対人関係の状態，また行動特性や課題などを指している。その基準からすれば，学校生活で問題行動が様々に現れてくる一面は確かに浮かび上がってくる。しかしX君独自の世界の"捉え方"や"感じ方"が読み手にリアルに伝わってくるとは言い難い。

例えば，朝礼の場面では「落ち着きがない」という。客観的に見たX君の状態をその一言で言い表そうとしているのかもしれないが，どうしてX君は飛び

---

[31] 浜谷は，全校朝礼，1限（算数），2限（国語），3限（理科），給食，および休み時間の状況を観察していた。

跳ねたり，横を向いたりしてしまうのだろうか。先生の話がつまらなかったのか，何か気になることがあったのか，それとも身体を動かしたくて仕方なかったのか。その体験世界には踏み込まないまま，「先生の話に注意を向けない」と記述している。また教科書に関する担任の先生とのやり取りの観察から，「社会的な関係を不適切に認知した行動をたびたびする」と表現している。しかし，「やめてください，どろぼう」と言ったX君には何らかの思いもあったはずである。観察者はそのX君の姿から何かを感じなかっただろうか。また，彼の内面に思いを巡らせはしなかったのだろうか。

　このような記述が特別支援教育の論考には数多くある。発達障碍のある子どもたちの客観的に見られた行動のみを描いていくために，彼らの内的世界に踏み込まない，いささか表面的な理解のされ方がなされているように思われる。それは言い換えれば，観察者が匿名的な立場から，「誰がどう見てもその子のとった行動は然々であった」という「冷めた」観察を行うということである。本来，その場で様々なことを感じている筈の観察者の感受性や主観性は徹底的に排除され，観察者の存在は限りなく背景化されていく。

　この観察のあり方は，本来の人と人との出会い方とは全くかけ離れたものではなかろうか。そもそも観察する営みにおいて，観察者は「見る」だけの人になることはできない。「見る」ことのみに専念できるのは「モノ」[32]を観察するときである。「モノ」は観察者からの視線を感じないし，観察者も「モノ」から見られているとは思わない。しかし人を観察するときはどうだろうか。観察者は「見る」人としてばかりいることはできず，観察している人と視線が合ったりすると，「見られている」ことも自然と意識される。「見る－見られる」関係が生まれるのが，人を観察するときの本来のあり方である。この観点からすれば，特別支援教育研究における観察は2つの大きな問題点を孕んでいる。

　1つ目の問題として，観察者が学校にいるということ自体が，その場に大なり小なり影響を与えているのだから，観察者の存在を背景化していくことなどできないということである。浜谷の事例においても，学校に観察者がいると，

---

[32]　「モノ」とは無機的な物質を意味している。分かりやすい例としては，ペンや机などが挙げられる。またテレビやパソコンも含められるだろう。テレビやパソコンの画面に映っている人や物を私たちは「見る」ことができるが，その画面に映っている人や物から「見られている」ことを意識はしない。

その場にいる子どもたちや先生たちは観察者から「見られる」ことを意識する。「見られている」から普段とは違う行動をX君や先生はしているのかもしれない。また，子どもたちや先生が観察者の様子を「見る」という行為もほぼ同時に起こっている。とすれば，観察者は「見る」だけでなく「見られて」もいるのであり，その場を構成している1人になる。このようにその場所や文脈に，観察自体が制約を受けていることに対して，観察者はより自覚を持って観察に臨むべきである。

　2つ目の問題として，子どもたちを観察している中で，その観察者自身に感じられたことや気づかされたことは，対象とする子どもたちの内面に接近する手がかりとなることは先に述べたが（森岡，2010）。しかし，これまでの特別支援教育研究では，観察者の主観性や感受性は排除されてしまい，研究の俎上に載せられることがほとんどなかったということが挙げられる。そのために，発達障碍のある子どもたちの世界の"捉え方"や"感じ方"に迫っていくことはほとんどできなかった。この意味でも「冷めた」観察のあり方は，本研究には適さないと言うことができる。

(2) 対象児への教育効果を評価すること

　次に松本（2011）の事例を取り上げる。特別支援学級に在籍しているC君（以下，松本の表記に従いC君とする）という男児の，教育効果に関するアセスメントが行われた。小学5年時のC君の状態として，「授業中には難しい問題やできない作業があるとパニックになり，奇声をあげることがある。放課後は1人で本を見ていることが多く，他児とかかわろうとしない」ことがあった。そこでC君に心理検査の1つであるWISC-Ⅲを実施したところ，言語性IQ：50・動作性IQ：85で，全検査IQ：63という数値が得られた。

　その後，肯定的な対人関係を積み重ね，そこで自己表出できるようになることを目標とした心理面接を松本は定期的に行った。2年後の中学1年生のときに，再度，WISC-Ⅲを実施したところ，言語性IQ：47・動作性IQ：73で，全検査IQ：55という結果であった[33]。

　松本は，C君に対する検査によるアセスメントを次のように記述した。

128　第2章　方　法

> 　言語性，動作性，全検査ともに IQ が前回よりも低値になっており，知的発達の遅れが一層認められる。言語性では単語と理解，数唱，動作性では積木模様，絵画完成，記号の評価点に低下が認められ，学習による獲得の乏しさが示唆される。

　この検査アセスメントに加えて，C君の検査中の態度や内容から，総合的に次のようなアセスメントも行った。

> 　言語性，動作性，全検査とも IQ が前回よりも低値であるものの，前回は「わからん」という回答が多かったのに対し，二回目では単語問題で，＜誕生日？＞「おめでとうと言う日」，＜感謝？＞「ありがとうと言うこと」など，正解とされないものの，C君なりに説明しようとする努力が認められた。また理解問題では，＜隣の家の窓から煙……どうしますか？＞という問いに対して，前回は「逃げる」とだけ答えたC君が，「消す，助けに行く」と答えている（ちなみに助けに行くは誤答である）。動作性の「記号」は前回よりも正解が多いものの，加齢による評価点基準の上昇のために結果として評価点の低下になっていることが示されている。また前回に多かった動作性の誤答は消失している。これらは，C君の発達を物語るものである。

33）松本（2011）から，WISC-Ⅲの下位検査結果を以下に引用する（図―7）。

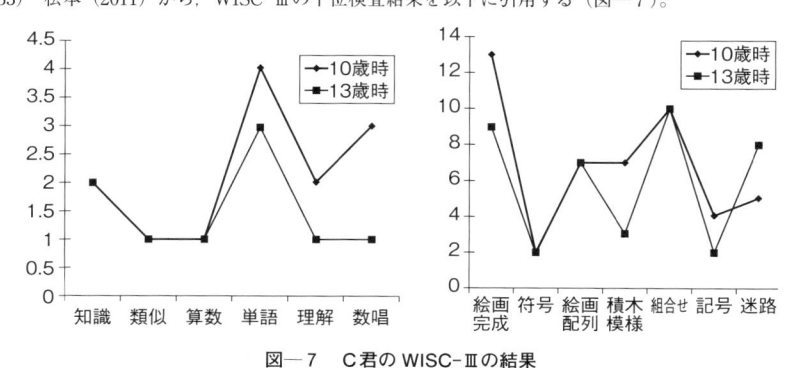

図―7　C君の WISC-Ⅲの結果

一般に検査アセスメントの数値によって，対象児に対する教育効果を判断する傾向が特別支援教育にはある。しかし松本のアセスメントは，検査アセスメントのみに留まらず，検査時の受け答えや，Ｃ君なりに答えを見つけようとする努力に注目している。この点で従来のアセスメントより踏み込んだものになっていることは評価できる。しかし，「Ｃ君の発達を物語るものである」という最後の文言に見られるように，最終的にはＣ君の育ちを個体能力発達という狭い発達の枠組みに収めてしまうのが物足りない。発達障碍のある子どもたちの能力が，定型発達の枠組みから見て「増大」したのか「低下」したのか，ある課題が「できる」のか「できない」のか，その２分法による評価で記述してしまうことが大きな問題である。

　発達障碍のある子どもたちの自立や適応を目指す特別支援教育の立場からすると，彼らを評価すること，まさにアセスメントが支援の出発点になるのだろう。しかし，その評価の枠組みに囚われるがゆえに，発達障碍のある子どもたちとのかかわりの中にある多様で豊かな対人関係の営みや，時間の経過とともに深まっていく子どもたちへの理解，かかわり手の変容が全く見えてこないのである。ここに２つ目の大きな問題点がある。

　特別支援教育における子どもたちの描き方を検討してきたが，アセスメントが着目する２つの観点いずれにおいても，発達障碍のある子どもたち独特の世界の"捉え方"や"感じ方"が全く見えてこないだけでなく，対人関係の展開も全く見えてこない。発達障碍のある子どもたちの描き方としては不十分なのである。

第２節　本研究の方法

　第１節では，特別支援教育研究における子どもたちの描き方の問題点について検討した。１つには，観察者がその場にいるにもかかわらず，その存在を無色透明にしてしまい，その場で観察者が感じていたことや気づいたことには目を向けようとしない「観察のあり方」。もう１つには，対人関係がどのように展開されていったのかを記述することなく，個体能力発達の枠組みに収めてしまう「記述のあり方」。この２点の問題を乗り越えていく方法的態度について議

論を深め，本研究で用いる方法を提示する。

第1項　子どもたち独特の世界の"捉え方"や"感じ方"をどのようにして掴んでいくのか

（1）「関与・観察」とは

　筆者はボランティアや特別支援教育支援員として，発達障碍のある子どもたちとかかわってきた。よって，発達障碍のある子どもたちを観察する者として学校現場にいるだけではなく，彼らをサポートする役割をも担っていた。ここから，発達障碍のある子どもたちに自ら関わりながら，他方で彼らを観察する「観察のあり方」，つまり「関与・観察」（鯨岡，2005）が本研究の方法的態度として考えられる。

　「関与・観察」とは，臨床精神科医のSullivan（1953）の「関与しながらの観察（participating observation）」を縮めて表現したもので，研究者が「おのれの観察の対象とする人と関わりあってつくる対人的な場に，自ら関与しながら観察を行う」ことである。「関与・観察」は，参与観察など，フィールド研究における数ある観察法の1つとしてこれまで取り上げられてきた。

　箕浦（1999）は，参与観察における参与の深さについて4つのタイプに分かれることに言及している[34]。4つの中で筆者のようにボランティアや支援員の立場でフィールドに入る「積極的な参与者」は，ボランティアであるとともに研究者であることが鮮明になり，意識が二重化してくるという。「積極的な活動メンバーであり，かつ観察者であるという二重の役割をとることは，自分がその組織へ関与していればいるほど大きな困難を伴う。この意味では，自分が組織の外にいる集団の方が，役割の葛藤を経験しないで，観察を継続することができる」として，関与にウエイトを置くほど，対象者を観察することにある種の難しさが生じてくることを指摘している。

　しかし私たちの「関与・観察」は，この二重の役割を引き受けるからこそ見えてくることを大切にする。ここに他の観察法との違いがある。私たちが発達

---

[34]　4つのタイプとは，①完全な参与者，②積極的な参与者，③消極的な参与者，④観察者役割のみ，の4つである。私たちのアプローチにおいても，観察者と関与者の二重の役割を遂行することが求められるが，関与の中で得られたことをどのように研究の俎上に載せるのかという点で，これまでのアプローチとは違うと考えられる。

障碍のある子どもたちと関与していくと，自らの身体において発達障碍のある子どもたちの世界の"捉え方"や"感じ方"が感じられる。そして，それをも観察の対象として含めることによって，彼らの世界に迫っていくことができるのである。この意味において，私たちの「関与・観察」は，第1節で述べた特別支援教育の「観察のあり方」，つまり，発達障碍のある子どもたちを目の前にしながら，観察者が無色透明な存在，自らの身体を持たず，何も感じることがない，ただ対象を正確に写し取る目にまで還元されるアプローチとは異なる。「関与・観察」では，発達障碍のある子どもたちのありのままの姿のみならず，関与する私たち自身をも観察の対象としているのである。この方法的態度で現場に臨む中で，発達障碍のある子どもたち独特の世界の"捉え方"や"感じ方"はどのようにして掴めるのだろうか。

（2） 発達障碍のある子どもたちの世界の"捉え方"を掴むためには

まず，「発達障碍のある子どもたちの世界の"捉え方"をどのようにして掴むのか」について，この問題を考えるヒントとなった筆者の体験を1つ提示する。ある中学校の通常学級に在籍する女子生徒ユイ（仮名）（中学2年生）とかかわり，ユイの"捉え方"が筆者に手応えをもって掴めたときのエピソードである。

ユイは就学前に自閉症の診断を医師から受けていた。また，小学校のときから保護者および本人の希望で支援員が付き添っていた。中学校に入ってからは，支援員の1人として筆者もかかわることになった[35]。

学習面で大きな問題はなく，定期テストなどの評価も悪くなかった。しかし何かに集中すると，先生の指示が全く入っていない様子を見せるときがあった。例えば，授業中に指先を見つめ，指先の皮をむき始めると止まらなくなるようなときがある。また，口頭の指示だけでは伝わっていないように感じられることが多くあった。そのときには，視覚的に指示を提示することや，口調を穏やかにゆっくりとして指示を伝えるなど，必要な配慮を行うようにしていた。また中学1年生のときには，教室が騒がしくなると耳を塞ぐため，環境面での配

35） 具体的には授業時間（英語・国語）での学習補助や，放課後学習で宿題を一緒に仕上げるなど，中学1年時から学習面や生活面での援助を行っていた。また担任の先生はじめ，管理職や学年主任，加配の先生方とも連携し，情報を共有・交換するようにした。

慮が必要なときもあった。

　また絵を描くのはとても好きで，流行のアイドルやアニメのキャラクターの姿を，休憩時間や放課後学習の合間に，かわいらしく描写する場面もよく見られた。また，手や指先については興味が大いにあるようで，その部位を大変正確に描写する絵を描くこともあった[36]。

エピソード１：握手をするユイ（９月下旬・英語）

【背景】　英語の時間で，外国人の先生と英語担当の先生で会話の授業をしている場面である。筆者は教室の後ろからその様子を見ていた。

　その日は許可をもらう表現である「May I～」を，会話で使ってみることを狙いとした授業で，外国人講師が次から次へと生徒を指名して，質問に答えるように求めていた。質問に対して素直に"Yes"と答える生徒もいれば，"No, No!"とおどけた様子で答える生徒もいて，和やかなクラスの雰囲気の中，ユイの順番がやってきた。

---

36)　ユイが描いた絵を以下に示す。

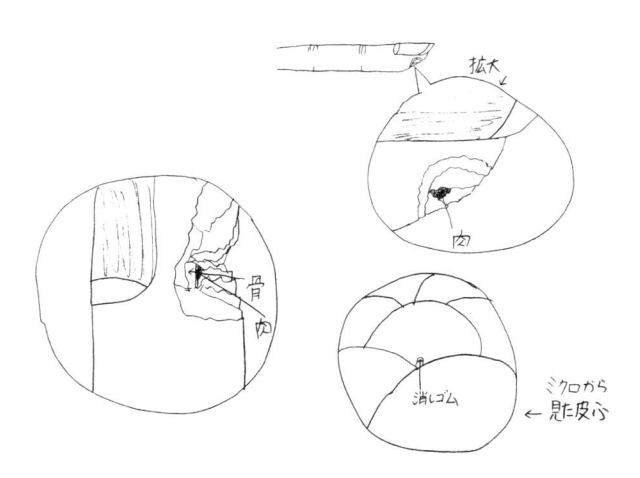

図―8　ユイが描いた指先の絵

> 　外国人の先生がユイの方に体を向けて，目を見つめながら"May I use your bag?"と，ユイの机にかけていたカバンの方へ手を差し出した。するとユイは先生の手を見つめながら，右手を差し出して握りしめ，握手をするように上下に手を動かした。その様子を見ていたクラスの生徒たちが噴き出すようにして一斉に笑い始め，先生も笑顔でユイの手を握り返した。するとユイはにっこりとしながら何度か頷いていた。
> 　外国人の先生は握手を返した後で，今度はカバンを指差して，もう一度同じ質問をゆっくりとした口調でした。すると"Yes"と身体を弾ませながらユイは答えた。そこで先生が"Really?"と言って，カバンを持っていこうとすると，「やっぱり"No"」とユイはすぐさま答えて，カバンに手を伸ばし，持っていかせないようにした。

　外国人の先生が差し出した手をユイが握り返したとき，筆者もクラスの生徒たちと同じく思わず笑ってしまっていた。この笑いはどうして生まれたのだろうか。まず，外国人の先生の質問に対して，これまでの生徒たちと同じようにユイは何らかの答えを出そうとするだろうという目論見が崩されたことがある。それに加えて，カバンの方へ差し出した先生の手の意味を握手だと感じた，ユイならではの"捉え方"を直観的に追体験しやすく，本来予想された姿と実際の意外な姿とのズレを面白く思った。筆者に感じられたズレを外国人の先生も感じていたようで，手を握られたときに一瞬目を見開いて戸惑った様子を見せていたが，その後は笑顔で握手を返すという対応をし，会話の授業を続けた。

　このエピソードから，ユイならではの世界の"捉え方"があるということは感じられる。会話の授業という状況から，外国人の先生に手を差し出されたら，指名される意味というよりも，むしろ握手をしにきたという意味だと捉えて，外国人の先生に握手をしにいった感覚は分からなくはない。もしかすると，図―8に示した絵からもうかがえるように，指先や手に普段から興味を持っているユイであるから，外国人の先生が握手をしにきたというよりも，むしろやってきた手を掴んでみたという方が，ユイの体験していた世界に近いのかもしれない。またユイはふざけて先生と握手したと見る向きもあるかもしれないが，

握手した後のユイの笑顔からは，握手できたことに対する満足した様子が筆者には感じられた。その後も温かく受け止めてくれた先生と会話のやり取りを何とか続けていこうとして，身体を弾ませながら"Yes"と答えている姿からは，ふざけているようには筆者に見えなかった。

　ユイの実際の"捉え方"がどのような体験であったのかについては，まだ様々な可能性の余地が残っており，分からない面が残ることもたしかである。ただ，ユイの分からない行動を「場の状況や文脈が読みにくい」という，自閉症の特性や障碍ゆえに生じる行動として分かった気になってしまうことに対しては大いに疑問を感じる。外側から見た行動の解釈にとどめてしまうのではなく，ユイの内面での"捉え方"を，私たちも身を持って共有できるように，理解の筋道をつけることがより重要である。

　このエピソードで，ユイの"捉え方"を理解していくために必要だったのは，彼女の手の動きに筆者自身の身体を重ねてみることだった。そして，「差し出された先生の手を握手だと捉えたのだな」もしくは「向かってきた手を掴みにいったのだな」というように，ユイの"捉え方"を想像してみるということだった。人と人とが互いに同型の身体を持っているがゆえに，相手と同じ姿勢を取ってみたり，想像の中で身体の動きを重ねてみたりすることによって，相手を感受する現象，つまり"間身体性"が開けてくる。これが，ユイ独自の世界の"捉え方"を理解していく上で重要であると考えられる。

　"間身体性"とは，身体と身体とが通い合うこと，響き合うこと，その現象を表した概念である（浜田，1992）。一方では，身体は一人一人が個別の身体を持っているという意味で，人と人を物理的に隔てるものである。私たちは一人として同じ身体を持っていない。しかし他方で，身体には人と人とを通い合わせる面がある。例えば，応援している野球選手がデッドボールを受けた瞬間，まるで我がことのように痛みを感じることがある。人間の身体と身体は個としては互いに隔てられながらも，同じ類として通じ合うように，生得的にできているところがあるといえよう。

　この"間身体的次元"における，身体と身体の通じ合いを目指す中で，発達障碍のある子どもたちに見えている世界，その独特の"捉え方"に気づかされることがある。もちろん身体の個別性ゆえに，彼らの世界の"捉え方"を掴む

ことが、いつも容易にできるというわけでは決してない。しかし時として、発達障碍のある子どもたちとのかかわりの中で、私たちの身体に響く現象が起きることがあり、その間身体的感覚を掴まえていくことが、彼らの世界の"捉え方"に接近していく上で必要となってくる。

（3） 発達障碍のある子どもたちの"感じ方"を掴むためには
　次に、「発達障碍のある子どもたちの"感じ方"をどのようにして掴むのか」という問いである。この問いもユイのエピソードから検討する。

エピソード2　「みんな，できる感じではないね」（9月下旬・英語）
【背景】エピソード1の続きである。外国人の先生と会話の練習をした後に、クラスの生徒同士ペアを組み、練習をすることになった。各生徒は教室の中を自由に動き、それぞれの友だちのもとに向かっていた。その後、女子は3つのグループに分かれて、会話の練習を始めたが、ユイはどのグループにも属さずに1人でいた。

> 　1人になっているユイに私は近づいて行って、「最初、僕と一緒にやってみようか」と誘ってみると、ユイは私の目を見ながら「みんな、できる感じではないね」と呟くように答えた。ユイなりにも1人でいる状態に気づき、誰か他の同級生と会話したいのではないかと思い、「じゃあ一緒に相手を探してみようか」と女子生徒のいるグループに目を向けてみた。しかしどのグループもこちらの方に目を向けるわけではなく、途切れない会話を続けていて、こちらから話しかけられる様子ではなかった。
> 　このまま活動ができないままでいることも、ユイにとってはただ時間だけが過ぎてしまうことになると思われたので、「後でみんなに話してみるから、1回僕と練習しておこう」と再度誘ってみると、「いいよ」とユイは言って会話の練習を始めた。

　筆者がユイに声をかけてみたときには、外国人の先生の指示が今一つ伝わっていなかったのではないか、という思いがあった。というのも、普段からユイ

に対しては全体に対する口頭の指示だけではなく，図示やゆっくりとした口調などで，個別に伝えて確認する必要があったからである。この時は指示が出てからすぐに移動が始まったため，指示内容を確認する時間が取れず，ユイは何をしていいのか分からないまま1人でいるのではないだろうか，と筆者には思われたのだった。そこでひとまず筆者と会話の練習をしてから，クラスメイトの誰かにつなげていこうという意図をもって，ユイに声をかけた。

　その誘いに対しての，「みんな，できる感じではないね」というユイの返答は，彼女の"感じ方"をハッと気づかせてくれるような，インパクトのある一言であった。ユイの言葉は，筆者の問いかけたことに対する返答に正確にはなってはいない。しかしユイが1人でいて，誰とも会話できる状況ではないということに気づいていることは伝わってきた。実際，ユイの目線から教室を眺めてみると，クラスメイトの誰もがこちらに目を向けないで，それぞれのグループで会話に盛り上がっている。ユイの状況に気づいているのか，気づかないでいるのか，それともユイの面倒を見ることは筆者に任されてしまった状態になってしまっているのか。クラスメイトの誰とも取り付く島もなく，1人取り残されてしまった感じ，そのユイの「おいてけぼり感」が筆者に感じられた。

　このように発達障碍のある子どもとのかかわりの中で，その子の今の気持ちや意図，その"感じ方"が掴めるといった現象は，ごく日常的に起こる。人と人とが共に生きていく中で，両者の「気持ちが重なり合う」こと（鯨岡，1999），"間主観的"[37]に通じ合えることがあるという事実も見逃すことができない。

　ただし，発達障碍の子どもたちの独特な"感じ方"すべてを"間主観的"に掴むことができるわけではもちろんない。むしろ，発達障碍のある子どもたちの"感じ方"が分かることは稀であり，彼らに対する分からなさが残ることは数多くある。しかしそれゆえに，"間主観的"に掴めることがあったときには，私たちにとって大変印象に残る体験となる。逆に「分からなさ」が残る場面においても，その「分からなさ」に率直に向き合っていくことが肝要になってくる。

　37）"間主観性"に関する議論は研究者間でも一致を見ていないが，ここでは，対象となる人の思いや気持ちを，その人とかかわる人が「分かる」「感じる」といった現象を指す。特別な技能を必要とすることではなく，人と人とがかかわり合う中で，ごく日常に起きている事象である。

発達障碍のある子どもたち独特の世界の"捉え方"や"感じ方"をどのようにして掴んでいくのか，という1つ目の問題に対して，"間身体性"と"間主観性"をベースにした「関与・観察」という「観察のあり方」が，本研究の指針となる方法的態度となる。このアプローチは，"間身体的"に響いてきたことや"間主観的"に分かったことをも観察の対象とする点で，従来の特別支援教育研究とは全く異なるアプローチであると考えられる。Sullivan (1954) が，観察される事象の生起するところは，観察者の内部でも協力者の内部でもなく，両者のあいだにあると述べているように，発達障碍のある子どもとの出会いの最中から，子どもたちに眼差しを向けると同時に，観察者自らへも眼差しを向けることが求められる（石野，2004）。

第2項　対人関係をどのように描き出していくのか

　第1項では，本研究の「観察のあり方」について論じてきた。次に観察者が「関与・観察」の中で掴んだ，発達障碍のある子どもたち独特の世界の"捉え方"や"感じ方"を言語化し，彼らの周囲にいる先生や保護者などとそれを共有していくために必要な，その「記述のあり方」について検討する。

（1）「いま，ここで」生まれる固有の体験を大切にする

　ここまでの議論からすれば，発達障碍のある子どもたちの世界の"捉え方"や"感じ方"を記述していくときには，観察者に"間身体的"に掴めたことや，"間主観的"に分かったことを丁寧に描いていくことが必要である。しかし特別支援教育の領域では，観察者に感じられたことを記述する必要性が十分顧みられてこなかった。第1項で述べたように，定型発達の枠組みに立った，評価的観点からの記述が求められるからである。

　実際，昨今の発達障碍者への支援においては，福祉であれ，教育であれ，科学的なエビデンスが盛んに取り上げられるようになり，我が国においてもこれを重視する流れが大変強まりつつある（島宗，2009）。エビデンスとは，科学的方法に基づいて効果的であると判断された研究成果であり（Kazdin & Weisz, 2003），再現可能なプログラムによって，「どのような子どもの，どのような行動に，どのような支援方法が有効であるか」を明らかにすることが目指される

（山本・澁谷，2009）。つまり，エビデンスとして取り上げられるのは，あるマニュアル化されたプログラムの結果（成果）とされる，発達障碍のある子どもたちの適応的な行動である。このようにエビデンスを重視する立場からすれば，観察者に"間身体的"に掴めたことや，"間主観的"に分かったことを重視するアプローチは，誰の目にも見える行動として現れるものではなく，また子どもの適応行動につながるとも限らないため，エビデンスとしては大変乏しいという批判を受けることだろう。

　しかしエビデンスを重視する立場に逆に問うてみたいのは，発達障碍のある子どもたちを目の前にしたとき，その子どもの行動が適応的かどうかという観点のみでかかわっているのかどうかである。もしそのような関与の仕方であるとするならば，そこから得られる理解は，子どもの行動が「適応している」のか，それとも「適応できていない」のかの2分法によるもので，表面的な子ども理解になると言わざるを得ない。

　実際，エピソード1でのユイについての記述を，外国人の先生の問いかけに対して握手という不適切な行動で応答したという表面的な水準の記述にとどまれば，先に考察したようなユイの"捉え方"に迫ることができず，ユイに対する理解も深まっていかない。またエピソード2でも，ユイがクラスに馴染めないで言ったつぶやきとして記述してしまうと，ユイの「おいてけぼり感」にふと気づかされた体験を描き出すことができなくなり，そこから生まれたかかわりを取り逃してしまうことになる。

　もちろんこのような"間身体性"や"間主観性"を重視した描き出し方に対する反論もあると思われる。そもそも発達障碍のある子どもたちの"捉え方"や"感じ方"をなぜ分かったといえるのか。かかわり手が彼らのことを分かったように思ってしまうことに対して，危うさを感じる人もいることだろう。先のユイのエピソード2でも，「おいてけぼり感」をユイは果たして本当に感じていたといえるのか。それは単なる思い込みに過ぎないのではないか，という批判は考えられる。

　また，発達障碍のある子どもたちの"捉え方"や"感じ方"すべてが分かると言い切れるのか。どうしても彼らについて分からない面の残ることがあるのではないか，という見解もあるだろう。実際エピソード1で，外国人の先生の

第2節　本研究の方法

手をユイが握った理由が何だったのかを考えたとき，その場で筆者には握手をしに行ったようには感じられたが，実は手に対する興味の強さから，先生の手を取りにいった可能性もあるように思われる。かかわり手がその場で掴んだことを絶対的に正しいと確信しているわけでは決してなく，他の了解の仕方が残っている可能性を十分に考慮していかなくてはならない。

　こういった批判や見解を謙虚に受け止めつつも，それでもなお私たちは，発達障碍のある子どもたちとかかわる中で，一瞬一瞬に感じられたことを大切にしていく姿勢を貫いていく必要があると考える。その最たる理由は，かかわりの現場においては，多かれ少なかれかかわり手が「不確かさ」を抱えながら，発達障碍のある子どもたちと向かい合っていることにある。人が他者を分かろうとする営みは，本来，そうした「不確かさ」の中で行われるものであって，その「不確かさ」を排除したところで得られる理解からは，その他者の他者性や人間性といったものが多少なりとも捨象されてしまう。あるいは，「不確かさ」を排除することそれ自体が，理解の主体と理解される対象とを切り分けること，人間的な関係を切ることに基づいているのだと言ってもよい。

　発達障碍のある子どもたちとかかわる中で，やはり分からないことや了解しにくい場面は数多くある。かかわる人たちにとって，発達障碍のある子どもたち独特の世界の"捉え方"や"感じ方"が掴みにくく，関係がこれからどのように変容していくのかが見通しにくい，「不確かな」状況はたびたび生まれてくる。そうしたとき，障碍特性など外側から与えられた情報を一助とし，かかわりに活かせる面も確かにあるだろう。しかし，それだけでは人が人を分かるときに伴われるある種の手応え，身体的な実感に沿った了解につながるとは言えない。障碍特性という観点で説明できるのは，あくまで行動の表面のみであって，そこにとどまっていたのでは，その行動の背後でその子のどんな思いが動いているのかが，かかわり手の身体に自然と通底してくるような了解の仕方はなかなか起こりにくい。

　そうした了解を目指すとき，ともかく，子どもたちと試行錯誤しながらもかかわってみることが大切になる。かかわり手が，発達障碍のある子どもたちの"捉え方"や"感じ方"に沿うと思われるかかわりをしてみたとき，彼らと通じ合えることもあれば，そっぽを向かれてしまうこともあるだろう。このような

試みの中で，彼らとかかわってみたときの感触から，対象となる子どもの体験について把握できたと感じられること，またどうしても分からないと感じられることが生まれてくる。このように，かかわりの中で生まれる気づきや違和感を絶えず考察することを通して，彼らの体験世界を再度確認したり，またそれを見直したりしながら，かかわり手の身体において「（少なくともここまでは）分かった」という手応えが得られるまで，子どもたちに対する了解を深めていくのである。

　このように，確かに感じられた実践者の手応えをもとにして，子どもたちが体験しているであろう世界を描き出していくこと——そこに，その子の他者性や人間性を捨象しない，新たな発達障碍理解の可能性が開けてくる。また，発達障碍のある子どもたちをかかわりの中で了解していく意味も，その点にある。新たな発達障碍理解がその子に合ったかかわり方への示唆を生み，それに基づいたかかわりによってその子をより深く了解することができるようになり，そこからさらに発達障碍に対する理解が深まっていく——発達障碍研究という営みのあるべき姿とは，そのようなものであろう。

　観察者の"間身体性"や"間主観性"をベースに，発達障碍のある子どもたちと私たちとが「いま，ここで」どのように時を共にしていくのか，その時，その場で生まれる，かけがいのない1回きりの固有の体験を丁寧に描き出していくこと。それは，外側から見た表面的な行動のみを扱う客観主義的アプローチでは不可能だった，子どもの体験世界についての身体的な了解と，新たな発達障碍理解を生み出そうとする試みなのである。

（2）「記録」ではなく，「記述」としてエピソードを提示する

　観察者の経験を言語化していく方法の1つとして，Bogdan & Biklin（2007）はエピソード記録を提唱する。これは支援員として児童生徒と関わっていく中で気づいたことを大切にし，活かしていく実践（能智，2009）につながっていくと考えられている。しかし，彼らが提唱するエピソード記録においては，あくまで客観的な行動を書くことが目指されており，目に見えたことをそのまま写し取るように記録することが求められている。「必ずしも観察側の感じるところを入れ込むまでもなく，行動のレベルに近いところで意味のあることはい

くらでも起きている」のであり，「そこ（行動のレベルに近いところ）から解釈を加える方が他の解釈可能性に開かれている」とする立場である（無藤・堀越, 2008）。

しかしながら，「関与・観察」者の固有の体験，つまり"間身体的"に掴めたことや"間主観的"に分かったことを1つの主観的な解釈に過ぎないものとして取り扱うわけにはいかない。それは先にも述べたように，それらこそが現実の対人関係を動かす原動力となるからだ。また，その現実を動かす力となった力動感をエピソードの読み手にも丁寧に伝えていかなくてはならない。よって，「関与・観察」者の体験を周囲の人たちのみならず，その読み手にも了解してもらうためにも，エピソードを「記述」することが必要になってくる。

ここに「記録」と「記述」との大きな違いがはっきりとしてくる。「記録」とは観察者の目の前で起こった出来事を客観的に書くことであり，その出来事記録を読み手はどのように読み解いてもよいとされる。しかし，その出来事を読み手が了解できないままでいて，何を解釈していくことが可能なのであろうか。一方で「記述」とは観察者の体験を丁寧に描き出すことであり，その体験記述を読み手に理解してもらうことが必要となる。つまり，読み手に私たちの体験を了解してもらえるように記述していくことが欠かせない。その了解が得られてこそ，そこに多様な解釈可能性が開かれてくる。そこで本論文の事例では，発達障碍のある子どもたち独自の世界の"捉え方"や"感じ方"について筆者に感じられたことを読み手に理解してもらえるよう，エピソード記述を行った。そして筆者の体験を読み手に了解しやすくなるように，【背景】，エピソード，＜考察＞という3つの記述を行った（鯨岡，2005；2012；2013）。

まず【背景】として，エピソードの読み手が体験を理解しやすくなるよう，対象となる児童・生徒の年齢や障碍の診断の有無，学校現場での様子といった背景を記した。また，筆者がどのような立場で学校現場に臨み，どのように対象となる子どもと出会ってきたのか，これまでの筆者と対象となる子どもとの関係性や出来事が起こる前後関係を提示した。エピソード記述において【背景】は，筆者の置かれた状況に読み手を招き入れ，エピソードを通して得られた気づきが生まれるにいたったプロセスを読み手に了解してもらうために欠かすことができない。いわば，読み手に筆者と同じ土俵に立って出来事を追体験

してもらうための準備である。

　次にエピソードを描く。毎回の観察の中でエピソードを書き溜めていき，対象となる発達障碍のある児童・生徒の理解や支援をしていく上で気づいたことや印象に残った体験の記述を蓄積していった。そしてその記述の中から，子どもたちの世界の"捉え方"や"感じ方"への気づきが生まれた場面や，その逆に，違和感や分からなさが残った場面など，本論文の問題と目的に適う内容を取り上げた。またエピソードそれぞれについて，その内容を象徴的に表すと思われる題名を添えた。そしてエピソードの読み手がその内容を了解できるように，その場にいた人の言葉や行動，声のトーンやしぐさなど，身体で表現された所作を詳述した。

　なお，これまで記述してきたエピソードと同様に，筆者が観察をしているだけでなく，関与もしていることを強調するために，筆者ではなく「私」と記述した。

　最後に＜考察＞として，エピソード後の様子を記した上で，筆者にどのような気づきが得られたのか，またどのような分からなさが残ったのかについて率直に示した。また筆者自身のかかわりを振り返り，その中で反省したことや，手応えが得られたことも合わせて記述した。加えて，対象となる児童・生徒に関連する先生や保護者から口頭または紙面にてフィードバックされたことを提示することとした。それらを提示した上で，事例の中で提示してきたエピソードが，発達障碍のある子どもたちにとって，また筆者を中心にかかわった人たちにとって，どのような意味がある体験になっていったのか，またどのような育ちが子どもたちや私たち自身にあったのかを，これまでの先行研究を参照しながら考察を加えていった。

　ここまで述べてきた「記述のあり方」についてまとめれば，本研究が目指すのは「出来事はかくのごとくであった，という出来事の客観的な流れを示しつつ，そのあいだに，関与主体が間主観的に感じ取ったこと，感じ取れなかったことを交えることによって，その場面がよりアクチュアルに描き出され，読み手にその場の雰囲気や息遣いまで捉えられるようになってくる」（鯨岡，2005）ように，記述していくアプローチだということができよう。これは現在の特別支援教育研究や発達障碍研究にはない観点であり，私たちが体験している現実

の対人関係の詳細をより生き生きと描き出していくことができる方法と考えられる。

　以上から、"間身体性"と"間主観性"をベースにした「関与・観察」という「観察のあり方」、および、観察者自身にその場で感じられた要素と併せつつ、生起した出来事をエピソードとして記述していく「記述のあり方」が、本研究の目的に適う方法となる。第Ⅱ部では、この方法を用いて、筆者がかかわった児童・生徒の事例を提示していくこととする。

第3項　本研究における倫理上の配慮

　調査の実施およびデータの使用に関する倫理上の配慮点として、①インフォームド・コンセント、②プライバシーの保護、③結果のフィードバックの3点に留意した（都筑, 2004）。本研究は学校という場の日常生活の中に深く入り込んだ質的研究であるために、筆者が支援員として実践に携わる中で、学校関係者および保護者の中から研究協力が得られた方々についてのみ事例を取り上げた。

　事例を記述する際には、要点を損なわれないようにしつつ、仮名を用いるなど細部を多少修正し、生徒・保護者・教師、いずれも個人が特定されることがないよう配慮することで、対象校および保護者に了承を得た。

　研究協力が得られた学校関係者および保護者には、「関与・観察」で得られたエピソードを提示し、その結果を確認してもらった。その上で研究資料として使うことの了解を得るとともに、対象児への今後のかかわりに生かせるように心がけた。

第Ⅱ部　事例編

第3章
事例検討

　第Ⅰ部の理論編では，発達障碍のある子どもたち独自の世界の"捉え方"や"感じ方"に沿った新しい発達障碍概念を生み出していくこと，および関係性を重視した特別支援教育のあり方を提言するために，3つの問題を提起した。そして，これらの問題に迫るための方法を検討してきた。

　第Ⅱ部の事例編では，先の3つの問題を考える上で，筆者にとって重要な出会いとなった児童・生徒の事例を提示する（勝浦，2010；2011；2012）[38]。その事例に基づいて，第4章で総合考察を行い，本研究で明らかになった新たな知見を提示した上で，今後の課題について述べる。

　最初の事例では，次の問題を検討する。

> 1)「発達障碍のある子どもたちが生活の中で体験している"捉え方"を，私たちが共有することができれば，どのような対人関係が切り開かれていくのか」

　この問題を考える上で，重要な示唆を与えてくれる1人の男子生徒の事例を提示する。

■ 事例1　相貌性を知覚するアスペルガー症候群生徒の1事例
　　　　　―知覚共有体験から生まれた理解と援助―

第1項　支援員の立場から生まれた問い
　筆者は支援員としてある公立中学校で教育実践に携わり，自閉症やアスペル

---

[38]　提示する3つの事例は，いずれも学会誌等で発表した論考であるが，本書の執筆にあたって改稿した。

ガー症候群など発達障碍と診断された，またはその可能性があると思われる生徒たちにかかわってきた。その生徒の1人に，アスペルガー症候群と診断されていた，中学1年の男子生徒（以下，ケント（仮名）とする）がいた。

ケントと日々の学校生活を過ごしていく中で，あるとき，彼の文字や言葉に対する独特な"捉え方"に気づかされる体験があった。その体験とは，漢字やひらがなをまるで生きているかのように捉えるケントの知覚のありようを発見したことだった。

この体験を通して，文字や言葉などの形を生きているかのように感受している，ケントの"捉え方"をどのように理解すればよいのかという問いが，筆者に立ち上がってきた。

(1) 形に対する知覚様式とは

文字・言葉などの形を生きているかのように捉える知覚様式として一般に知られているのは，Werner (1948) の相貌的知覚である。Werner は幼児のいかにも子どもらしい言語表現の中に，事物が相貌をまとっているかのような擬人的な表現が混じっていることに注目し，それが自分と世界の癒合的関係の中で立ち現れてきた，世界の表情性を直接に捉えたものであることを指摘した。

ただしこの相貌的知覚は，幼児特有の知覚の様態あるいは幼児らしい解釈の仕方ではない。鯨岡 (1997) は2つの幾何学図形を提示することを通して，大人であったとしても，生きた身体に立ち返り，言葉で意味づけする手前において，世界の表情性が素朴に捉えられることを示唆している。

では，発達障碍のある人たちの場合，形に対する相貌的知覚をどのように体験しているのであろうか。小林 (2004) は青年期に達した，ある女性の自閉症者の臨床を通して，文字や言葉に対する独特な知覚様式を示している。この自閉症の女性は「九州電力」の文字をとても気に入り，「九」君と「州」君の2人の空想上の人物を作り上げた。そして「九州」の漢字の太さや形態によって，「九」君と「州」君は，「笑っている」「泣いている」「怒っている」など様々な表情を見せているように世界を捉えていた。発達障碍者にとって，環境世界は容易に相貌化を呈しやすいことを，小林は示唆している。

このような知覚様式は，当事者の自伝からも読み取ることができる。例えば，

事例1　相貌性を知覚するアスペルガー症候群生徒の1事例　　149

アスペルガー症候群の当事者であるニキ・藤家（2004）は対談の中で「モノが人っぽく見えるというのもあるかもしれません。無機物的なモノに表情の豊かさとかを感じることがあるんです」と述べ，水道の取っ手が笑っているように見えることを具体例として紹介している。

　また自閉症者である森口（2004）によれば，色が塗られたコンクリートの壁に丸や三角の穴が空いている公園の遊具を見たとき，彼女はそれらの図形と「対話」していたという。青色の三角形を「彼」と呼び，丸とか四角の穴はとてもおとなしいのに，三角形だけはいつも逆様で，まるでいつも踊っているように見えていたようだ。

　両者の著書には，このような知覚様式の具体例が他にも数多く記述されている。また他の当事者の自伝や叙述からも，形に対して独特な知覚様式を抱いており，その形の印象に基づいた表情や動きを捉えていることがうかがい知れる（Williams, 1998；リチャード，2008）。

　ここまでの議論から，現在の小・中学校の教育現場において，発達障碍と思われる児童生徒の中にも，文字や言葉や形の表情や動き，すなわち「相貌性」を強く知覚しながら，学校生活を営んでいる子どもたちのいることが示唆される。筆者が担当したケントもその中の1人であったと考えられる。

(2)　「相貌性」を知覚しながら学校で過ごすこと
　では，発達障碍のある児童生徒たちの言葉や文字，形に対する独特な相貌的知覚を，私たちはどのように理解したらよいのだろうか。また「相貌性」を知覚しながら，学校生活を送るということは，彼らの生活や学習をどのように豊かにし，またどのような生きづらさを生じさせるのであろうか。

　筆者は支援員という立場で，ケントという中学生の「相貌性」が立ち現れる場面を目の当たりにする中で，この問いについて検討してきた。筆者のみならず，学校関係者もケントの独特な世界に注目を向けていたことは言うまでもない。しかし学級担任等の場合，30人前後いる1クラス全体を対象に指導にあたるため，一人一人に細かく対応することには限界があり，ケントだけにかかわっているわけにはいかなかった。

　一方，支援員は教師の補助的な立場として，支援が必要な子どもに丁寧にか

かわっていくことがまず求められる。それはすなわち，その子に寄り添い，事象を把握しようとする立場といえる（堀口，2010）。そして対象生徒とかかわる中で生まれた理解を，学校関係者に伝えていくことによって，支援を充実したものにしていくことが求められている。

　以下では，支援員であった筆者の立場からケントに寄り添う中で，ケントが言葉や文字，形に独特な「相貌性」を知覚していると思われる場面を取り上げる。そして，①ケントの知覚していた「相貌性」とはどのようなものなのか，②「相貌性」を知覚するゆえに生じる問題とは何か，③相貌的な世界を生きる生徒に対して，支援員はどのような援助が可能なのか，という3つの問いに対して，事例に基づいて考察を行っていく。

（3）方　法
a）　対象校と対象生徒
　対象校はA市内にある公立中学校で，調査期間は×年6月から×＋1年3月までである。対象生徒は通常学級に在籍する男子生徒ケントで，中学1年時の事例である。医師からアスペルガー症候群と診断され，強迫的な傾向があり，こだわりが強かったため，学校全体での支援を必要とする子どもであることが校内で確認されていた。

b）　筆者の役割
　筆者は対象校で毎週木・金曜日に，ケントの支援に携わり，国語（木曜2限，金曜4限）や英語（木曜1限），数学（金曜3限），体育（木曜4限），総合学習の時間（金曜5・6限），または休憩時間等にケントの学習や生活上の援助を行っていた。具体的には，教師の指示を詳しく伝えたり，環境を整備したり，周囲の生徒たちとの関係作りに取り組んでいた。ただしケントのその日の調子や様子に応じて，授業時間や放課後等に学習室で個別に対応することもあった。

c）　エピソードの抽出手順
　以下で取り上げるエピソードは，次のような手順で抽出した。
　まず，学校生活の中で，ケントの理解を深め，支援していく上で印象に残っ

事例1　相貌性を知覚するアスペルガー症候群生徒の1事例　151

た事象をエピソードとして残し，期間内に104個のエピソードを記述した。
　次に記述したエピソードの中から，ケントの相貌的知覚と関連すると思われるエピソードを全部で14個抽出した。この中から，ケントに独特の相貌的知覚が顕著に表われた場面（エピソード1，2，5），およびケントへの理解を深めていく上で必要と考えられた場面（エピソード3，4）の5つのエピソードに限定し，考察した。

第2項　事例検討

　ケントの知覚していた「相貌性」に関連するエピソード5つを時系列に沿って提示する。最初に提示するのは，言葉が生きているような知覚をケントが体験していたことに気付くきっかけとなったエピソードである。

エピソード1　ごちそうさまが歪む（10月12日）
【背景】　他の曜日にケントの支援にあたっていた先生から，昼食時間が長くなるとの報告があった。その先生がケントに聞いたところによれば，教室では「ごちそうさま」がうまく言えないと訴えているとのことだった。そこでしばらく，学習室の落ち着いた静かな環境で昼食を食べるようにしていた。
　その日，筆者はケントと一緒に四角い机に座った。筆者と雑談をすることもあったが，ケントは概ね静かに昼食を取っていた。昼食が終わり，お弁当を片づけた後，ケントは改まった様子で椅子に座り直し，お弁当の方に向かって姿勢を正した。そして，大きく深呼吸をして，手を合わせた。

　「ご・ち・そ・う・さ・ま・で・し・た」とケントはゆっくり言って頭を軽く下げた後に，その体勢のまま，一言も声を発するわけではないが，口を大きく動かして，何事かを喋る仕草を見せた。その後，目を閉じると，一定のリズムで頭を前後に何度も動かし始めた。
　私は何が起こっているのか分からないまま，その様子を見守っていたところ，ケントは突然目を見開いた。そして，肩を落として手をぶらりと下げると「はあ」とがっかりした様子でため息をついた。しかしすぐに「ダメだ。もう1回」と言って椅子に座り直し姿勢を正すと，もう1度手を合

わせた。
　私は思わず「どうしたの。大丈夫」と心配になって声をかけた。するとケントは「うん。大丈夫だから。今は話かけないで」とこちらの方を真っすぐに見つめながら，やや早口で答えた。「うん。分かった」と私は答え，しばらくその様子を見守った。
　その後ケントは10分近くにわたって同じ動作を繰り返した。「ごちそうさまでした」と言う言葉のスピードを速くしたり，ゆっくりにしたり，また頭を前後に揺らす動作を激しくしたり，ゆっくりしたりと変化をつけていた。
　しかしケントはその動作を途中で止め，何度も首を傾げて，納得できないでいる様子だった。そしてついに姿勢を崩し，うつむき加減になって私を見ると，「うまくいかないよう」と消え入るような声で泣きそうになりながら言った。
　「どうして，うまくいかないの」と尋ねてみると，「頭の中の文字が歪んでしまうんだ」とケントは答えた。「どういうことかな」と私はもう一度尋ねてみると，「『ごちそうさま』がちゃんと頭の中に浮かんでこないんだよ」とまた悲しそうな声でケントは言った。「そうか。難しいんだね……。でもどうして文字が歪んじゃうの」と私は尋ねてみると，「言葉がうまく言えないんだ」とケントはつぶやくように答えた。

【考察】　この後，6時間目が終わる直前の3時前になって，ケントはようやく「ごちそうさま」に納得できたようで，残りの時間を教室に戻り過ごした。
　1学期のあいだは「ごちそうさま」と言うのに困った様子を見せたことはなく，またコーディネーターの先生の話によれば，小学校の時にもなかったそうである。ただ家庭で「ごちそうさま」を言うのに時間がかかることを保護者から相談を受けたことはあったとのことだった。
　保護者がケントに，学校では「ごちそうさま」に時間がかからないのか尋ねたところ，「学校では周りに人がいるからしない」と答えたそうだが，この時期のケントは「ごちそうさま」と言うのに時間がかかってしまう状況だった。
　筆者はケントが「ごちそうさま」という様子をずっと見守っていたが，声に

した言葉を頭に思い浮かべ，そしてその文字が「歪む」という体験は，頭では理解できるものの，なかなか実感しにくいことであった。

　またケント自身がもともと抱いていた「ごちそうさま」のイメージに近づかない限り納得できず，次の作業に切り替えることができずにいたことから，こだわり行動という側面もあったかもしれない。

　しかしケントは毎回背筋を伸ばし，声のスピードや頭の振りを変化させ，身体の動きを伴いながら，その文字の歪を修正しようとしていた。言葉が動いているように感じているのだろうか，私たちとは違った言葉への感性を持っているのだろうか，そのような気付きが筆者に生まれたエピソードであった。

　次に「目に見える形」で「相貌性」が現れてきたエピソードを提示する。

エピソード2　シンニョウカーの選択（11月16日）

【背景】　学習室で数学の個別の課題に取り組んだ後，休憩時間でのエピソードである。筆者はケントの横に座って，その時間の報告書を書いていた。ケントは学習用具を片づけ終わり，筆者を待っている様子だった。

　ケントは突然「先生に話したいことがあるんだよ」と話し始めた。私はやや驚きながら「どうしたの」と聞いてみると「新しいお話を作ったんだ。なぞなぞがあるから解いてみて」と私に話を切り出した。「おう。まかせといて」と私は答えると，ケントは笑顔で話し出した。

　「"シンニョウ"は走るということを表している車です。シンニョウカーがレースに参加していたところ，邪魔する漢字がたくさんありました。目の前には，①：米と②：束が置いてあります。さあ先生はどっちを選ぶ」

　私はあまり理解できないまま「じゃあ，①で」と一先ず答えてみた。するとケントは満面笑顔になって手を叩き「ワーイ，ワーイ」と大喜びをした。私は何がおかしいのか分からず，「えっ，どうして笑っているの」と尋ねると「だってね」と言って，ケントは話を再開した。

　「おーっと，先生は①を選びました。シンニョウカー，①の米と合体します。すると，（声のトーンが上がりながら）ジャンジャンジャンジャン，「迷」という漢字のでき上がり。先生は迷ってしまいました。どうすれば

いいのか分からなくなって，仕方なくなってどこかに飛んでいってしまいました―」と言って，ケントはとても楽しそうに声を出して笑い始めた。私にもようやく話の筋が分かり「あーっ，やられた」と言って，一緒に笑った。「じゃあ，②を選んでいたらどうなっていたの」と私が聞いてみたところ，ケントは待っていましたとばかりに話し始めた。

　「先生が今度は②を選びました。シンニョウカー，②の束と合体します。すると，（声のトーンが上がりながら）ジャンジャンジャンジャン，「速」という漢字のでき上がり。先生はあっという間にゴールインしました」と，話を進めていった。

　私はケントの話に驚きと感動を覚えて，「すごい」と思わず拍手をした。するとケントはうれしそうに体を左右に揺らし，小躍りを始めた。

【考察】　この後，ケントは「迷」や「速」だけではなく，シンニョウカーを用いて，様々な漢字を作り上げていった。筆者は何枚か紙を持っていたので，それに書いてもらった（図―9）。シンニョウが付いている漢字にはそれぞれ「効果」があるそうで，その「効果」を漢字の紙の裏側に書いていった（図― 10）。

　ケントからすれば，"シンニョウ"の横に伸びている部分が車のタイヤのごとく回転しているようで，躍動感ある動きを伴っていたように感じられたのではないか。それはレースコース上の「米」，「束」に合体することで，1つの漢字としての形状を生み出し，その漢字の意味に合致した動きをしていた。

　担任の先生にこのエピソードを話してみたところ，ケントは言葉だけではな

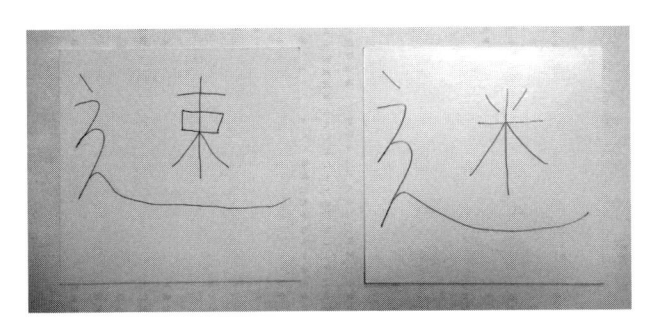

図―9　ケントが書いた「速」・「迷」

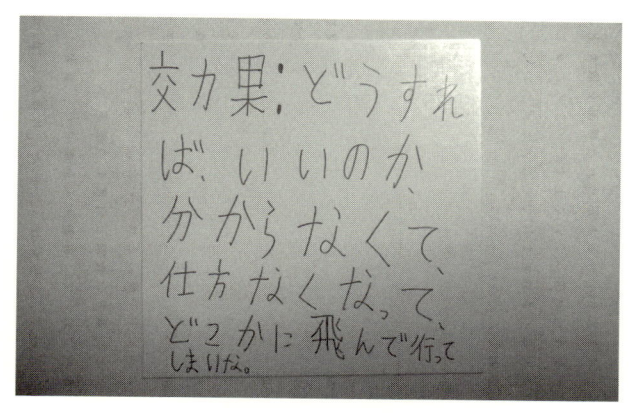

事例1　相貌性を知覚するアスペルガー症候群生徒の1事例　155

図—10　「迷」の効果

く，「物も私たちと同じように生きている存在として捉えているのではないでしょうか」とのことだった。ケントが相貌的な世界を生きているのではないかという気づきが，筆者と担任の先生とのあいだで生まれたエピソードだった。

　今回はケントの話を聞くだけでなく，実際に紙に書いて「目に見える形」として見せてもらったことで，漢字や文字が動き，生きているようなケントの"捉え方"を筆者も実感することができた。

　ケントのシンニョウに対する独特の"捉え方"がなぜ生まれてきたのかについて，学校関係者に聞いてみたが，よく分からないとのことだったが，このときのケントは非常に楽しそうで生き生きとしていた。ケントの知覚していた「相貌性」とその楽しさを共有することができ，ケントへの理解を深める上で重要なエピソードであった。

　次に学習場面の中から，ケントの知覚している「相貌性」を掴むことができたエピソードを提示する。

エピソード3　厳しい暑さを「折」る（12月13日）
【背景】　国語の時間に，手紙に関する学習を行い，プリントを用いて演習を行っていた。クラスの生徒たちは静かに問題に取り組んでいた。

問題の中に挨拶文の季節を答えなさいという設問があり，筆者がケントと一緒にその問題に取り組んだときのエピソードである。

> 私はケントに「じゃあ次の問題ね。今から言う挨拶文が表している季節を答えて下さい」とゆっくりと言った。ケントは「分かった」と答えたので，問題を読み上げた。
> 「『暑さ厳しき折，いかがお過ごしですか。』この文章の季節はいつですか」と尋ねてみた。私が読んでいる間，ケントは活字を目で追っていたが，読み終えると即座に「冬」とはっきりとした口調で答えた。
> 私としては意外な答えだったので，しばらく間を空けて「うーん，冬か。実は，夏なんだけどな」と戸惑いながら答えると，ケントは「えっ。なんで」と私の方を見ながら，目を見開き，驚いた様子で尋ねてきた。
> そこで「どうして冬だと思ったのかな」と聞いてみると，「だって，暑さが厳しいのを折り返したら，冬になるじゃないか」と答え，両手でプリントの両端をつまむと，その紙を半分に折り曲げ始めた。

【考察】 その後「折」という言葉には，折り返すという意味もあるが，その時季を表すときにも使うことを筆者が伝えると，「そうなんだ」とケントは言って，解答欄には夏と書いた。

「折」という言葉になぜ多様な意味があるのか，このエピソードの時点で筆者には語源に関する知識がなかったために，ケントの冬という答えに戸惑いを覚えた。またその理由を聞くと一理あり，日頃何気なく使っている言葉に対する理解が曖昧であったことに気付かされた。

ケントは「折」に抱いていた「相貌性」を，実際に紙を折り曲げることで筆者に示した。「折」という文字自体に動きがあるものではなかったが，紙を折り返すと裏返ってしまうように，夏を裏返すとその反対になって冬になると考えたところが面白く感じられた。エピソード2で示したシンニョウカーの場合と考え合わせてみると，「相貌性」を捉えながら，その意味に準ずる動きを文字や漢字に伴わせているようであった。

そういったケントの「相貌性」に根差した言葉の意味理解を大事にしたい一

方で，学習場面や文脈における答えとしては認めるわけにはいかず，そこに一般社会で用いられている意味とのずれが生まれてしまうことがありうるように思われた。すなわち「相貌性」を知覚するがゆえに，言葉の意味理解においてずれが生まれるという課題があり，それに対して私たちはどのように対応していけばよいのか，という問いが筆者に新たに生まれてきたのだった。

この課題に限らず，同級生とのかかわりの中で「相貌性」が現れたエピソードからも問いが生まれてきた。

エピソード 4 「ひらがな」にやられた（1月25日）
【背景】 百人一首大会が開かれた。1班6人前後で，ケントの班は女子が5名，男子はケント1人であった。

ケントは大会を楽しみにしており，一首詠まれる度にカルタを一生懸命探し，何度か手を伸ばして取ろうとしたが，同じ班のメンバーが見つけるのが早く，それまで1枚も取ることができずにいた。

筆者がケントの横に座り，その様子を見守っていた中で，ある句が詠まれたときのエピソードである。

> ケントは周りの人の邪魔になる感じでさえあったが，前のめりになって，必死に詠まれたカルタを探していた。しかしケントの全く気づかないところにカルタがあり，またしても班の生徒に取られてしまった。
> 　私は励ますつもりで「ケント，次は取れるように頑張ろうね」と声をかけた。するとケントは私の方を振り向いて，笑顔を見せ「ここは強者ぞろいだよ」と明るく大きな声で言った。
> 　「そうだね。みんなよく勉強しているわ」と私は答えると，「さっきからひらがなにやられてばかりだ」とケントは答えた。すると横にいた女子生徒がこちらをちらりと見て，笑みを浮かべていた。

【考察】 この後もカルタ取りが続き，最終的にケントは3枚取ることができた。初めて取れたときは「ワーイ，ワーイ」と小躍りをして，「やっと僕のものに

なったよ」と語った。その姿を担任の先生に写真に撮ってもらい，機嫌良くカルタ取りを終えた。

　この場面で「ひらがなにやられてばかりいる」というケントの発言は興味深かった。筆者からすれば，ひらがなにやられているわけではなく，周りの女子生徒たちとのカルタ取り争いでやられている。そのため「ここは強者ぞろいだよ」というケントの発言は，この班の女子生徒に向けられたものだと思っていた。

　しかしケントからすれば，人ではなく，ひらがなにやられている感じを抱いていたようなのである。ケントの発言からでは，ひらがなをどのように知覚していたのか分からないところも残るが，これまでかかわってきた経緯から，相貌的な世界を生きているがゆえに，ひらがなにやられているかのように，ケントは捉えているのではないかと，筆者には思われた。

　しかし横にいた女子生徒からすれば，ケントが「相貌性」を知覚していることを知っていたわけではなく，その擬人的な表現の不思議さやケントと筆者との会話がかみ合っていなかったことに，思わず笑ってしまったようであった。

　このようにケントの「相貌性」に根差した発言は周囲の生徒にとっても，コミュニケーションにおけるずれを感じさせるようだ。こうして，ケントにとって，また筆者にとっても興味深い相貌的な世界を周囲にどのように伝えていけばよいのかという問いも，エピソード3の問いと合わせて，生まれてきたのだった。

　最後に漢字やひらがなだけでなく，アルファベットにも「相貌性」を知覚していた場面を提示する。

エピソード5　アルファベットの「相貌性」（3月6日）

【背景】　英語の授業前の休憩時間に，筆者はケントの教室に入り，彼の席に向かった。次の時間の授業準備に取り掛かろうとしたのだが，ケントは机に座り，紙に向かって一生懸命何かを書いていた。何を書いているのかと思い，筆者はケントに声をかけてみた。

「何を書いているの」と声をかけてみると，ケントは書いていた紙を私に手渡してくれた。見てみると，何かの模様を描いた図形を5つ描いていた（図—11）。

　「これは何」と再び聞いてみると，「アルファベットだよ」とケントは答え始めた。「初めはマグマのM，次にティラノサウルスのモモカ，そしてマネーのM。小判を表しているんだ。そしてアノマロカリスのA。これは2匹のエビね。そしてコックローチのCだ」と次から次へとゆっくりとした口調で説明をしていった。「コックローチって何」と私が聞いてみると，「ゴキブリだよ」と言って，笑顔になった。私にも徐々にそれぞれの模様がアルファベットを表しているように見えてきた。

　「へえ，すごいなあ。こんな風に見えていたんだね」と言うと，ケントは「うん」と大きく頷いた。そこへケントと私の話を聞いていたのだろうか，後ろに座っていた男子生徒が「このMはマウンテンちゃうか」と私が持っていた紙の一番上にあるMを指さし，語尾を上げながら聞いてきた。

　すると「いや，マグマだ。ここ爆発しているんだよ。」とケントは言って，Mの頂上付近を指さした。しかしすぐに「あっ，でもそうだね」と言って間を空けると，「マウンテンにもなる」とその男子生徒の顔を見ながら，答えた。

【考察】　その後もケントはアルファベットを次々と描いていった（図—12）。それぞれの単語の頭文字が，その単語の意味を表す形へと変形し，模様になっていった。中学校に入ってから英語を学習し始めたのだが，そのアルファベットさえも相貌的に知覚していることに驚きを覚えた。

　ケントはなぜこのようにアルファベットを知覚するようになったのだろうか。アルファベットを書いている際に，どうしてこういう風に見えるのか聞いてみると，ケントは「なんとなく」と答えた。明確な理由があるわけではなく，相貌的にそう見えてしまうようであった。

　エピソード4において，同級生に「相貌性」をどのように伝えればよいのかという問いが筆者に生まれていたが，男子生徒との会話を通して，十分に他の

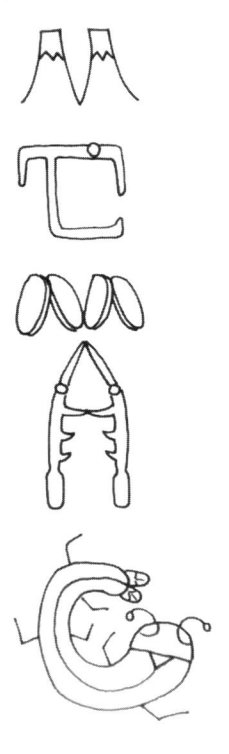

図―11　M，T，M，A，Cの図形模様

生徒とも共有できる知覚体験であり，そこから話を発展させていくことも可能であることがこのエピソードから示唆された。

　つまり，筆者が支援員として，ケントと周囲の生徒との関係づくりをする際に，むしろ「相貌性」を活かして，周囲に理解してもらう方法もあるのではないか，という気づきが生まれたエピソードであった。

第3項　事例1のまとめ

　エピソード1や2をきっかけに，筆者がケントの知覚している「相貌性」に着目し，その観点からケントがどのような学校生活を送っていたのかについて，時系列に沿って述べてきた。

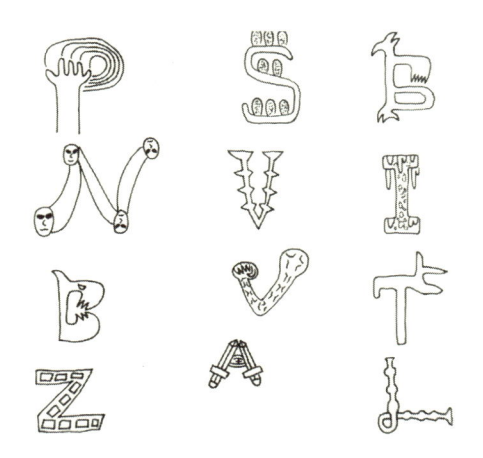

図—12　アルファベットの図形模様[39]

　本事例から，①ケントの知覚していた「相貌性」とはどのようなものなのか，②「相貌性」を知覚するゆえに生じる，ケントと周囲の生徒や教師との「すれ違い」とは何か，③相貌的な世界を生きる生徒に対して，支援員はどのような援助が可能なのか，という3点について考察する。

(1) ケントが知覚していた「相貌性」とは
　エピソードを通して筆者に掴むことができた，ケントの知覚している「相貌性」には2つの独自性があった。
　第1にエピソード1，2，5，また4においても可能性があると思われるが，ひらがなや漢字，アルファベットの文字自体が動きや表情を持って捉えられる知覚様式を体験していた点である。
　なぜ形に動きや表情を感じる「相貌性」をケントが知覚していたのかについては，本人自身も明確な理由があるわけではないようで，そう見えてしまった

---

[39] それぞれの単語の絵の意味をケントに聞いてみた。右側一番上の文字はBでbird，右側2番目の文字はIでice，また真ん中上から3番目の文字はVでviolenceを表していた。また右側の一番下の文字はLでラッパであるという。ところが，ラッパは英語ではtrumpetやhornであるため，厳密に言えば間違っている。しかし正誤が大事なのではなく，文字の相貌性を楽しんでいることを大事にしたい。

というのがケントの実感に近い。

　第2にケントの「相貌性」は，形のみに限定されるわけではなかった。エピソード2や5で見たように漢字やアルファベットの意味理解が，文字の表情に表れていた。またエピソード3や4においては，文脈の中での語の理解やカルタ取りをするという状況から，ケントの「相貌性」に根差した動作や発言が見られた。すなわち，形のみならず，言葉の意味理解や文脈といった面からも，ケントは相貌的世界を感受していたことがうかがえた。

（2）「相貌性」を知覚するゆえに生じる「すれ違い」
　ケントが形に対して相貌的な世界を生きていることは筆者の興味を引き，またエピソード2や5で見たようにケントも自身の「相貌性」を楽しんでいるようであった。
　その一方で，学校生活を送っていく中では，「相貌性」を知覚するがゆえに，ケントと周囲の生徒や筆者のような支援員，または教師とのコミュニケーションに「すれ違い」が生まれることがある。
　エピソード1では「ごちそうさま」の「相貌性」にケント自身とても困った様子であったが，その時点では筆者に実感しにくいものであったため，どのように援助すればよいのか分からないでいた。
　またエピソード3のように，ケントの「相貌性」に基づいた意味理解と一般的な意味との違いにずれが生まれる可能性や，エピソード4のように，言葉の用法やコミュニケーションに違和感が生じて，周囲の人々がケントの言葉をどのように理解すればよいのかと，戸惑ってしまう可能性も示唆された。
　すなわち「相貌性」を知覚する生徒と周囲の人々との「すれ違い」は学校生活を送っている中でも十分に起こることであり，彼らのコミュニケーションにおける課題となりうる。この「すれ違い」という問題に対して，私たちはどのように対応していけばよいのだろうか。
　コミュニケーションにおける「すれ違い」については，先行研究においても，言葉の援助（中川，2009）や語用論（大井，2007）の観点から，自閉症やアスペルガー症候群の児童生徒への有効な理解の枠組みや支援の手立てが検討されてきた。ただし，言葉で意味づけられる手前にある「相貌性」という観点から

は，その援助方法を十分に取り上げられてきたわけではない。
　では，「相貌性」を知覚する生徒と，その周囲の生徒や教師また支援員とのコミュニケーションに生じる「すれ違い」に対して，支援員の立場からどのような援助が可能なのだろうか。

(3)　本事例で有効であった支援員の援助とは
　本事例で挙げた5つのエピソードから，支援員という筆者の立場から有効であったケントへの援助について，3つの観点から考察する。

a) 「相貌性」を「目に見える形」にすること
　エピソード1において，筆者に反省として残るのは，ケントに「ごちそうさま」と実際に紙に書いてもらう援助ができなかったことである。対照的に，エピソード2において，シンニョウカーを実際に書いてもらうと，筆者にも具体的なイメージを喚起しやすくなり，ケントが体験している知覚世界を実感しやすくなった。
　よって，「相貌性」を捉えている生徒に紙を渡して，具体的にどのような知覚様式を体験しているのかを書いてもらい，「目に見える形」にすることは，有効な援助の1つであるといえる。

b) 「相貌性」を共に知覚する支援員の必要性
　浜田（2010）は，自閉症圏の子どもたちの言葉は他者との対話的な関係が成り立っていない中で成立することを指摘している。ケントの知覚している「相貌性」は擬人的であり，文字や形に表情や動きのある世界だったが，その知覚世界を共有し，受け止めてくる実際の他者は存在していなかった。よって，周囲の人とのコミュニケーションに「すれ違い」が生まれやすくなってしまう面があるのかもしれない。
　本事例でも，エピソード1では筆者は「ごちそうさま」という言葉にどのような歪みがあるのか掴みきれず，ケントと筆者の間に「すれ違い」が生じていた。エピソード3，4においても，筆者や同じ班の女子生徒との間に意味理解およびコミュニケーションにおける「すれ違い」が生じていた。

この「すれ違い」に対応していく上で，エピソード2のようにシンニョウカーを絵にしてもらったことで，ケント自身も楽しんでいた相貌的な世界をケントと共有した経験は，筆者にとって非常に重要であった。というのも，ケントの知覚している世界が独特であることを知り，ケントに対する理解の深まりを覚えたからである。

ケントもエピソード2以降，次々と自身の感じていた相貌的な世界を紙に書いたり，動作に示したりして，筆者に語るようになり，「相貌性」を共に知覚してくれる他者の存在が，ケントにとっても必要であったことがうかがえた。

この観点からエピソード3を振り返れば，ケントが独特の「相貌性」を知覚するがゆえに，一般的な言葉の意味理解において私たちとずれが生じる場面であっても，正誤ですぐに判断することを留保し，まずケントの相貌的世界を追体験し，支援員が彼の理解に努めることが肝心だと言える。つまり，ケントが抱いていた「相貌性」を受け止め，身体を通してそれを理解していくことが，彼にとって大事な援助につながっていったように思われる。

以上から，「相貌性」を知覚する生徒にとって，その世界を共有できる存在に支援員がなること，すなわち「知覚共有体験」が重要な援助となった。

c）　支援員が「つなぎ役」になること

エピソード5では，ケントの相貌的な世界は周囲の生徒にも理解されやすい面があり，会話も展開しやすく，コミュニケーションをとる契機となりうることが示唆された。このことから，エピソード4のように周囲の生徒との「すれ違い」が起こる場面でも，支援員が「つなぎ役」（Glenys, 2002）となって，支援を必要とする子どもたちが知覚している「相貌性」を周囲の生徒に伝えていくことは，相互理解を深め，両者が生き生きとした学校生活を送る手助けになるのではないだろうか。

以上の考察から，①ケントの「相貌性」を「目に見える形」にすること，②支援員とケントのあいだに相貌的な世界についての「知覚共有体験」が生み出すこと，③支援員が「つなぎ役」となること，以上の3点が，ケントにとって必要な援助になった事例であったといえる。とりわけ，支援に携わる人が寄り添っていく中で生まれてきた「知覚共有体験」は，対象生徒についてより深い

理解を生み出し，彼らの援助につながっていくと考えられる。

　発達障碍のある子どもたちの世界の"捉え方"の１つの特徴である「相貌的知覚」をケントの事例から検討し，その"捉え方"ゆえに生まれた対人関係を描き出してきた。ケントとかかわる中で，文字などの形が相貌化する"捉え方"を彼がしていることをどうにか掴みとることができた。こういった体験をすることがなければ，文字が動いてしまう感覚は呼び起こされることはなかっただろう。その意味で筆者自身の感性を改めて問い直すことにつながった。
　一方でその"捉え方"による数々の「すれ違い」も起こった。生活場面や学習場面，また対人場面など，学校生活の様々な場面でケントを理解していくことは一筋縄では行かないことだった。またエピソード１で見たように，ケントも自身の"捉え方"のために，生きにくさを感じる面もあったようである。
　こういった発達障碍のある子どもたちの"捉え方"に着目し，彼らとのかかわりを試みたのが Asperger であったと考えられる。Asperger は，独創的な言語形式で表現する彼ら独特の世界に，かかわり手自らが飛び込んでいこうとするかかわりを行っていた。このケントの事例においても，文字や形に動きのある世界を見ていたケント独特の"捉え方"があり，筆者もそれに想像を巡らせながら，ある程度迫っていけたという手応えは感じる。
　しかし，Asperger は「自閉」の世界にあまりに深く入り込んでしまうために，彼らの独自性を強調しすぎる傾向がある。彼ら独特の"捉え方"を活かしていけば，十分に社会に適応できるとも主張するのだが，その前に，彼らが経験している周囲の人との「すれ違い」や生きにくさを，まずしっかり主題化する必要はなかっただろうか。ケントの事例から示唆されるように，周囲の子どもたちとの間の「すれ違い」や，そこから生じる生きにくさに対して，支援者がちょっとした工夫をすることで，「自閉」の世界は Asperger が想定したほど近づきにくいものでもなくなるように思う。少なくとも Asperger は，現在の特別支援教育の中で，発達障碍のある子が周囲の子どもたちとどのようにかかわっているか，そこで生じる問題にどう向き合っていくのかについては，必ずしも十分な方向性を示していない。
　一方で個体能力発達を促すかかわりを目指せば，エピソード３の厳しい暑さ

を「折」ることや，エピソード4のひらがなにやられるといった，ケントのありのままの体験世界を崩す必要が生まれ，定型発達の枠組みにおいて正しいとされる行動へとケントを巻き込んでいくことになろう。しかしそれはケントが体験し，そして楽しんでいる"捉え方"を壊してしまうことにつながってしまう。

　また，この「相貌的知覚」を障碍特性として考える見方からすれば，この知覚様式に「配慮」することが求められる，ということになろう。筆者が上で示した3つの援助の方向性もそのような文脈の中で理解されるかもしれないと危惧するが，むしろ筆者はケントと周囲の人々が「知覚共有体験」をすることで両者の枠組みが自然と変化・発展し，そこに新たな関係性が生まれてくることを重視したい。言い換えれば，筆者の示した方向性は，ケントの単なる知覚様式というよりは彼の体験そのものを理解し合うことを目指しているのであり，体験そのものが分かち合えることによって生まれる積極的な意味合いにこそ支援の可能性を見ようとしたものである。それは，ケントと支援者を切り離しておいて，ケント独特の知覚様式に対して支援者の側が一方的に「配慮」しようとすることとは，実はかなり異質な方向性であると考える。

　一つ注意されたいのは，ケントの"捉え方"に「障碍」があるわけではないということである。確かに一般的な見方からすれば「異質」なのだろうが，しかし彼に寄り添っていく中で，それが私たちにも十分分かりうる"捉え方"であることが明らかになってきた。それは，彼独特の感受性であって，そこに「障碍」があるとはいえない。むしろ困難を伴ったのは，その"捉え方"をケントとその周囲の人たちとが共有していくことである。そこに発達障碍の本態があるのではなかろうか。またその世界の"捉え方"をいかに共有していくのかが，支援の大きな柱になると考えられる。

■ 事例2　共にあろうとする気持ちを育んだ情動調律
―特別支援学級に在籍する自閉症をもつ生徒の事例から―

　次に，第1章で提示した2つ目の問題を検討する。

> 2）「発達障碍のある子どもたちが生活の中で体験している"感じ方"を，私たちが共有することができれば，どのような対人関係が切り開かれていくのか」

この問題を考える上で，貴重な出会いとなったある1人の男子生徒の事例を提示する。

第1項　情動調律が持つ意味とは
(1)　情動調律とは

ある中学校の特別支援学級において，知的障碍を伴う自閉症を持つ男子生徒（以下，サトシ（仮名）とする）に筆者がボランティアとして関与し，その中で観察された担任や同級生による情動調律（Stern, 1985）が，サトシや私たちにとってどのような意味を持つ経験になったのかを考察した。

情動調律とは，Sternが提唱した母子間に見られるかかわりで，言葉がまだ十分に話せない乳児と気持ちを交流させていく上で重要な方策であると考えられている。具体的には次のエピソードが挙げられる（Stern, 1985）。

> 生後10ヶ月になる女の子が，ジグソーパズルの1枚をやっとはめ込むことができた。彼女は母親の方を見て，頭を振り上げ，腕をバタバタさせ，喜びのあまり興奮して，今にも体を投げ出しそう。母親はそれに対し，"YES，いい子ね"という。この時，"YES"の方を特に強調する。飛び上がりそうなその子のしぐさや姿勢と呼応して，突然飛び上がる感じで。（Stern, 1989 邦訳より）

このエピソードで母親は，内面に湧き起こる喜びや興奮といった正の情動に伴う乳児の身体表現を受け止め，その情動に共感し，より高めようとする抑揚をつけた言葉かけをしている。そうすることで，子どもと「一緒に」いようとしていたのである。このように子どもとかかわる人が「(子どもの)内的状態の行動による表現型をそのまま模倣することなしに，共有された情動状態がどの

ような性質のものか表現する行動をとる」(Stern, 1985) ことが情動調律である。

このような正の情動をより強めようとするかかわりがある一方で，子どもがいらいらしたり悲しんだりといった，負の情動を抱えているときには，その情動を和らげようとする情動調律があることを鯨岡（2010）は示唆する。具体的には次のエピソードが挙げられる（大倉，2011）。

> わが家の息子Hがどうにも泣き止まないとき，僕の妻がしばしば「はい，はい，はい……」といって，ぽんぽんと背中をパッティングしながら，はじめの方は強く，それからだんだん優しく穏やかな調子に変えていくことがある。あたかも泣き叫ぶ子どもの興奮状態に一旦合わせておいて，それからあえて穏やかなトーンに変化させることで，子どもの興奮状態を静めていこうとしているかのようである。

このエピソードのように，子どもの負の情動に一旦合わせつつも，その情動とは逆の情感を大人が醸し出し，それが子どもに浸透し，負の情動が沈静化していくのを待つことが負の情動調律であり，子どもの情動を調整することを目指したかかわりである。

つまり，子どもにかかわる人が自らの情動を子どもに合わせて，情動の共有のみならず，調整することも目指したかかわりが情動調律であるといえよう。この情動調律によるかかわりは，自閉症を持つ子どもの教育支援にこれまで活かされてきたのであろうか。

情動調律を検討した事例研究は数少ないが，乳幼児の自閉症をもつ子どもに対する治療やセラピーの実践が報告されている。例えば，4歳男児に対して情動調律による治療的かかわりを続ける中で，悲しみの情動体験を徐々に落ち着きや喜びへと変化させていく事例（森，1996）や，2歳女児への情動調律によるセラピーを通して，回避行動による興奮レベルの制御だけでなく，接近を維持したまま情動表現を行うことで，自分の興奮のレベルの制御を可能にした事例が挙げられる（松居・古塚，1999）。このように情動調律による治療やセラピーによって状態像に改善が見られたことから，自閉症を持つ子どもたちへの

対応として情動調律は有効であったことがうかがえる。

しかしながら，学校生活を営む思春期の自閉症を持つ子どもに対して，情動調律を活かしたかかわりを取り上げた事例は，これまで検討されていない。たしかに情動調律は乳幼児期に顕著なかかわりであるとは考えられるのだが，事例で取り上げるサトシのように，言葉では言い表しがたい苛立ちがあり，興奮しやすい状態にある思春期の自閉症を持つ子どもへのかかわりにも活かすことができるのではないだろうか。

自閉症を持つ子どもたちの中には，苛立ちや興奮のしやすさが思春期に激化する子どものいることはこれまでにも指摘されており（黒川，1998），特に中学生において，感情的な起伏が激しくなるとされる（中塚，1998）。思春期の時期にあるサトシにも，これまでの臨床像に当てはまる症状が見られ，学校生活を共にしていた筆者には，サトシの苛立ちや興奮のしやすさにどう寄り添っていけばよいのか，という悩みがあった。この悩みを乗り越えていくためにも，情動の共有や調整を図る情動調律によるかかわりに着目する意義があると思われた。

そこで，学校の日常生活において，思春期にある自閉症のサトシと，サトシの担任やクラスメイトとのかかわりの中から，情動調律を考える契機となったエピソードを取り上げた。そして，それぞれのエピソードでのかかわりを通して，①サトシに対する私たちの理解がどのように深まったのか，②情動調律によるかかわりがサトシや私たちにとってどのような意味のある経験であったのか，について考察した。

(2) 方　　法
a) 対象校と対象生徒

対象校はB市内にある公立中学校である。また，対象生徒は特別支援学級に在籍する男子生徒サトシで，中学2年時の事例である。

生育歴について母親に尋ねたところ，3歳時に軽中度の知的障害を伴う自閉症と診断を受け，進級課題では特別支援学級の適性が出たため，地域の学校に通学した。幼少期にもパニックを起こすことがあり，命令口調の「しなさい」や「だめ」という言葉は，サトシの苛立ちや怒りを引き起こすきっかけになる

ことがよくあったという。また小学校時にも興奮が抑えきれず,自傷行為をしてしまうことがあったそうだ。

　筆者がサトシに初めて出会った中学1年生の6月の時点においても,苛立った様子や興奮して大きな声を出してしまう姿を学校生活の中でよく目にしていた。またその状態は中学1年時の後半から2年時の1学期に特に顕著に見られたため,サトシへのかかわりについて担任とも相談していた。

　サトシの担任は50歳代男性の山口先生(仮名)で入学当初よりサトシを担当していた。サトシの兄と姉を部活動で指導したことがあり,保護者の信頼も厚かった。

b)　筆者の役割

　当時大学院生であった筆者は,B市で学校ボランティアの登録を行ったところ,対象校から連絡があり,毎週水・木曜日に,特別支援学級での支援を担うようになった。体育等の実技科目や総合的学習の時間での補助が中心で,休憩時間には子どもたちの話し相手や遊び相手になっていた。学校ボランティアを行う日は朝の打ち合わせに参加し,分担を確認した上で,生徒の下校時間まで1日学校で過ごすようにした。また筆者がサトシとかかわる中で得られた気付きを教師や保護者に伝えることで,日常的に意見交換をするようにしていた。

c)　エピソードの抽出手順

　観察期間はY年4月からY+1年3月まで,期間内では52日間観察を行った結果,130個のエピソードを記録した。記録したエピソードの中から,筆者がボランティアとして経験した,サトシに苛立ちや興奮,またその気持ちを調整しようとする姿が見られたエピソードを62個抽出した。本論文では,これらの中から,情動調律に注目するきっかけとなったエピソード5個を時系列に沿って提示し,考察を加えた。

第2項　事例検討

　最初のエピソードで提示するのは,1学期を通して日常的になされていた「タイムアウト」(Williams, 1995)によるかかわりであり,その問題点を述べる。

エピソード1　1人で落ち着こうとするサトシ（5月29日：検診中）

【背景】　この日は内科検診があり，検診を終了した生徒は保健室から教室に戻ってきていた。筆者は教室で待機し，戻ってきた生徒数名と雑談していると「なんでなんですか」とサトシの叫ぶ声が廊下から聞こえてきた。教室にいた子どもたちがドアの方に目を向けると，サトシは目に一杯の涙を溜め，山口先生の服を掴んだ状態で教室に戻ってきた。

> 「なんでなんですか」と，サトシはもう一度大きな声で言った。山口先生はやや苦笑いしながら「サトシくん，席に座りなさい」とゆっくりとした口調で言って，サトシの席の方を指差した。するとサトシは「分かったよ」と言って，席に戻り座ったのだが，すぐさま「なんでなんだ」と，今度は拳を握ってドンドンと大きな音を立てて，机を2度叩いた。そして大きな声で「ワー」と叫び，頭を大きく揺らしながら，手で髪をかき乱していた。
> 周囲の生徒たちは緊張した面持ちでサトシの様子を見ていたが，「サトシくん，これ以上甘えるんだったら，隣の教室へ行きなさい」と山口先生が先ほどより大きな声で叱るようにサトシに言った。するとサトシは「分かったよ」と早口で言って席を立ち上がり，隣の空き教室へと急ぎ足で向かって行った。

【考察】　隣の教室に行った後も，サトシの叫ぶ声がしばらく聞こえてきた。その様子を山口先生が時折見に行っているうちに，サトシの声は徐々に小さくなっていった。授業が終わり，筆者がサトシの様子を見に行くと，先程までとは違い落ち着いていて，お気に入りの宝石の本をサトシは読んでいた。

サトシがなぜ怒ってしまったのかと筆者は思い，放課後山口先生に尋ねてみたところ，保健室で検診の医師が「早く着替えて，教室に帰りなさい」と着替えをしていたサトシに促したそうだ。他クラスが来ていたため，移動を急ぐべき状況ではあったのだが，その命令口調の一言がきっかけとなって「なんでなんですか」と，サトシは医師や山口先生に訴え始めたそうだ。

後になって山口先生の話からサトシの苛立った背景が理解できたのだが，このエピソードの時点では，怒りがますます込み上げているサトシの様子に，周

囲の子どもたちの緊張が高まっているように筆者には感じられた。山口先生もその様子を察知したであろうし，サトシの苛立ちを切り替えるために，強い口調でサトシの情動を制御するかかわりをせざるを得なかったように思われる。

　そこで山口先生は1人になって落ち着ける時間を作るタイムアウトをサトシに試みた。このかかわりに対して，サトシは隣の教室で1人になって本を読むことで気持ちを静めており，サトシなりに興奮を抑えようとしていたことがうかがえた。1人で落ち着ける環境を設定することが，気持ちを立て直す上でサトシにとって必要なのかもしれないと感じられた場面ではあった。

　しかしながらタイムアウトによるかかわりは，サトシとサトシの周りにいる私たちとの関係を絶つところから始まる。人から引き離して情動を制御させようとするのではなく，人とのかかわりの中で情動を調整することはできないものなのだろうか。

　筆者に生まれてきたこの問題意識を担任の先生に伝えてみたのだが，具体的にどのようにサトシにかかわっていけばいいのかと問われれば，その時点では何も答えられない状態で，サトシが苛立ったときにはひとまずタイムアウトによるかかわりをせざるを得ない状況が1学期は続いた。

　しかし2学期になって，筆者にとっては大きな転機ともいえる，サトシの同級生のコウジ（仮名）によるかかわりを目の当たりにした。

エピソード2　コウジの深呼吸によるかかわり（9月10日：午前休憩中）
【背景】　男子生徒たちがよく腕相撲をして遊んでいた。ある日の休憩時間に，サトシの座っている机の前にコウジが行って中腰になると「よしやるぞ」と言って肘を机につけて腕を差し出した。サトシもコウジと同じようにしてコウジの手を握り締めたとき，「先生（筆者），審判やって」とコウジが言ったので，筆者は「分かった」と答え，両者の手を握った。

　「レディー，ゴー」と私が言うと，2人は腕に力を入れた。最初は互角であったが，徐々にコウジが優勢になった。サトシは歯を食いしばり必死の形相で押し返そうとしたが，サトシの手は机にだんだん近づいていった。
　コウジはそのまま押し切ろうとしたのだろう，力を込めてサトシの手を

強くドンッと机に叩きつけた。するとサトシはすぐにコウジの手を離して，自分の手の甲をさすりながら，胸の方に手を戻した。そして「痛い」と眉間にしわを寄せて言った。「あー，ごめん」とコウジは頭をかきながら答えた。しかしサトシは「痛いでしょ」とだんだん大きな声で言うと，拳を握りドンと強く机を叩いた。コウジはもう一度「ごめんな，サトシくん」との顔を覗き込みながら言ったが，サトシは「ウー」と唸る声が大きくなって，怒りがこみ上げてきているようだった。

　そこで突然コウジがサトシと肩を組み，ゆっくりと息を吸ってから，「フー」と吹くようにして息を吐き出した。するとサトシもしかめていた顔が穏やかにして手を胸に当てると，息を大きく吸い込んでから「フー」と吐いた後，もう一度「フー」と深呼吸をした。しかしまた「ウー」と唸って，もう一度怒ったような表情になりコウジの方を見た。そこでコウジはもう一度「フー，フー」と今度は2回深呼吸すると，サトシも「フー，フー」と深呼吸してから，もう一度「フー」と息を吐いた。

【考察】　その後サトシは落ち着いた様子で，次の授業を担当した山口先生から見ても，特に問題なく学習に取り組んでいたようであった。

　手を強く机に押し付けられたことをきっかけに，苛立ちがだんだんと高まってくるサトシの様子に筆者は緊張を覚え，これまでの経験から，サトシが1人になれる環境を設定した方がよいかもしれないと考え始めていた。

　しかしその瞬間に，コウジはサトシと肩を組んで深呼吸を始めたのである。このようにコウジが深呼吸した場面を見たのは初めてであった。なぜコウジは深呼吸をしたのかと思い山口先生に尋ねてみたところ，コウジには吃音があり，幼少時から深呼吸をして気持ちを落ち着ける練習を行っていたとのことだった。サトシの怒る気持ちに合わせるかのように，ゆっくりと息を吸い込んで身体を緊張させ，その息を吐き出すことで逆の力動感を醸し出すこの深呼吸は，コウジ自身の経験から生まれたものであり，サトシの気持ちを調整しようとしてとっさに出た情動調律によるかかわりであった。

　コウジの深呼吸によるかかわりに，サトシも表情が穏やかになって，真似をするかのように深呼吸をした。ただ，すぐには内的な興奮を抑えられない様子

をサトシは見せたが，その中でもサトシの落ち着こうとする気持ちをしっかり受け止めて，興奮が静まるのを待つコウジのかかわりは，サトシを1人引き離して情動を制御するかかわりをしようとしていた筆者に，対人関係の中での情動調整を試みることをいつしか忘れていた自身への反省を生むとともに，サトシに情動調律によるかかわりが活かせることを気づかせてくれた。

このエピソード以降，サトシが興奮したときに，支援学級の子どもたちもコウジの深呼吸を真似してかかわることで，サトシが落ち着きを取り戻すことが見受けられるようになってきた。しかしうまくいかないこともあった。

エピソード3　うまくいかなかった深呼吸（10月8日：午前休憩中）
【背景】　サトシとコウジはこの日も休憩時間に腕相撲を始め，審判となった筆者が両者の手を握り合図した。前回と同じくコウジが優勢で，サトシは負けてしまった。しかしエピソード2のように手を強く机に押し付けられたわけではなく，軽く押した程度で音もしなかった。

> 「よし」と太い声でコウジは手を一叩きして両手を上げ，私の方を見た。「コウジの勝ちだね」と私は言ってからサトシの方を見ると，サトシは両手を握りしめ，眉間にしわを寄せて口を真一文字に結んでいた。「どうした」と私は右肩に手を当て聞いてみると，「ウー」と低く唸った。
> 　コウジもサトシの変化を感じたのだろう，「サトシ，ごめん」と言って左肩に手を当てて，サトシの顔を覗き込んだ。サトシはまた「ウー」と唸ったので，コウジはそのまま「フー，フー」とサトシに向けてゆっくり深呼吸を始めた。するとサトシも一度は胸に手を当てて「フー，フー」と落ち着いた表情に戻って深呼吸をしたが，すぐに先ほどと同じく怒った表情に戻ってしまった。
> 　そのとき授業開始のチャイムが鳴り始めたが，それに構わずコウジがもう一度「フー，フー」と深呼吸をした。しかしサトシは突如として目を閉じると，両手を握り締めながら，机へと頭を打ちつけ始めた。
> 　そこへ授業にやって来た山口先生がすぐに「やめなさい」と大きな声で叱った。するとサトシは立ち上がって山口先生の方へ向かい，先生の周り

を回り始め，「ごめんよ，ごめんよ」と何度も呟き始めた。

【考察】　その後，山口先生はサトシに「落ち着くまで後ろにいなさい」と今度は穏やかに言うと，サトシは教室の後ろに行って，その場をぐるぐると回り始め，5分程度経過したところで席に着いた。その間に筆者は山口先生に経緯を話し，サトシが落ち着いたところを見て，その場を後にした。

　エピソード2以降，腕相撲をして負けたときであっても，サトシは表情を変えることなく過ごしており，コウジも力を加減していたので，腕相撲でのトラブルはなかった。ただこの場面ではサトシの気持ちにそぐわない面があったようではある。しかしいったい何にサトシが苛立ちを覚えたのかは十分に掴むことができず，筆者には反省の残る場面だった。

　またコウジはひとまずサトシの苛立ちを静めようとして深呼吸を試み，サトシも一時的に深呼吸をして，コウジのかかわりに応えようとはしていた。しかし今回はそれがうまくいかず，身体が大きくなってきていたサトシが頭を打ち付けることを即座に止めさせなければならない場面であったため，山口先生はサトシを強い口調で制止した。山口先生の対応にサトシは先生の傍に行って「ごめんよ」とつぶやいたのには，怒られたことに対して謝ろうとする気持ちや，自分自身の気持ちを調整できずに周りへとぶつけてしまったことに対する申し訳なさがあったのかもしれない。この出来事はサトシにとって，気持ちを落ち着けることができなかった体験になったようである。

　このエピソードから，情動調律によるかかわりであっても，サトシの情動に沿ったものでなければ不全に終わってしまう可能性が示唆された。ただその一方で，先生やクラスメイトと気持ちを共有しようとするサトシの姿も徐々に見られるようになってきていた。

エピソード4　山口先生とがんばったサトシ（11月20日：体育）
【背景】　通常学級と交流する体育では，マラソン大会に向けて長距離走の練習をしていた。その日は30分間，グラウンドをできる限り周回する授業を行い，筆者はコウジや他の生徒と一緒に走り，山口先生はサトシと並行して走っていた。練習終了時間が迫ってきた場面のエピソードである。

> 　サトシは額に汗をかきながら，休むことなく走っていた。山口先生はサトシのやや後ろから，サトシの走るテンポや腕振り，足の運びに合わせて「1・2, 1・2」と声をかけ続け,「サトシ，いいぞ。もう少しだ」と励ましていた。
> 　そこへ30分経ったことを知らせるブザーが鳴り，私たちは走るのを止め歩き始めていた。そのときサトシの「わー」という大きな歓声が聞こえてきたのでそちらを見ると，サトシが山口先生の両肩に手を当てて「先生，がんばったよー」と空を見上げながら，語尾を伸ばして大きな声で言った。そして少し間を空けてから，山口先生の方をもう一度向いて「がんばった」と言うと，山口先生も笑顔で「サトシくんよくやったな」と応えていた。

【考察】　走りきった達成感を山口先生と共有しようとするサトシの姿に筆者もうれしくなり，授業後山口先生とこの場面について話をした。山口先生もサトシが頑張って走っていたことを喜びながら,「最近成長してきて，やりとりが増えてきた感じがします」と語っていた。

　山口先生はサトシが腕を振る強さや足運びのタイミングに合わせて「1・2, 1・2」と声をかけていた。例えばサトシが一生懸命に走っている時には，そのテンポを保つことができるように，その腕を振るリズムに合わせて，声のトーンも力強くして，山口先生は「1・2, 1・2」と声をかける。このようにサトシの走ろうとする気持ちをより高めようとする，情動調律によるかかわりを日頃から行っていた。そのかかわりに応えて，サトシは最初から最後まで走り続けており，普段なら終了後はそのまま少し歩いた後に教室へと戻っていたのだが，この場面では心地よい達成感を先生との間で共有しようとする姿を初めて見せた。

　サトシの変容は支援学級の子どもたちや筆者とのかかわりにも見られ，腕相撲の代わりに，手を叩きつけることのない指相撲をするようになった。力が強くなってきたサトシは筆者に勝つこともあり，そのときは満面の笑みを浮かべながら万歳をして「やったー」と大きな声で喜ぶこともあった。また外で鬼ごっこにも参加するようになり，支援学級の生徒との交流もより活発になって

きていた。サトシが対人交流の中で情動を表現しつつあるとともに，周囲の人たちもサトシとかかわりやすくなってきていた。その中で，サトシにとっての深呼吸の意味がようやく分かってきた場面を取り上げる。

エピソード5　深呼吸で落ち着こうとするサトシ（1月25日：終学活前）
【背景】　1日を振り返る終学活の前に，生徒たちは次の日の時間割や持ち物を連絡帳に記入していた。その後，各担任のところへ連絡帳を持参し，担任が確認することになっていた。筆者は記入の手伝いをしたり，連絡帳を早く書き終えた生徒の話し相手になったりしていた。
　この日，サトシは早めに連絡帳を書き終わり，山口先生に確認してもらった後，自分の席に戻ろうとしていたのだが，コウジに突然ちょっかいを出し始めた。

　「こっちへ来てみろ，コウジくん」とサトシはコウジに向かって高い声で言った。頬の方まで口を引き上げる，ニンマリとした笑みを浮かべていた。またコウジの方へ身体を近づけては遠ざけるようにして動かし，まるで挑発しているかのようであった。
　しかし連絡帳を書いている最中であったコウジは，どうしたらいいのかと困ってしまったのであろう，サトシの方に目をちらりちらりとやりながら，机の上にある連絡帳に目を戻そうともしており，連絡帳を書く手を止めたままの状態になってしまった。
　するともう一度「コウジくん，こっちへ来てみろ」ともう一度笑みを浮かべながら，サトシは声高に言った。コウジはますますどうしたらいいのかと困ってしまったようで，鉛筆を置き，顔をしかめながら右手で頭をかき始めた。その様子を見ていた山口先生が「サトシくん，また後にしなさいよ」と穏やかな口調で声をかけ，サトシの方を見ながら「フー」と軽く息を吐いた。
　すると，サトシは「あっ，落ち着かなくっちゃいけないんだ」と呟いた後で胸に手を当てると，大きく息を吸って「フー」と吐き出した。

【考察】　その後サトシはもう一度深呼吸をしてから，コウジの方へ近づき顔を覗き込んで「コウジくん，ごめんよ」と言った。サトシの様子が変わったことに，コウジは目を大きく見開いて戸惑っていたが，「おう」と返事をした。

　何をきっかけとしたのかはよく分からない面はあるが，サトシが突然コウジにちょっかいを出し始めた。その日の休憩時間に鬼ごっこをしていたので，その続きをしているつもりだったのかもしれない。その点を山口先生に尋ねてみたところ，山口先生もサトシが鬼ごっこをしているように感じたそうで，遊びの中でこのエピソードのようにサトシが鬼役の生徒にちょっかいをかける姿を見たことはあったそうだ。ただこの場面では，連絡帳を書いている途中でサトシに声をかけられてしまい，コウジが困っている様子もうかがえたので，山口先生としては一声かけようと思ったとのことだった。

　コウジにちょっかいをかけるなど，やや落ち着きがない様子を見せ，これから興奮が高まってきそうな雰囲気が筆者にも感じられた。そこで山口先生は声をかけるだけでなく，「フー」と軽く息を吐く仕草をサトシに見せた。それはこれまでのかかわりの中で，興奮を調整するときには深呼吸をするかかわりが，サトシにとっては伝わりやすい面があることを山口先生が掴んでいたからであろう。少し早めに深呼吸をすることで，情動を調整していたように思われる。そのときに「落ち着かなくちゃいけないんだ」という言葉で，サトシ自身にとっての深呼吸する意味を言い表したのはこのときが初めてであり，筆者にとっても驚かされることだった。

　コウジがエピソード2においてとっさに行った深呼吸によるかかわりを，サトシと山口先生やクラスメイトとが積み重ねていく中で，興奮している気持ちを他者と一緒に調整するという意味が，サトシの内面で徐々に浸透していたことがうかがえたエピソードであった。

第3項　事例2のまとめ

　サトシと山口先生やコウジをはじめとするクラスメイトの生徒たちとがかかわる学校生活を観察する中で，情動調律によるかかわりに気づき，それが持つ豊かな可能性について考えていく契機となった5つのエピソードを描き出してきた。本事例において，私たちのサトシに対する理解がどのように深まったの

か，また情動調律によるかかわりがサトシや私たちにとってどのような意味のある経験であったのかについて考察を加える。

(1) 内面に相矛盾する両面の情動を抱えていたサトシ

観察の当初には，苛立った様子や大きな声を上げる姿を見せていたサトシであったが，その行動の背景を探ってみると，エピソード1では着替えをしていたサトシに対する命令口調の一言がきっかけであり，エピソード2では，腕相撲で遊んでいたのに，机に叩きつけられたことが要因となっていた。すなわち学校という人が交流する場において，サトシの思いにそぐわない状況が生まれ，その状況をどう処理したらよいのか分からなくなったときに，サトシは苛立った様子を見せていたといえる。ただしエピソード3や5のように，サトシの苛立ちや興奮の背景が十分には分からない面が残るときもたしかにあった。

しかしサトシがどんなに苛立ち，興奮したときであっても，単に怒りを前面に出しているのではなく，エピソード1では本を読んだり，エピソード2以降では深呼吸をしたりして，サトシなりに自分の気持ちを調整しようとする姿も見せていた。つまり，サトシは内面から衝動的に生まれてくる苛立ちのみならず，その情動を落ち着けようとする気持ちも働いていたようで，相矛盾する両面の情動を抱えていたと考えられる。

従来の自閉症理解においては，他者との相互作用において笑顔などの肯定的情動を共有することに困難があることや（吉井・長崎，2002），不満や怒りや悲しみといった否定的な情動を，大人に助けられる中で和らげることに難しさがあることが指摘されており（黒川，1998），対人との交流の中で情動の共有や調整することに難しさを抱えている面があるとされていた。

しかしながら本事例の場合，サトシの苛立ちを落ち着けるべく，コウジや山口先生が息を吸い込んでサトシの緊張状態に合わせてから，「フー」と息を吐き出すかかわりを積み重ねる中で，エピソード5のように，サトシが自律的に情動を調整しようとする姿へと変容していった。加えてエピソード4で，サトシが走り切った達成感を山口先生に伝えようとした場面に見たように，身近な人との間で肯定的な情動を共有した姿からしても，サトシは山口先生やコウジをはじめとして，私たちと情動を交流することができないわけでは決してなく，

これまでの見解に疑問の余地が残った。

　すなわち，苛立ちや興奮を感じやすい状態にある思春期の自閉症の子どもであっても，情動調律によるかかわりによって，対人交流の中で情動の共有や調整をするようになるという変容が見られ，彼らへの対応として情動調律が重要であることが，本事例においては示唆された。

　Trevathen（1998）も，たとえどんなに回避傾向の強い自閉症を持つ子どもであったとしても，親など身近な人の気持ちや態度には敏感に応じることがあり，彼らの情動に十分な配慮を行うべきだと主張しているように，自閉症の子どもに対する情動を介したかかわりを検討することが今後ますます求められると思われる。では情動調律によるかかわりは，サトシや私たちにどのような意味のある経験となったのであろうか。

（2）　共にあろうとする気持ちを育んだ情動調律によるかかわり

　サトシが苛立ち，興奮した状態になったときには，1人になって落ち着ける時間を作るタイムアウトによるかかわりを，当初私たちは試みざるをえなかった。杉山（2003）も，興奮しやすい青年期の自閉症を持つ子どもへの対応には，周囲を囲ったり，狭い部屋に一人で閉じ込もることができるようにしたりして，彼らを混乱させる情報を遮断できるよう環境調整することが，興奮の鎮静を図っていく上で何よりであるとしている。

　しかしながら本事例の場合，周囲との関係を絶つタイムアウトによるかかわりでは，エピソード2以降のように，サトシと私たちとは情動を通わせ合うことができなかったであろう。たしかにエピソード3のように，深呼吸によるかかわりがうまくいかなかったときもあったが，そのときでさえ，サトシは山口先生の周囲を回って，対人的環境の中で気持ちを落ち着けようとしていた。さらにエピソード5では，サトシ自身の気持ちを言葉で言い表すまでになったように，情動調律によるかかわりを通して，サトシなりに気持ちを他者に伝えようとする姿が見られるようになった。

　ここから情動調律は，自閉症を持つ子どもの情動面における安定を図ることによって，その子自身のコミュニケーション面の発達を促進するかかわり（伊藤，2006）の1つだと理解する向きもあるかもしれない。しかし，私見では，

コミュニケーション発達の問題を，サトシ個人の「コミュニケーション能力」が改善されたかどうかという観点から議論するべきではない。というのも，サトシへのかかわりを変えたことで生まれてきた，私たちの内面の変化も見逃せないからだ。

当初苛立ち，興奮しやすい状態にあったサトシと筆者や山口先生，支援学級の生徒たちとのあいだには，情動の交流がなかなか生まれにくい状況があった。しかし，一旦サトシの情動に合わせつつ，穏やかな気持ちへ導こうとするコウジの深呼吸によるかかわりをきっかけにして，腕相撲では力加減を調整したり，腕相撲を指相撲にしたりといった，サトシに対するちょっとしたかかわりの工夫が生まれてきた。また鬼ごっこなど一緒にできる遊びをするようになり，お互いに楽しめる場面が増えてきた。

つまり情動調律によるかかわりを通して，サトシは対人交流の中で自身の情動を調整しようとし，サトシなりの表現で他者に気持ちを伝えるようになってきたとともに，私たちはサトシの情動に合わせつつ，かかわることによって，サトシとのやりとりに対する楽しみや余裕が持てるようになり，両者が共に生きていきやすい関係性を実感するようになってきた。これは自閉症を持つ子どもたちも，周囲の人間も，学校生活の中で他者と"共にある"気持ちを育んでいく「共育」(田中，2008)であるともいえるだろう。

以上から，本事例において情動調律によるかかわりを試みることは，自閉症を持つ子どもの情動を周囲の人たちの情動に合わせるばかりではなく，自閉症を持つ子どもの情動に周囲の人たちが合わせるという相互主観的経験をつくる教育支援(別府，2007)のために重要であったといえる。それによって，学校生活を共にしていた，山口先生やコウジをはじめとするクラスメイトとサトシとが，互いに共にあろうとする気持ちを育むことができたのだと考えられる。

発達障碍のある子どもたちの"感じ方"，特に「生き生きとした情動」を掴むことができたサトシの事例を検討してきた。この事例を体験した筆者にとって，自閉症をはじめとして，発達障碍のある子どもたちは他者との間で情緒的につながることが難しいとする言説に対しては，強い違和感がある。

自閉症概念の萌芽期に，情緒面から彼らの世界に入り込んでかかわっていこ

うとしたのはBettelheimであった。そこには自閉症のある子どもたちのそのままの姿を受け入れて，その意味を探っていこうとする姿勢があり，それは尊重すべきことであるとは思われる。しかしながらこの事例では，サトシの姿をそのまま受け入れていくことが難しい場面に直面した。例えばエピソード3のように，机に頭を打ちつけていく姿を見たとき，そこに何らかの意味があったとしても，そのままの状況にしておくわけにはいかない。かかわり手が発達障碍のある子どもの行動を止めさせざるを得ないときはある。

　一方で，個体能力発達を目指す立場からすれば，情緒的につながることが難しいとされる自閉症の子どもたちに，かかわり手が深呼吸をほどこせば，彼らは落ち着きを取り戻すことができ，また子どもたちのコミュニケーション能力の改善につながるという解釈をするのかもしれない。しかし，この情動調律によるかかわりにおいて重要なのは，かかわり手が自らの情動を，発達障碍のある子どもたちの情動に一旦合わせていることである。定型発達の側の情動理解の枠組みに引き寄せて，彼らを理解しようとしているのではない。だからコウジのように深呼吸して発達障碍のある子どもたちにかかわれば，誰に対しても情動的な効力が働き，学校や社会に適応的な行動を促すことができるという意味で，情動調律によるかかわりを提唱しているわけでは全くない。

　本事例のサトシの場合は，気持ちを交流するかかわりの1つである情動調律によって，コウジや山口先生との間で情動を共有したり，調整したりする姿が見られた。サトシの情動の表し方は独特のものではあったが，その"感じ方"を私たちが十分に感受し，受け止めていけるならば，そこに「障碍」があるとはいえない。問題なのは，その"感じ方"を受け止めていくことの難しさである。受け止めにくいからこそ，タイムアウトのように関係を断つ支援が生まれ，またそれが特性理解であるかのような言説が生まれる。しかし関係を断つことから支援を始めるのではなく，私たちが発達障碍のある子どもたちの独特な"感じ方"を身体でリアルに掴みとっていこうとすることこそ支援につながる。この事例はそのことを物語っているように思われる。

事例3　支援を必要とする児童とかかわる学校ボランティアの育ち
　　　―ボランティア体験を学級担任とエピソードで共有する試み―

最後に，第1章で提示した3つ目の問題を検討する。

> 3）「特別支援教育の場で，発達障碍のある子どもたちと私たちとが共に生活していく意味とは何か」

この問題を考える上で貴重な出会いとなり，また，特別支援教育とは何かを考える原体験となった，ある1人の男児の事例を検討する。

第1項　学校ボランティアの体験から
（1）　学校ボランティアの活用

　今学校現場では，特別な支援を要する子どもに直接携わる人材の確保を目的として，ボランティアを活用する取り組みが各地で行われている（文部科学省，2007d）。その成果や課題も数多く指摘されており（鈴木，2006；青木ら，2007など），特別支援教育の中で学校ボランティア[40]を活かした実践について，さらなる知見が求められている。

　大学生もしくは大学院生が学校ボランティアとして支援に携わる場合，「通常学級在籍の対象児童生徒への個別対応」をする役割があり（戸ヶ崎ら，2008），「教師でも児童・生徒でもないお兄さん，お姉さん的な立場として子どもと関わり，教師と児童・生徒の橋渡しや児童・生徒同士の橋渡しを行いながら，担任の補助，遊び相手，学習補助，養護学級の補助など」（山村，2007）の活動を行っている。この活動によって，支援を必要とする児童生徒一人一人の教育的ニーズに応えられるよう，学校ボランティアは日々子どもとかかわっている。

　では，支援が必要とされる子どもと学校ボランティアとの間で具体的にどのようなかかわりがなされているのだろうか。寺井（2008）は自身の体験を基に，

40）ボランティアについては，「メンタルフレンド」や「フレンドリースタッフ」等様々な名称があるが，本論文では「学校ボランティア」と総称することとした。

学校ボランティアの全体像をモデル化している。それによると，学校ボランティアは先生でもスクールカウンセラーでもない，身近で柔軟な存在として児童とかかわれる可能性を持ち，支援が必要とされる児童を受け止める側面と，逆にボランティアから積極的に働きかける，発達支援者としての側面も合わせ持っている。

しかし学校ボランティアが支援を必要とする子どもと実際に出会ってみると，どのようにかかわっていけばよいのか分からず，様々な戸惑いや悩みを抱えることになりやすいということが，いくつかの先行研究から明らかになっている。

例えば，秋元・落合（2007）は，学校ボランティアへのアンケート調査から，サポーター活動を困難にするハイリスク要因として，特別支援教育について学ぶ際の理論と実践との乖離，子どもへの個別支援の難しさ，学校関係者とのコミュニケーション不足を挙げている。またボランティアとしてはどこまで援助したらよいのかについて悩むことが多く，「自分の支援に対して自信が持てずに行動している傾向がある」という指摘や（吉岡ら，2008），「自分が何のために学校にいるのか，自分のしていることが一体何になるのか」という思いを抱えているという報告もある（山村，2007）。

すなわち先に述べた学校ボランティアの役割を一手に，また一挙に担うことはなかなか困難なことのようである。学校現場での支援を担う一員として期待されながら，実践の中では十分な学校ボランティアの役割をこなせていないと感じる学校ボランティアの悩みや問題意識に，私たちはどのような解決策を示せるのだろうか。

この問題に対して，学校で起きた出来事を同じボランティアをする仲間に報告することが有効であったという指摘（岩澤ら，2009）や，大学教員等によるスーパーバイズがなされたケースが報告されている（嶋田，2006；島巡，2006）。そこからは，学校ボランティア自身の経験や気持ちを，対象児と関連する人と共有する必要のあったことがうかがえる。

特に学級担任は，対象児と日々の学校生活を共にしているだけに，情報・意見交換を欠かすことはできない存在である。しかしこれまでの先行研究には，学校ボランティアが子どもとかかわった体験を学級担任と共有していくことによって，どのような実践が展開されていくのか，そのプロセスを提示した報告

がほとんどない。むしろ学校教員の日常が多忙なことや，ボランティアの時間の制約もあって，なかなか実現しにくいようで，両者の意思疎通が足りないという指摘が数多く見られる（田島・前川，2008；秋元・落合，2007；木村，2005など）。

学校ボランティアの体験を起点とし，学級担任とその体験を共有していくと，いったいどのような実践を展開していくことができるのだろうか。そのプロセスを描き出してみて得られた知見から，学校ボランティアたちの「何の役に立っているのか」という根本的な疑問（髙野，2006）を解決し，学校ボランティアを活用した対象児への支援をより充実したものにしていく可能性を探ってみたい。

そこで筆者はある小学校で学校ボランティアとして，支援が必要とされる児童（以下，カズマ（仮名）とする）に携わってきた体験をエピソードとして記述し，学級担任（以下，西川先生（仮名）とする）とそれを共有する実践を行ってみた。エピソードは行動記述のみならず，学校ボランティアとして掴かめたことや悩んだことも率直に提示した。また学級担任からは放課後や長期休暇期間に直接口頭でもしくは紙面等を通して，そのエピソードに対するコメントを得て，日々のかかわりに活かせるよう心がけた。

この事例から，学校ボランティアがその体験を学級担任とエピソードとして共有する中で，どのように支援児とかかわるようになっていったのか，について検討する。

(2) 方　　法
a) 対象校と対象児童

対象校はC市内にある公立小学校である。また，調査対象者はカズマという一男児で，通常学級に在籍した小学校3年生から4年生にかけての事例である。

カズマには自閉的傾向があると児童相談所から報告があった。入学当初から自分の席を離れて教室の外に出て行ってしまうことが度々ある，学校全体での支援を必要とする子どもであった。担任は女性の西川先生で，3年生からカズマが在籍するⅠ組を受け持っていた。

b) 筆者の役割

　筆者は当時大学院生であり，療育施設においてボランティア活動を行った経験から，発達心理学を専攻し，自閉症等の発達障碍について関心を寄せていた。そんな中，ある小学校の児童の保護者と知り合い，支援を必要としている子どもがその小学校に複数いるため，小学校がボランティアを募集していることを知り，申し込みを行った。

　その後，校長先生および学級担任の方々と面接し，小学校3年生を中心に活動してほしいという説明を受けた。そしてその1週間後から，毎週火曜日にボランティア活動[41]を開始した。ボランティアを行う日は朝の打ち合わせにも参加し，分担等を確認した上で，児童の完全下校の時間まで一日学校で過ごすようにした。

　筆者と学校関係者との間で共通確認されていたカズマへの支援目標は，①興味・関心を育て，個に応じた学習課題に取り組めるようになること，②視覚的に優位な特性を生かし，スケジュール表等を用いて学校のルールを明確化し，守れるようになること，③安心して学校生活を送れるよう，周囲との関係作りをサポートすること，の3点があった。

　この方針のもと，筆者はカズマの側にいて，授業場面において口頭による担任の指示を具体的に伝えたり，教室環境を整備したり，クラスメイトと共同で行う活動をサポートするなど，学習や生活上の援助を行っていた。

　西川先生とカズマのエピソードを共有していく際には，カズマとのかかわりの中で，筆者自身が悩んだり，感じたりしたことを積極的に伝えることにした。というのも，金子（1992）がボランティアについて，「その状況を『他人の問題』として自分から切り離したものとは見なさず，自分も困難を抱えるひとりとして，その人に結びついているという『かかわり方』をし，その状況を改善すべく，働きかけ『つながり』をつけようと行動する人」と指摘しているように，筆者に切実に感じられた問題や発見を西川先生に伝えた方がフィードバックをより得られやすいと思われたからである。

---

[41]　その他の曜日では，授業の空いている先生方が，カズマを含め支援が必要な子どもの支援にまわっていた。

c) エピソードの抽出手順

観察期間はZ年10月からZ+1年4月までに行われた教育実践に基づいた報告である。調査期間には47個のエピソードを記述し、西川先生とそれらを共有していくこととした。その中から学校ボランティアであった筆者にとってカズマとかかわる上での戸惑いや悩み、また気付きや学びがあったエピソードを4つ取り上げた。

第2項　事例検討

筆者が学校ボランティアとして初めてカズマと出会ったのは10月5日の2時間目、3クラスが音楽室に集まり、学芸会に向けた合唱練習のときであった。学級担任の方々が筆者を紹介するための時間を設けてくださり、100名近くの児童の前で挨拶をした。

その後、教室の後ろで練習の様子を見せてもらっていたところ、部屋の隅にあるパソコンを起動させようとしているカズマがいた。初日で緊張していた筆者は、挨拶のときにその姿に気づかずにいたのだが、周囲の児童が合唱の練習をしている中、パソコンの周りを動き回っているカズマは目立つ存在であった。

カズマに声をかけようかどうか筆者は迷い、支援が必要な子どもの存在とその名前までは知っていたが、その子の顔までは把握していなかったので、そのときは様子を見ることにした。カズマは結局合唱に参加せず、パソコンも起動できないまま、中間休みに入ると、音楽室を出て行った。

授業終了後、担任の西川先生がやって来て「あの子を見てもらえますか」と筆者に伝えた。そこでその日は、カズマに付き添ってみることにした。するとカズマはほとんど教室におらず、職員室や図書室で図鑑や物語を読んだり、理科の展示をしているところで顕微鏡をのぞいたり、運動場で砂じりをして一日を過ごしていた。

それはその日だけのことではなく、カズマは1時間目こそ教室にいるものの、いつの間にか教室からいなくなり、図書室や運動場へ向かうことが多かった。エピソード1はその頃の習字の授業中のものである。

朝の打ち合わせで、習字の時間は準備等で教室が慌ただしくなるので、手伝ってもらえたら助かると西川先生から打診されたので、筆者は2時間目にI

組に手伝いに入った。

エピソード1　カズマとかかわることへの悩み（10月19日：2時間目）
【背景】　筆者がⅠ組の教室に入ると，習字の準備のために子どもたちが教室を行ったり来たりしていた。その中，教室の後ろの隅にある本棚の近くで，カズマは床にあぐらをかいて座り込み，理科の宇宙に関するマンガのページをめくっていた。

> 　私はカズマのところへ行って，しゃがみこんでから「カズマくん，習字しないのかな」と顔を覗き込みながら，聞いてみた。しかしは何も答えてくれなかった。表情を変えることなく，本に目をやり，絵だけを見て，ページを次から次へとめくっていた。そこへ「カズマくんは何をしているのですか。習字はもうしなくていいのね」と，西川先生がやや強めの口調で，カズマに語りかけた。
> 　すると「やります」と，カズマはすぐさま返事した。そして読んでいた本を放り投げるとロッカーから習字道具を取りだし，急ぎ足で自分の席に向かった。そして硯や下敷きを次々と出していくのだが，机の上は雑然としたものになってきた。
> 　私もカズマと一緒に準備を手伝い，ようやく習字が書ける状態になって，カズマは席に座った。私は半紙3枚をカズマに渡そうとしたが，カズマはそのうち1枚だけ半紙を受け取ると，墨の入った硯に筆を入れ，その日の課題であった「力」という漢字を手本も見ずに素早く書き終えた。そして名前を書いて筆を置くと，すぐにカズマは席から立ち上がり，ドアの方へ向かった。「もう終わりなの」と私は思わず言ってしまったのだが，カズマはあっという間に教室から出て行ってしまった。

【考察】　その後もカズマは教室に戻ってくることはなかった。筆者が探しに行ってみると，図書室で本を読んでその時間を過ごしていた。
　学校へ来てから3回目のエピソードであったが，筆者はカズマとのかかわりがうまくいかなかったことを悩み始めていた。筆者の言葉かけに応えてくれる

わけではなかったし，習字の準備にしても，カズマとかかわるというよりは，一方的に筆者が手伝っていただけで，コミュニケーションを取れたという手応えが全く筆者にはなかった。

　西川先生と同じように，やや強い口調でカズマに指示を伝えた方がよかったのかもしれないが，習字を早く終わらせたかったかのようなカズマの様子に，果たしてそれでいいのだろうかという思いもあった。また理科の本を読んでいるカズマは，文字を読むというより絵を見ている感じだったので，視覚的支援を行うなどの工夫をした方がよいのかもしれないという考えや，カズマはどうして教室を出て行ってしまうのかという疑問もあった。

　そういった筆者の思いや悩みを，放課後西川先生に伝えてみたところ，西川先生も4月から教室を出て行ってしまうカズマとどのようにかかわればよいのかずっと悩んできたと率直に語ってくれた。毎日，各時限における授業科目や学習準備を確認するものの，カズマくんが教室からいなくなってしまうので，やはり気がかりであったし，できるならば探しに行きたかったそうだ。しかしクラスの授業を毎回止めるわけにもいかなかったため，探すわけにもいかず，もどかしい思いをこれまで抱いていたとのことだった。

　カズマが教室にいると安心するので，できれば教室に戻ってくるようにカズマに働きかけてみてほしいと，西川先生は筆者への要望を伝えた。しかし無理やり教室に戻すというわけではなく，そのときの状況に応じて，筆者なりにカズマとかかわってみて，そこで掴めたことを知らせてもらえれば，今後の授業に生かしてみたいと西川先生は語った。

　筆者の悩みを打ち明けることを通して，西川先生の要望されていることを知ることができ，学校ボランティアとしての役割を確認することはできた。それとともに，先生という枠組みではなく，学校ボランティアの立場から掴めることとはいったい何なのか，という問いも立ちあがってきた。

エピソード2　ドングリの樹の下で（11月9日：2時間目）
【背景】　1時間目が終わった頃にI組の教室へ筆者が行ったところ，カズマはもういなかった。思い当たる場所を探しに行くと，運動場の樹の下にいるカズマを見つけた。

190　第3章　事例検討

　　私は「何しているの」と聞いてみた。するとカズマは明るい声で「ドングリ拾っているの」と答えた。ドングリにはまだ早い時期だったので「見せて。見せて」とカズマの方へ近づいていった。
　　するとカズマは握り締めていた手をそっと開いてドングリを見せてくれた。小さくまだ熟してなくて青色だったが，たしかに樹の周囲にはたくさんのドングリが落ちていた。「カズマくん，こっちにもあるよ」と声をかけ，ドングリを一緒に拾い集めることにした。
　　樹から落ちてきたドングリにばかり気をとられていたが，樹の上の方を見やると，青いが，たくさんの実がなっていた。「カズマくん，上の方にもドングリがあるよ」と言うと，カズマもさっと立ち上がり，上の方を見た。
　　上のドングリにまで手が届いたら，カズマは喜ぶかもしれないと私は思い，「上のドングリ取りたいかな」と聞いてみるとカズマは「うん」と，とても元気よく答えた。そこで「肩車しようか」と誘ってみた。
　　カズマは肩車の意味が分からなかったらしく，表情は変わらないものの「う～ん」と上ずった口調で，首をかしげながら答えた。そこで私はカズマを肩に担ぐと，勢いをつけて持ち上げた。すると「うわぁ」というカズマの歓声が聞こえてきた。
　　私の肩の上にいるカズマは，目の前にあるドングリをどんどん手に取っていった。「どうですか」と私は下から聞いてみると，「秋は収穫の季節だなあ」とカズマは呟いた。不思議な答えだと感じながらも，今の状況にマッチしていて，「そうですね」と私が答えたところで，ちょうどチャイムが鳴り，中間休みに入った。

【考察】　この後 11 月から 12 月にかけて，筆者とカズマはドングリを拾うようになった。それは授業時間のときもあったが，中間休みや放課後を中心に一緒に拾うようになり，教室にあるカズマのロッカーはドングリで一杯になっていった。
　このエピソードを振り返ったとき，ようやくカズマとかかわれたという手応えが筆者にはあった一方で，果たして授業時間にカズマと一緒にドングリを

拾ってしまってよかったのかという反省もあった。つまり，教室へ戻ってきてほしいという西川先生の要望に応えられていないことに気づいてはいたが，しかしドングリを大切そうに握りしめていたカズマを見れば，今はカズマの楽しんでいることを大切にするべきではないかという気持ちも湧き，葛藤はあったが，カズマと一緒にドングリを集めることにしたのだった。

すると，これまでのカズマとのかかわりには見られなかった「うわぁ」という歓声や「秋は収穫の季節だな」という筆者への返答のようであり，カズマ独特の呟きでもあるような言葉を耳にすることができたのであった。

この日の放課後にもドングリ拾いをしたことは西川先生に伝えていたのだが，こういうかかわりでよかったのかを確認するためにも，冬休み前にこのエピソードを西川先生に読んでもらった。するとカズマの変化を西川先生も気付いており，こんなきっかけがあったのかと納得し，「うわぁ」と声をあげていたカズマの様子が目に浮かんでくるとの感想を返してくれた。

カズマがドングリを拾い集めているという筆者の情報やクラスでのカズマの様子をきっかけに，カズマの興味に沿った学習をできないかと西川先生は考え，図工の時間にドングリに穴を開け，ヒモを通してアクセサリーを作ることに授業で取り組んだ。カズマはその時間はとても真剣に取り組んでいて，完成した作品を母親に渡し，母親もとても喜んだそうだ。

そういった取り組みを通して，西川先生も12月頃からカズマとかかわることに楽しさを覚えたそうで「一回教室を出て行ってしまうといつ帰ってくるのだろう……と気をもんでいたけど，最近は出て行っても，5分以内には帰ってきてくれるようになりました」と語った。

その話から，一緒にドングリを拾うというちょっとしたかかわりではあったが，新たな実践が展開されていくことを筆者は実感でき，学校ボランティアとしての役割を多少なりともこなせていけるかもしれないという手応えが生まれてきた。

エピソード3　本を切ってしまったカズマ（2月19日：2時間目）
【背景】　筆者は個別支援の学習室[42]で，ある児童の学習を手伝っていた。そこへ授業の時間であったのにカズマがやって来た。私は「カズマくん，どうした」

と聞いてみたが，何も答えないまま，カズマは本棚から本を取り出した。私は学習支援にあたりながらも，しばらくカズマを遠目から見守ることにした。

> 突然カズマのいる方から"チョキチョキ"とハサミで何かを切るような音が聞こえてきた。振り返ってみると，カズマは読んでいた本の表紙を切り取っていた。私は「カズマくん，何しているの」と思わずカズマに近寄りながら聞いてみた。
>
> しかしカズマはあっという間に本の表紙に描かれていた，好きなアニメのキャラクターの絵を周りの線にピッタリと沿って切り取ってしまったのだ。学校の本なので「カズマくん，それはどうかな……」と私は言ったが，カズマは切り取った絵を眺めながら，ニコッとして笑顔を浮かべていた。そこへ西川先生がやってきて「カズマくんは何をしているんですか」と問いかけた。このときもその言葉が聞こえなかったようで，カズマは変わらず絵を眺めていた。
>
> 「先生，カズマくんが本の表紙を切っちゃいました。気がつかずすいません」と私が言うと，先生は「カズマくん。ちょっと来なさい」と西川先生は大きな声で強い口調になるとカズマの方に近づいていった。カズマは切り取った絵を片手に持ちながらも，驚いた表情になって先生の方を向き，気をつけの姿勢をとった。
>
> 「これはモモカさん[43]の本じゃない。本は切っても良いものなのですか」と西川先生は言うと，カズマは「ダメです」とはっきりとした口調で答えた。「じゃあ，なんで切ったの」と西川先生は聞くと「ごめんなさい」とカズマは先生の目を見ながら，早口で謝った。「いえ，これはモモカさんに謝ってもらいます。もしかしたら，本を弁償しなくてはいけませんね」と西川先生は言った。
>
> するとカズマはドキッとしたように目を見開き，先生の方へ身体を寄せて，腕を掴みながら「ごめんなさい」と先ほどよりも大きな声でもう1度

---

42) 対象校では3学期から，教室から出てしまう子どもの居場所を作るために，空き教室を利用して，個別に学習支援する学習室を設けることになった。
43) モモカ（仮名）はカズマの同級生で，隣のクラスに在籍する女の子である。モモカが学校に寄贈した本だった。

言った。「先生じゃなくて，モモカさんに謝ってください。教室に戻りますよ」と西川先生は言って，ドアの方へ向かうと，カズマは西川先生の後をついていった。

【考察】 この続きはエピソード4に記す。このエピソードでのカズマは，筆者や西川先生の言語的な指示が届かないくらい，キャラクターの絵に惹きつけられ，その相貌を楽しんでいた様子であった。そして西川先生が厳しい口調でカズマに近づいてきたことによって，ようやく絵からの注意をそらすことができたようで，カズマに悪意があって絵を切り取ったわけではなさそうだと筆者には感じられた。つまりカズマは，視覚的なものに惹きつけられて，周囲からの情報が入ってこないような状況であったように思われた。

そういったカズマの様子を伝えておく必要があったことに加えて，もっと近くでカズマを見るようにして，ハサミも片づけておけばよかったという思いもあり，筆者自身の配慮不足を感じていたので，放課後，西川先生にこの場面を報告した。

西川先生によれば，授業をしているとカズマがいつの間にか教室からいなくなっていて，少し待っていたが帰ってこなかったそうだ。そこで漢字の自習をクラスに課して，久しぶりにカズマを探していたところ，学習室にいるのを見つけたのだが，まさか本の表紙を切り取っていたとは思ってもいなかったとのことだった。

ただ，西川先生は叱りながらも，このエピソードでの出来事がカズマと周囲との関係作りをしていく上で，チャンスにもなるかもしれないとも思ったそうだ。すなわち，カズマがモモカという同級生とのかかわりを持つ機会にもなるのではないか，と考えたのだった。その場面をエピソード4に記す。

エピソード4　指きりげんまん（2月19日：給食時）

【背景】 給食が終わった後，カズマと西川先生は切ってしまった本を持って，モモカのクラスへと向かった。西川先生はカズマの横に立ち，廊下に出てきてもらったモモカと向かい合わせになった。筆者は西川先生とカズマの後ろに立って，その様子を見守った。

> 　西川先生が「モモカさんごめんね。カズマくんがモモカさんの本を切ってしまったの。許してくれるかしら」とモモカに語りかけた。そのときカズマはモモカの前に立ちながらも，目を窓の外の方へやり，体を左右へ揺らしていた。
> 　モモカはびっくりした様子で，目をパチパチさせながら首をゆっくりと縦に動かした。「大切な本を切ってしまって，ほんとごめんなさいね。カズマくんはこんなことでは4年生にあがれないかもしれませんよ。カズマくんも謝ってください」と西川先生はカズマの方を見て言った。するとカズマは姿勢を正して「ごめんなさい」と大きな声で言った。
> 　「モモカさん，許してくれるかしら」と先生はカズマの言葉に付け加えるように言った。モモカも状況を理解できてきたのか，和らいだ表情になって「いいよ」と言った。西川先生も笑顔になって「カズマくんよかったね。モモカさんもありがとう」と言った。
> 　するとカズマはジャンプしながら一歩前に出ると，小指を突き出した。そしてモモカと指切りをすると，モモカの方を見ながら「指きりげんまん，もう1回やったら4年生になーれない。指切った」と先ほどと同じくらい大きな声で歌いはじめた。モモカはなされるがままであったが，指きりをしながら，だんだんと笑顔になっていった。

【考察】　指きりをするカズマとモモカの姿は，とても微笑ましく筆者には感じられた。西川先生はこの場面をどう思ったのか聞いてみたいという思いもあり，エピソード3に続いて尋ねてみた。

　西川先生もカズマが指きりまでするとは思っていなかったようであり，驚いたとともにうれしく感じたそうだ。西川先生がエピソード3のときにチャンスになると感じたのは，モモカにカズマのことを理解してもらうきっかけとなるのではないかという意味においてであった。今後，宿泊活動やクラス替えもあるので，モモカと一緒のグループになる可能性があることを視野に入れれば，クラスメイトだけではなく，他クラスの同級生の子どもたちともカズマとの関係を徐々にでも作っていく必要性を感じているとのことだった。

この考えの背景にあったことについて，西川先生は春休みになってからさらに語ってくれた。実はカズマが校外でいたずらをしてしまい，学校への苦情が1年間に数度あったそうだ。その度に先生はカズマと一緒に謝りに行った。苦情の内容はエピソード3のような，カズマの悪気があってやったことではない出来事が大半ではあったが，迷惑をかけたことを謝るとともに，カズマを理解してもらうことで，地域の人にもカズマを支えてもらえるような環境を作っていこうとしたとのことだった。

エピソード4のかかわりの背景にあった西川先生の考えを聞き，学校の教師の奥深さを感じた。また問題や不適応と考えがちな出来事であっても，カズマを理解してもらうチャンスと考え，かかわりに活かそうとする姿勢は，学校ボランティアという筆者の立場においても実践しうることではないか，という気づきが生まれた。

カズマが小学4年生になってからも，筆者はボランティアを継続することになり，年度が変わって初めて学校を訪ねた。朝の打ち合わせで，教室の場所が変わったことをカズマは気にしているらしく，落ち着かない様子であることが西川先生から伝えられた。

筆者がI組に1時間目に行ってみると，計算練習の時間だったが，カズマは教室の後ろでゴムを飛ばす遊びをしていた。たしかに西川先生の言う通り，落ち着かないかもしれないし，何をしたらいいのか困っていたのかもしれない。しかし，その日教室から出て行くことはなかった。今後はさらに，教室で過ごすカズマの時間が充実していけるような支援を考えていく必要を感じた。その後，カズマが教室で過ごしやすくするための工夫，例えば，算数の時間にカズマの好きな折り紙を用いるなどを，西川先生と相談しながら様々に行っていった。

またこちらが何か指示したわけではなかったが，クラスメイトの子どもたちの中に，カズマの手伝いをしてくれる子どももいた。まるでカズマのお姉さんのように振る舞う女児もおり，例えば「カズマくん，給食のお手伝いしてくれるかしら」と声をかけてくれるようになった。カズマもその声かけに素直に従っていた。カズマには周りと比べてやや「違う」面があることに，クラスの子どもたちは言葉に出さないまでも，気づき始めていたのかもしれない。しか

し「違う」からといって特別視することなく，自然とカズマにかかわるクラスの子どもたちの姿に心温まることもあった。

カズマが小学5年生になるときに，筆者のボランティア活動はひとまず終了することとなった。最後にクラスの子どもたちが，筆者のために色紙を書いて渡してくれた。それは今でも大事に保管している。

第3項　事例3のまとめ

以上，筆者の初期の学校ボランティア体験がどのように展開されてきたかを描いてきた。週に1回という限られた機会であったが，半年間の間でも，様々なエピソードに巡り合った。この事例を通して，学校ボランティアという立場の難しさとともに面白さも感じることができたように思う。

以下，ボランティア体験を学級担任とエピソードとして共有することによって，学校ボランティアのかかわり方がどのように変容していったのか，について検討する。

(1)　学校ボランティアの気づきを大切にする

一般に通常学級には35名前後の児童が在籍しているため，学級担任はある一人の児童だけに集中してずっと注目し続けるというのは難しいのが現状であろう。西川先生のI組の場合も34名の児童が在籍し，カズマだけではなく，一人一人の子どもに目を向けていく必要がある。だから，支援を必要とする子どもが在籍するクラスを担当している教師の中には，西川先生と同じように，対象児と密接にかかわる時間が持てないことに，もどかしい思いを感じている先生もいるのではないだろうか。

一方，学校ボランティアの立場だと，一人の児童に注目し続けるかかわりがある程度可能になり，今見ていてほしいと言われる児童にじっくりと付き合うことができる場合が多い（寺井，2008）。本事例の場合，カズマが教室を飛び出して行ったときに丁寧にかかわってみると，カズマに関する気づきが筆者に生まれてきた。

エピソード1で提示したように，カズマとかかわり始めた当初の筆者はカズマの問題や課題に目を向けやすく，支援に役立っているのだろうか，という悩

みもあった。またカズマ自身も教室でどのように過ごしていいのか分からず，困っていたのかもしれない。

しかしエピソード2を通して，カズマとかかわることへの手応えが筆者には生まれ，ようやくカズマが楽しんでいることを多少なりとも掴むことができたという実感が湧き，そのことが大きな意味を持った。すなわち，広い運動場の中からドングリというその季節に特有のものを発見するところに，カズマらしい目の付けどころを感じ取ることができたし，またドングリを次々と手に取っていくカズマの様子はとても集中していて，歓声や独特な言葉遣いから，カズマがとても生き生きと心を動かしていることをはっきりと掴めたのだった。

エピソード3においても自分の気に入った絵を見つけると，周りが見えなくなってしまうほどに，その相貌に惹きつけられてしまう感性があるところに気づかされた。このように，筆者は学校ボランティアとしてかかわっていく中で，カズマが心地よく感じ，集中して惹きつけられてしまう世界，すなわちカズマの楽しんでいる世界を掴んでいった。筆者のみならず，週に数度の限られたかかわりをする学校ボランティアであっても，遊びや普段の学校生活の中で，対象児の興味・関心や"感じ方"を掴んでいくことは十分可能であろう。

学校ボランティアは1対1の関係を通して，対象児に寄り添い，丁寧にかかわることができる存在である。だからこそ，その子がどのようなことに楽しみを見出そうとして，どのようなことに困っているかに気づくために，有利な立場にあるといえる。

ただその気づきを学校ボランティアだけの体験にしてしまったのでは，学校ボランティアは十分に活かされないであろう。その気づきを学級担任と共有していくことによってこそ，対象児への支援が実りあるものになってくる。

(2) ボランティア体験を学級担任とエピソードでつなぐ

筆者が学校ボランティアをする中で得たカズマへの気づきを，西川先生とエピソードで共有してみると，新たな実践が展開されていった。例えばエピソード2で提示したように，カズマが楽しそうにドングリ拾いをしているという筆者の情報や，ドングリを大切にしているカズマの様子から，西川先生が創意工夫し，ドングリを利用した授業を組み立てたのもその一例である。これは，カ

ズマの興味・関心に合った学習課題を用意するという支援目標にも適った，有意義な教育実践だといえる。

　その時間はカズマにとっても楽しい授業になったようだったし，さらに母親からも認めてもらえる契機となった。また，西川先生からすればその後のカズマとのかかわりを楽しめる余裕が，こうした手応えのある経験を通じて生まれてきたのだろうし，学校ボランティアであった筆者としても，カズマや西川先生の役に立てているという実感を見出すことにつながった。

　ただエピソード3のように，カズマが楽しんでいる行動であったとしても，学校という枠組みの中では認めるわけにはいかないこともある。しかしそれを問題行動としてばかり見るのではなく，エピソード4の西川先生のように，カズマとモモカとのあいだにつながりを作り出す機会だと考えること，すなわち肯定的に「リフレーミング」（亀口，2002）するかかわりは，筆者にとって学ぶところの多いものであった。そして，カズマも「指きりげんまん」という独自の表現でモモカに気持ちを伝えようとする姿を見せてくれたのであった。

　このように，学校ボランティアと学級担任の情報共有によって，新たな視点からの子ども理解がなされて，その子に対する判断や解釈の可能性が広がっていくことは，支援が必要とされる子どもたちにとって有用である（菅野，2004）。

　こういった実践が展開されていくためには，学校ボランティアがじっくりと対象児とかかわっていく中で，その子が楽しんでいることや集中して取り組んでいること，また惹きつけられていることといった，その子の楽しんでいる世界を掴もうという姿勢を持って，学校現場に臨んでいくことが必要となってくる。

　もちろん，学校ボランティアは対象児と単に楽しく過ごしていればそれでよい存在ではない。学校という枠組みの中で過ごしている以上，その場の制約からあまり逸脱することはできない。筆者の場合，エピソード2で授業時間にドングリを拾ってよかったのかとか，エピソード3においても，絵を切り取ってしまうことを防ぐような配慮を行えなかったとかいったように，学校ボランティアとして果たしてこのかかわりでよかったのかと自身の行為を省みる必要があった。

　つまり，その子の楽しんでいる世界を味わい，それを共有しようという姿勢

は，常に学校の枠組みでは認められにくいことを抱える可能性に開かれており，それらを両立していくことに難しさを感じるからこそ，学校ボランティアの役割をこなしていくことに悩みはつきものなのである。

　だからこそ，学校ボランティアは，自身のかかわりを反省しながら，率直に自ら得た気づきや悩みを学級担任に伝えていくことが肝要になってくる。それを学級担任も受け止めて，その意見を活用すれば，授業の幅を広げる工夫を行うことができ，対象となる子ども自身の楽しんでいる世界に沿った支援が可能となってくる。

　また学級担任が日々の学校生活で実践しているかかわりを実際に目の当たりにすることを通して，対象児童の問題として考えられがちな場面であっても，その出来事を前向きに見直すことができ，学校ボランティアの側に気づきがもたらされることも多い。そのことが学校ボランティアにとっての学びにつながり，それ以降の子どもとのかかわりに役立ってくることであろう。

　このように学級担任と学校ボランティアとの間で，共に新たな子ども理解と新たなかかわりのあり方を模索していく互恵的な支援（高野，2006）が可能となることによって，発達障碍のある子どもの興味・関心を育てることや周囲との関係づくり等を，これまでにない形で進めていけるようになる。

　以上，支援対象児のカズマだけではなく，学校ボランティアであった筆者にも学びが生まれた事例を検討してきた。この事例は特別支援教育が始まった当初のものである。そのためどのように支援を行っていくのかについて学校現場では混乱が見られた時期であった。確固たる特別支援教育の体制があるわけではなく，筆者もいったいどんな役割を果たせばよいのかと戸惑いを覚えていた。試行錯誤の段階ゆえに，かかわり手である自らの子どもに対する思いや考え方を問い直し，反省することも多くあったのだが，西川先生とエピソードを介して相談を重ねる中で，カズマに対する理解を少しずつ深めていくことができた。このプロセスの中で，新たな発達障碍理解の枠組みが筆者に生まれてきた。それは，発達障碍のある子どもたちと私たちとの間に「共有できる体験」を生み出していこうとする姿勢の大切さである。その意味で筆者にとって非常に大切な原体験となっている。

具体的にはエピソード2のように，とても生き生きとした様子でドングリを拾っているカズマに出会ったとき，筆者もその「楽しさをカズマと共有してみたい」という思いが生まれた。授業中であるにもかかわらず，子どもの遊びに手を貸してしまってよいのか，という後ろめたさがなかったわけではない。しかし学校で過ごすことに楽しみを見出しているようには見えないカズマが，普段とは違う様子でいるこの瞬間を大事にすべきではないかと思い，一緒にドングリを拾い集めてみた。そして，そのような活動を通して，これまでになかった言葉のやりとりやカズマらしい自己表現が現れてきたのである。

　この「共有できる体験」を生み出そうとするかかわりは，第1章で提示してきた諸理論において，十分に議論されてこなかったといえよう。自閉症概念の萌芽期においては，自閉症のある子どもたちの体験をかかわり手が共有するというよりも，自閉症のある子どもたちの特徴を活かすことが目指された。例えばKannerは，同一性保持能力を人とのかかわりに役立てようとした。これは，自閉症のある子どもの特徴を掴んではいるのだが，それをかかわり手がどのように受け止め，彼らとのあいだにいかなる共有体験を作り出していったのかについては，全くと言ってよいほど記述されていない。その場にいるはずのかかわり手が，黒子のように背景化してしまっているために，結局は自閉症という疾患を持つ「個」としての子ども理解にとどまり，彼らの"捉え方"や"感じ方"がかかわり手との関係の中でどのように理解されていったのか，共有されていったのかについては分からないままである。

　また個体能力発達を促すかかわりを行う立場からすれば，教室から飛び出してしまうなどの問題行動が見られる子どもが，徐々に教室にいることができるようになり，友達に対しては，指切りげんまんという適応的な行動ができるようになったと解釈されるのかもしれない。しかし，そういった行動が生まれるに至ったプロセスがより重要である。エピソード2では筆者とドングリを共に拾い集めたという体験があり，またエピソード4の姿が生まれるに至るまでには，様々に西川先生に支えられてきた体験が下敷きになっている。このように関係の中で受け止められてきたことを基盤として，カズマが自分らしく自己表現するようになり，周囲の人と共に生きていこうとする姿が確かに生まれてきたのである。

定型発達の枠組みに子どもたちを近づけようとするかかわりをしたから，適応的な行動ができるようになったというわけではない。また視覚優位などの特性を活かして，環境面に外的な枠組みを与えることを通して，学校生活に見通しを持たせたというわけでもない。これらのように，発達障碍のある子どもたちの障碍特性という表面的な水準から支援を組み立てていくのではなく，発達障碍のある子どもたちの内側に寄り添っていく中で，彼らと私たちとの間に基盤となる「共有できる体験」を生み出そうとすることに，本来あるべき特別支援教育の形があるのではなかろうか。

第4章
総合考察―発達障碍の新たな理解と特別支援教育―

第Ⅰ部では本書の問題意識を以下のように述べた。

> 1) 発達障碍のある子どもたちが生活の中で体験している"捉え方"を，私たちが共有することができれば，どのような対人関係が切り開かれていくのか
> 2) 発達障碍のある子どもたちが生活の中で体験している"感じ方"を，私たちが共有することができれば，どのような対人関係が切り開かれていくのか
> 3) 特別支援教育の場で，発達障碍のある子どもたちと私たちとが共に生活していく意味とは何か

この問題を考えていく上で，筆者にとって貴重な出会いとなった3人の発達障碍のある児童・生徒の事例を検討してきた。第4章ではこの事例をもとにして，①発達障碍のある子どもたち独特の世界の"捉え方"や"感じ方"に沿った形での発達障碍概念，②関係性を重視した特別支援教育のあり方，の2点について考察を深めることとする。ただその前に，私たちの発達障碍に対する立ち位置を改めて見直しておきたい。

第1節　発達障碍に対する立ち位置
―同じでもなく違うでもなく―

第Ⅰ部や第Ⅱ部の事例で紹介してきた子どもたちだけではなく，発達障碍のある子どもたちとの数多くの出会いが筆者にあった。その中でも第Ⅱ部の3人の子どもたちとの出会いは，発達障碍に対する筆者の見方を形成していく上で特に大きな気づきを与えてくれるものであった。その見方を端的に表現すれば，

私たちと「同じとは言えないが，違うとも言えない」"捉え方"や"感じ方"をするところに，発達障碍のある子どもたちの「らしさ」があるということだ。

　筆者が学校ボランティアや特別支援教育支援員として，発達障碍のある子どもたちにかかわってみると，彼ら独特の世界の"捉え方"や"感じ方"は確かに感じられた。具体的には，事例1で述べた「相貌的知覚」であり，文字などの形が文脈に応じた動きをする体験である。ケントとの出会いがなければ，筆者自身には理解し得なかった感覚であったことだろう。また事例2においては，内面にある相矛盾する情動をサトシ独特の形で調整しようとする姿が見られ，事例3においてもカズマならではの感受性が見受けられた。

　もちろん，彼らの世界の"捉え方"や"感じ方"をすぐに理解できたわけではなかった。出来事が生起した現場で，筆者の身体を通して彼らの"捉え方"や"感じ方"をリアルに実感することが常にできたというわけではなく，その体験の後に筆者自身の"捉え方"や"感じ方"を改めて問い直し，その枠組みを少しずらしてみたらどうなるのだろうと想像した結果，ようやく彼らの"捉え方"や"感じ方"が見えてくるといったことも度々あった。それと同様に，発達障碍のある子どもたちの周囲にいる先生やクラスメイトも，彼らの"捉え方"や"感じ方"を共有していくことに様々な戸惑いや難しさを感じている様子であった。この意味で，発達障碍のある子どもたちの世界の"捉え方"や"感じ方"には，私たちとは「違う」面があると言わざるを得ない。

　その一方で，「違い」はあれど，彼らに寄り添い，かかわりを積み重ねていくうちに，彼らの世界の"捉え方"や"感じ方"が，私たちの身体においても徐々に感じられるようになってきた。想像によって補っていたものが，より身体的・直観的な感覚になってきたとでも言おうか。その感覚が生じるまでの過程をそれぞれの事例において描き出し，そこから「知覚共有体験」や「情動調律」といった鍵概念を抽出してきた。このように，彼らの世界の"捉え方"や"感じ方"がすぐに掴めるとはいえないが，私たちの枠組みを問い直す中で，小澤（1972）が述べているような，「障碍」が「障碍」とは見えなくなる関係性が生まれてくる。

　私たちが発達障碍のある子どもとの関係を断つことなく，試行錯誤しながら，私たちの身体を彼らに開いて，彼らの体験をなぞるようにして理解していくこ

第1節　発達障碍に対する立ち位置　205

とを目指してかかわっていくと，彼らの"感じ方"や"捉え方"を掴めることや，発達障碍のある子どもたちと私たちとの間につながりが生まれることが確かにあった。その意味で「同じ面」，つまり世界の"捉え方"や"感じ方"を共有できる面があるとも考えられる。

このように，発達障碍のある子どもたちの世界の"捉え方"や"感じ方"は私たちのそれとは「同じとは言えない」が，「違うとも言えない」ということができる。この両面が，子どもたちとの関係性から発達障碍を理解しようとしたときに浮かび上がってくる見方である。

この両面があるがゆえに，発達障碍には多様な観点から光が当てられてきたのだろう。第1章で述べてきた「心の理論障碍説」や「対人関係障碍説」のように，発達障碍のある子どもたちと私たちとの「違い」，特に彼らは何ができないのかに着目する研究が多数ある一方，Wingの「自閉症スペクトラム」や，人間は誰もが大なり小なり偏りをもっているのだから，人間はみな発達障碍だという考え方（伊藤，2009）のように，彼らと私たちとの間に「同じ」面があることを強調する説も生まれる。どの立ち位置から発達障碍のある子どもたちを見るかによって，議論は大いに変わってくるし，場合によっては，発達障碍の見方が180度転回するといったことさえ歴史の中にはあった。発達障碍概念はここまで大いに揺れてきたのである。

しかし発達障碍のこれまでの諸理論は，発達障碍のある子どもたちの私たちとは「違う」面，または「同じ」面の，いずれか一面のみしか述べていないものがほとんどで，その両面を含めた，ありのままの子どもたちを描き出してきたとはいえない。その両面に対する揺れが垣間見られるのは，医療者であり当事者の母であったWing（1976）の議論や，発達障碍の当事者の綾屋と当事者ではない熊谷との対話によって生み出された「発達障害当事者研究」（2008）など，両方の立場に身を置いてみた者による研究のみである。発達障碍概念には常にこの両面を伴うことに，研究に携わる者は自覚的であるべきであろう。ここに発達障碍のある子どもたちと私たちとが「違う」面，および「同じ」面，いずれの面をも見据えた発達障碍理解を生み出していく必要が生まれてくる。

第2節　発達障碍とは何か
―関係論から発達障碍を問い直す―

(1)　従来の発達障碍概念を転換する必要性

　対人的相互反応に質的な障碍があると言われてきたように，これまでの発達障碍概念には，図―13のような相互作用モデルが想定されていたと考えられる。図―13におけるAを発達障碍のある子ども，BをAとかかわる人として議論を進める。

　養護学校の教師と，ダウン症で重度の精神遅滞がある小学1年の児童とが，ボールを用いたやりとり遊びをする場面に注目した関戸（2006）で紹介されている事例が，このモデルを理解するのに分かりやすい。コミュニケーション発達支援開始後6ヶ月目の対象児の様子の一部を，以下の表のようにまとめている。

　子どもの行動1のように，子どもが教師を見ることで，ボールを子どもに向かって投げるよう教師に促す。また教師の行動1のように，教師が「いくよ」と子どもに言うと，子どもは教師に手をあげ，「あ」と言う応答を示す。図―13のモデルは，このような両者の相互反応を表すことができるといえよう。

　しかし，発達障碍のある子どもたちの場合，この相互作用がうまくいかないことが指摘されてきた。Bの働きかけに対して，Aからの矢印がBの方向へと向かってこないのである。例えば，呼び止められても振り向くことができない，手をつないでくれない，抱っこしても早く下ろせとむずがる，下ろしたら下ろしたでまた泣きじゃくるなどである。また「いないいないばあ」をしても目が合わないことや，小学校で担任の先生が「○○君，こっち見て」「あれを取って」

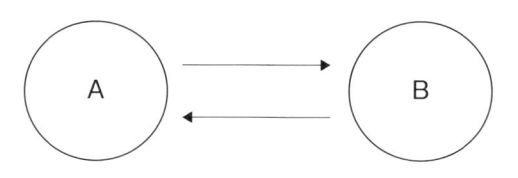

図―13　相互作用モデル

表—1　ボールを用いたやりとり遊び（関戸（2006）を一部改変）

子どもの行動1：指導者を見ている	→	教師の行動1：「いくよ」と言う
子どもの行動2：手をあげ，「あ」と言う	→	教師の行動2：「せーの」と言う
子どもの行動3：構える	→	教師の行動3：「ころころ」と投げる
子どもの行動4：ボールを見て打つ	→	教師の行動4：「パチン」と言う
子どもの行動5：指導者を見る	→	教師の行動5：ボールを拾いに行く

と指示しても，キョトンとしたまま動こうとしないなど，共同注意の問題もあるとされる（別府，2007）。このように相互反応ができないゆえに，育てにくい子，無視する子，マイペースな子と思われがちである（田中，2009b）。

さらに「発達凸凹＋適応障害＝発達障害」（杉山，2011）と考える見方も広まってきている（中村，2014）。杉山（2007b）は発達障碍を「子どもの発達の途上において，何らかの理由により，発達の特定の領域に，社会的な適応上の問題を引き起こす可能性がある凸凹が生じたもの」と定義している。発達障碍のある子どもたちには一般の認知の仕方とは異なった認知の仕方，例えば視覚優位の特性などがあることは第1章でも述べてきた。認知に高い峰と低い谷の両方がある「発達凸凹」それ自体はマイナスなのではない。その上に適応障害があり，教育的，治療的介入が必要なレベルのものを「発達障碍」とする考え方である。

こういった相互作用ができない状態を，発達障碍のある子どもたちの個体能力発達の遅れに起因するものとする考え方，つまりAとBのあいだで矢印が行き交わない原因はAの認知特性にあり，発達障碍のある子どもたちの「精神機能（こころのはたらき）の遅れ」（滝川，2007）であるとするのが，従来の発達障碍概念である。この見方を第1章では批判的に検討してきたのだが，これが現在の社会においても広く浸透している感がある。2013年5月にDSMが約

20年ぶりに改訂され，発達障碍概念もまた大きな転機を迎えつつあるが，やはりこの見方からなかなか脱却できていないようである。

清水（2014）によると，DSM-5では「神経学的発達障害（neurological developmental disorder）」の1つに自閉症スペクトラムは位置づけられる。そして第4版のような下位カテゴリー，すなわち，自閉性障碍やアスペルガー障碍等がすべてなくなり，「自閉スペクトラム症（autism spectrum disorder）」という診断名に一本化されることになった。また第4版では，①社会性の障碍，②コミュニケーションの障碍，③常同的・限定的な行動，の3つの診断基準があったが，DSM-5では，①社会的コミュニケーションの障碍，②常同的・限定的な行動（感覚異常を含む）の2因子モデルが採用されている（桑原・加藤・佐々木，2014）。

これまでの下位カテゴリーを排し，診断名を一本化したことによる功罪，例えば，アスペルガー症候群というカテゴリーがなくなったことが今後どういった影響を及ぼしてくるのかなどについては，今後検証を重ねていく必要があるだろう（本田，2014）。しかし，そもそも現時点でなぜ診断名を一本化する必要があったのだろうか。

清水は図—14を用いて，その理由を説明している。第4版の広汎性発達障碍は，いくつかの診断カテゴリーの集合体であった。例えば，自閉性障碍やアスペルガー障碍などの各診断カテゴリーがはじめにあり，それらを総称して広汎性発達障碍と呼んでいた。また各診断カテゴリー間には距離があり，その間に連続性はないとされていた。しかし実際の臨床において，下位カテゴリー間を埋める様々な中間形態が存在することが指摘されるようになった。つまり，自閉性障碍とアスペルガー障碍との鑑別を厳密に行うことは実際には困難だったのである。第4版で設定されていた下位カテゴリーを1つの連続体になったものとして定義したのが「自閉スペクトラム症」なのである。

発達障碍概念は，現在も，またこれからも移ろいやすい概念であることは，今回のDSMの改訂からも見て取れる。今回の改訂では，発達障碍のある子どもたちには実に多様な状態像があることに目を向けようとはしている。しかし結局は個の状態像を表した診断基準であって，発達障碍のある子どもたちと私たちとを切り離した発達障碍概念であることに変わりはない。自閉症の中核症

DSM-IV　　　　　　　　　　　　　DSM-5

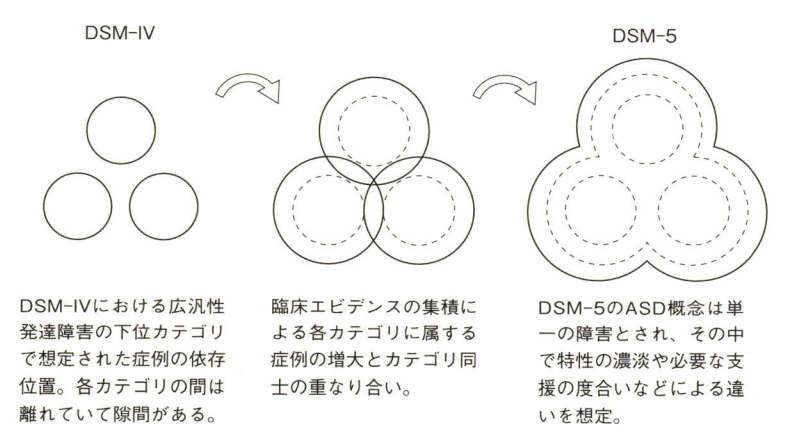

DSM-IVにおける広汎性発達障害の下位カテゴリで想定された症例の依存位置。各カテゴリの間は離れていて隙間がある。

臨床エビデンスの集積による各カテゴリに属する症例の増大とカテゴリ同士の重なり合い。

DSM-5のASD概念は単一の障害とされ、その中で特性の濃淡や必要な支援の度合いなどによる違いを想定。

図－14　広汎性発達障碍から自閉症スペクトラムへ（清水（2014）より引用）

状を追究する諸理論や行動療法を中心とした支援のように，関係性を抜きにして，個としての状態像とその改善を目指した「自閉スペクトラム症」の理解と支援がなされていくことに対しては危惧を覚える。

　その一方で，相互作用モデルにおけるAのみを原因とするのではなく，B，つまりかかわり手の側に問題があるとする立場も見られるようになってきた。発達障碍とされる子どもたちの中には，養育環境や生活環境の問題が大きいケースが増えているとされ，愛着の問題を抱えている場合が多いことも指摘されている（岡田，2012）。養育要因によって生じる発達の問題があり，そのために相互作用が生まれない状態がありうるという見方である。

　第1章で述べたように，心因論による理解が自閉症の親を苦しめてきたという背景から，Bettelheim以降，発達障碍における養育要因を取り上げることをタブー視する傾向があったように思われる。実際，養育要因を取り上げる言説に対しては厳しい批判の目が向けられ，例えば「関係障碍」（Sameroff & Emde, 1992；鯨岡，2002）という言葉が，保護者を中心としたかかわり手の子どもへのかかわり方が拙いとか，働きかけがかみ合わないといった，かかわり手の対応を非難する文言にあたると誤解され，問題になるときもあった。

　昨今の状況を顧みれば，家庭環境は実に様々であり，養育の状況も多様になっている。そのため，かかわり手の対応の仕方，つまりモデル図—1のBの

あり方に問題があると言わざるを得ないケースはあるのかもしれない。しかし，発達障碍の原因をBのあり方に一方的に帰属させるこのような見方も，また，発達障碍のある子どもたちとの関係性を背景化させてしまう。あるいは，発達障碍のある子どもたちとかかわるときには，かかわり手それぞれに様々な思いや意図があったのにもかかわらず，その内面世界には蓋をして，そのかかわり（行動）の良し悪しを外側から評価するだけで終わってしまう。子どもたちとかかわり手との内面的な関係性を等閑視しているという点で，こうした観点に対しても疑問を持たざるを得ない。

このように発達障碍のある子どもたち，またはその子とかかわる人たちのどちらかに，相互作用がうまくいかない原因を帰属させようとする考え方が，現在の発達障碍概念を作り上げてきたと考えられる。それは，両者それぞれの立場に身を置いた理解とは乖離した見方である。本来，第1節で見たように，発達障碍のある子どもたちの世界の"捉え方"や"感じ方"は，私たちのそれとは「同じとは言えない」が，「違うとも言えない」のであって，発達障碍のある子どもたちとそのかかわり手をはっきりと分断することなどできない。そうした"捉え方"や"感じ方"の次元，それらの「すれ違い」や「共有」といった水準で，両者の関係を見ていく必要があるのではないか。

要するに，両者の関係を行動的相互作用としてのみ考える発達障碍概念では，それぞれの人の内面での葛藤や，対人関係の機微に迫ることができないということである。外側から見た行動のみを表す従来の相互作用モデルに立った発達障碍概念を，対人関係の内実に沿った発達障碍概念へと転換していくことが必要になってくる。

（2）「受け止める−受け止められる」関係性から見た発達障碍

対人関係の内実に沿った発達障碍概念を生み出していくために，発達障碍のある子どもたちの世界の"捉え方"や"感じ方"を3つの事例から検討してきた。彼らとの対人関係の中で，その"捉え方"や"感じ方"を理解していくことは確かに一筋縄ではいかないことであった。

事例1のエピソード1で，「ごちそうさま」に苦労するケントの内面世界はとても複雑で，未だに分からない面が残る。ケントには文字が歪むと感じてしま

う，独特の世界の"捉え方"があったのだが，かかわり手であった筆者はその"捉え方"をなかなか受け止められずにいた。また逆に筆者が「どうしたの」と働きかければ，「今は話しかけないで」と拒否をされてしまい，かかわりが生まれそうもなかった。

事例2においては，サトシの気持ちの高ぶりや苛立ちを受け止めていくことがなかなかに難しい。サトシは自身の"感じ方"を「ウー」と唸ることや叫ぶこと，また頭を机に打ち付けるといった身体の表現で表してしまうために，学校現場ではその行為を認めるわけにはいかなかった。またタイムアウトのように，私たちの働きかけがない中でしか，サトシは気持ちを調整することができずにいた。

最後の事例3においても，エピソード1の習字の場面のように，西川先生が強い口調でカズマに働きかけると，たしかに言われた通りのことはする。行動だけの水準でいけば，こちらの指示がカズマに伝わっているといえるかもしれない。しかしその後すぐに教室から出ていってしまったことも合わせて考えれば，こちらの働きかけをカズマが受け止めたというわけでは全くなく，怒られるのが嫌だから強迫的にやり終えたと見る方がカズマの体験に近いだろう。

これら3つの事例に共通していえることは，筆者の出会ってきた子どもたちがそれぞれ独特の世界の"捉え方"や"感じ方"に基づいて行為しているのだが，その世界の掴み方が私たちのそれとは大きく違うために，彼らを受け止めていくことがとても難しいということである。また，私たちの側から子どもたちに働きかけてみたとしても，拒否されたり，一人で放っておくしかなかったり，強迫的にやらせるのみに終わったりと，発達障碍のある子どもたちの方でもこちらの働きかけを受け止めることが難しい様子がうかがわれた。

このように，私たちが発達障碍のある子どもたちとかかわる中で感じたことや気づいたことはあるのだが，発達障碍のある子どもたちの世界の"捉え方"や"感じ方"が私たちのそれとは異なるために，私たちが彼らの思いを受け止め，彼らもまた私たちの思いを受け止めてくれるという相互的な関係がなかなか生まれてこない。彼らはそこで決して居心地がよいとは言えない状況を生きているのだろうし，私たちにも戸惑いや悩みが生まれ，それゆえに彼らを受け止めることがさらに難しくなるという循環が生まれてくる。このように，「受

212　第4章　総合考察

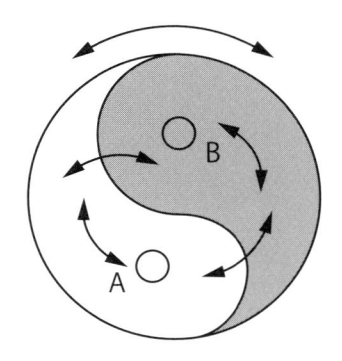

図—15　両義性の概念図（鯨岡，1998より引用）

け止める－受け止められる」という関係が生まれにくいところに発達障碍の根幹があるのではないだろうか。

　図—15は鯨岡（1998）が「両義性」の概念をモデル化したものである[44]。子どもたちとの関係性に着目する立場から，このモデル図を用いて，発達障碍概念に対する考察を深める。

　この両義性モデルの特徴として，それぞれの項の丸みを帯びた凸の部分が能動性を，凹みの部分は受動性を表現しており，能動と受動の交叉に対応していることが挙げられる。交叉（chiasme）とは，Merleau-Pontyが，自分の右手が自分の左手を握る場合を例にとって，その「握る－握られる」が，単に一方の能動，他方の受動と切り分けられず，両者が混淆する事態を指そうとした概念である（鯨岡，1999）。例えば，養育者と赤ちゃんが「抱っこする－される」という身体を介した関係にあるとき，養育者は「抱っこ」をする人として，また赤ちゃんは「抱っこされる」人として，切り分けられた向き合い方をしているわけではない。養育者が「抱っこ」をするという能動性は，赤ちゃんの身体の抱かれ方に制約されるという受動性をその裏側に抱える。一方で赤ちゃんの「抱っこされる」という受動性は，養育者の「抱っこ」を制約するという能動性を孕んでいる。一方は能動でありつつ同時に受動であり，他方は受動でありつ

---

[44]　鯨岡（1998）によれば，このモデル図の円全体は，項Aと項Bを構成する関係を表しているとされる。つまり，各項よりも関係が優位に立つ事情を表している。ここでの議論では，Aを発達障碍のある子ども，Bをその子とかかわる人として想定している。

つ同時に能動であるという，両者の身体的両義性が，「しっくり」とくるつながりを生む。

　この概念を身体性にのみ限定することなく，相互主体性（鯨岡，2006）の観点にまで拡げてみると，発達障碍のある子どもたちとその子にかかわる人たちとの間には，受け止めようとする能動性と受け止めてもらえたと感じる受動性の交叉が生まれてこないという事態が起きているのだと考えられる。

　発達障碍のある子どもたちには独特の世界の"捉え方"があることは繰り返し述べてきた。その"捉え方"を私たちは少しでも理解しようとはしているのだが，それがすぐには理解しにくい知覚様式であるために，彼らの"捉え方"を自らの身体を通して分かるという体験が私たちに生まれにくい。逆に言えば，周囲の人たちから分かってもらえた，受け止めてもらえたということを，発達障碍のある子どもたちが身体を通して実感するということも生じにくいのだと考えられる。そのために，両者共にお互いに対する理解がなかなか深まっていかないのである。

　また"感じ方"についても，独特ではあるが発達障碍のある子どもたちなりに自身の"感じ方"を表現している姿があり，私たちはそこに寄り添っていこうとするのだが，どうしてもそこに分からなさが残り，彼らの"感じ方"を，身体を通して分かるという感覚が生じにくい現実がある。それと呼応するように，発達障碍のある子どもたちには自身の"感じ方"を私たちに受け止めてもらったという体験がなかなか生まれてこないのだと思われる。

　このように彼らの"捉え方"や"感じ方"を，私たちの身体感覚からリアルに実感していくことはなかなか難しい。したがって，発達障碍のある子どもたちも私たちもお互いを受け止めることが難しく，両者の間に「受け止める－受け止められる」関係を生きていくことの困難や，共有できる体験がなかなか生まれてこないという事態が生じる。それゆえ私たちは発達障碍のある子どもたちを支えていくことに難しさを感じるととともに，私たち自身を支えてくれる感覚──彼らとかかわれているという手応えや，何かの役に立っているという実感──も不確かになってしまう。そこに，様々な悩みや戸惑いが生まれてくる。また発達障碍のある子どもたちからしても，彼らを支えてくれる人がなかなか現れず，自らが周囲を支えているという実感に乏しい世界を生きているの

だろう。このようにお互いが支え合っているという感覚が生まれてこないことによって,「生きづらさ」(田中, 2014) が強く作られていく。

　さらに問題なのは,発達障碍のある子どもたちと私たちとの間に共有できる体験が生じにくいがゆえに,彼らを「育てる」という営みに歪みが生じる可能性があるということである。「育てる」ということは本来,子どもの行動の持つ意味を考え,その思いを感じる中で,一人一人のありのままを丁寧に理解していこうとする姿勢に支えられていなければならない。しかし共有できる体験が生まれにくい状況においては,子どもの思いを無視したまま,何とかして子どもたちに能動性を発揮させようとして,または言うことを聞かない子どもたちを押さえつけるために,かかわり手の側から強い「させる」働きかけをせざるを得ないときがある。例えば,事例2の山口先生や事例3の西川先生のように強い口調で子どもたちに伝える,といったことである。しかしその働きかけは,子どもの心に強い負担をかけることになり,二次的または付加的に,いまある関係をより拗らせてしまう可能性も孕む。実際,事例3のエピソード1でのカズマは,強迫的に習字を終わらせてしまうとともに,教室からすぐさまいなくなってしまった。このようにして,ますます「受け止める-受け止められる」関係が生まれない状況に陥っていき,それがさらなる強い働きかけにつながっていくという悪循環があるかもしれない。発達障碍のある子どもたちの特性として理解されている行動の相当部分は,「育てる」営みの歪みの中で生まれた,二次的に作られた行動の可能性さえある(鯨岡, 2014)。とすれば,発達障碍のある子どもの特性とは何か,私たちは改めて考え直す必要があるのではあるまいか。

　本書の中では繰り返し,従来の障碍特性理解は表面的な行動の水準にとどまっており,その子の内面に迫ることができないことを述べてきた。では,発達障碍のある人たちと私たちとを明らかに分かつものとは一体何なのだろうか。これまでの発達障碍研究において,この点について検討されてはきたものの,いまだ明確な答えがあるところではない。DSM等にある診断基準に書かれているのは,その障碍のある人たちが見せる行動の状態であって,スペクトラムの観点からすれば,私たちに当てはまる面があると思っても不思議ではない。また支援の手立てとされること,例えば視覚優位とされる特性に合わせたスケ

ジュール表などは，発達障碍のある子どもだけでなく，私たちにとっても分かりやすいものである[45]。これまで障碍特性として考えられてきたことは，大なり小なり程度の差こそあれ，私たちも同じように持っている。であれば，生まれながらに障碍を持っている子どもの特性とはいえない。むしろ，特性理解による過剰な判断や見立てが生まれる可能性を危惧する。

では障碍特性とは一体何なのか。事例で示してきた子どもたちをはじめとして，筆者が出会ってきた発達障碍のある子どもたちや，当事者の記述を読んでみると（ニキ・藤家，2004など），発達障碍のある子どもたちと私たちとの身体感覚には，顕著な違いがあると考えられる。それは，事例１で紹介したケントのような知覚体験や，Grandin（1986）の「締めつけ機」，綾屋（2008）の「お腹が空いた」という感覚，また自閉症の子どもたちの乳児期によく指摘される，抱っこのしにくさ（村上，2008）などに見られる身体感覚である。

つまり，刺激の感受の仕方が一般の子どもよりも鋭すぎる面や鈍すぎる面のある身体感覚を持つ。この側面を障碍特性とするならば，発達障碍のある子どもたちには持って生まれた特性があると考えられるだろう。それがすぐさま，こだわりをはじめとする負の行動特性につながるわけでは決してない。しかし一方で，子どもの周囲にいる私たちかかわり手が，その身体感覚を直感的に掴めるわけではない。それゆえ，私たちに子どもたちを受け止めることに難しさが生まれてくる。また受け止められないがゆえに，子どもにそういった体験が蓄積されていく中で，発達障碍のある子どもたちの心の育ちのみならず，その子とかかわる私たちの心の動きにも何らかの負の影響が生まれてくると考えられる。そういった育ちの背景から，子どもたちの困った行動や特性とされる行動が出現してくるのではなかろうか。

以上の議論から，発達障碍のある子どもたちの世界の"捉え方"や"感じ方"に沿った形での発達障碍概念を以下のようにまとめることができる。

---

45) ユニバーサルデザインやバリアフリーの発想は，こういった観点から発展していったものと考えられる。

> 　発達障碍のある子どもたち独特の世界の"捉え方"や"感じ方"を，私たちの身体感覚からリアルに実感していくことはなかなか難しい。さらに身体性の次元のみならず，発達障碍のある子どもたちと私たちが「受け止める－受け止められる」という相互主体的な交叉関係を生きていくことにも困難が生じる。
>
> 　それは，言い換えれば，発達障碍のある子どもたちと私たちとの間で共有できる体験が乏しいということでもある。それゆえ，お互いが支え合っているという感覚も生まれにくいし，「育てる」という営みにも歪みが生じやすい。そこに，発達障碍の実態がある。

　この新たな発達障碍の見方に立ったとき，どのような特別支援教育のあり方が開かれてくるのだろうか。

第3節　関係性を重視した特別支援教育のあり方
　——"共にある"ことを目指して——

　第2節では，発達障碍のある子どもたちと私たちとの関係を行動の相互作用とする従来の発達障碍概念を転換して，発達障碍のある子どもたちの内実に沿った，発達障碍の新たな見方を提示した。第3節ではこの立場から，特別支援教育のあり方を検討していく。

　私たちと発達障碍のある子どもたちとのあいだには，「同じとは言えない」面と「違うとは言えない」面の両面がある。第3章で示した3つの事例においても，発達障碍のある子どもたちとのかかわりを積み重ねていく中で，彼らの"捉え方"や"感じ方"について分かる面や共有できる面は徐々に生まれてきた。この共有できる体験はどのようにして生まれてきたのだろうか。綾屋・熊谷（2010）は当事者の立場から，「違いを認めた上でなお，つながる作法とは何か」という問いを立てている。その問いを念頭に置いて，第3章で示した事例をもとに，発達障碍のある子どもたちと私たちとが共有できる体験を生み出していくために必要となる観点について考察を深めるとともに，関係性を重視する特

別支援教育のあり方を検討していく。

(1) 共有できる体験を生み出していくためには

　第2節で，発達障碍のある子どもたちと私たちとは「受け止める－受け止められる」関係がうまくいかないこと，またそれゆえに，共有できる体験を生み出していくことに難しさがあることを指摘した。よって支援の中心は，「受け止めつつ，受け止められる」という交叉体験を生み出していくためにはどうしたらよいのか，という点になってくる。そこで，第3章で提示したエピソードの中から，筆者などのかかわり手が子どもたちを受け止めることができたという手応えがあった場面や，私たちの働きかけによって子どもたちが主体性を発揮できた場面など，お互いの支え合いが成立したときを振り返ってみた。すると以下に示す観点が，発達障碍のある子どもたちと私たちとのあいだで共有できる体験を生み出していくために必要であることが浮かび上がってくる。

> 　発達障碍のある子どもたち独特の世界の"捉え方"や"感じ方"を否定することなく，私たちの枠組みをひとまず留保して，発達障碍のある子どもたちの世界に踏み込む。
> 　そして発達障碍のある子どもたちの"捉え方"や"感じ方"を自らの体験に引き寄せて考え，私たち自身の"捉え方"や"感じ方"も問い直しながら，十分にそれを味わうかかわりを積み重ねていく。
> 　加えて，発達障碍のある子どもたちの"捉え方"や"感じ方"について，その子とかかわる人たちと共に共通理解を重ねていくことも肝心である。

　この観点を具体化すると以下に示す内容になる。
　例えば事例3のエピソード2では，筆者がカズマの"捉え方"や"感じ方"の世界に入り込んでみて，その内面世界を味わってみることが，関係性や現実を変えていく第1歩になった。ドングリに秋を感じる感受性をカズマが持っていることに気づかされるとともに，ドングリを拾い集めることに楽しさを感じる，生き生きとしたカズマらしい姿に出会えた。そこで初めて本来のカズマの体験世界を実感することができたのである。

ボランティアや支援員は学校現場で子どもたちだけでなく，先生とも生活を共にする一員であるから，学校の規範を守るという制約があることは常に意識しておかなくてはならない。その上でなお，子どもたちの内面世界に踏み込み，その感受している世界を味わってみることが必要と考えられる。
　それはすべての事例においていえることで，事例1でのケントの行動を「こだわり」，事例2のサトシの行動を「パニック」という枠組みで見てしまえば，彼らの体験世界に踏み込んでいくことはできなかったであろう。
　また事例1のエピソード3や4は，筆者自身の感受性を見つめ直す機会になった。厳しい暑さを「折」ると，冬になってしまうという"捉え方"，百人一首ではクラスメイトではなく，ひらがなにやられているという"捉え方"，それぞれに筆者の想定していた"捉え方"ではなかった。しかし全く私たちに分からない"捉え方"というわけではなく，私たちの枠組みを少しずらしてみると，独特ではあるが一理ある"捉え方"のようにも思われる。だから，ケントの"捉え方"が社会的な文脈にそぐわないからといって頭から否定する必要もない。まず私たちがケントの"捉え方"や"感じ方"をしっかりと味わっていくことが求められる。
　事例1のエピソード2やエピソード5のように，ケントの「相貌的知覚」という"捉え方"をきっかけとして対人関係が展開し，筆者とは「シンニョウカー」の動き，またクラスメイトとはアルファベットの相貌性についての対話が生まれてくることもあった。ケントと他者とがその"捉え方"を共有できたことによって，ケント自身もとても生き生きとして，私たちとのやり取りを楽しむ姿が生まれてきた。またそのときには，私たち自身の"捉え方"や"感じ方"の問い直しが起こる。シンニョウやアルファベットが意味を有しながら動く世界は，普段の私たちの世界に現れてくるわけではないから，自らの感受性を根底から考え直すことが求められる。しかしその世界を掴むことができたならば，彼らを受け止めやすくなるともに，彼らとかかわること自体に面白さを感じることができる。
　また事例2においては，エピソード2のように，衝動的な気持ちの苛立ちとその情動を落ちつけようとする気持ちの狭間で葛藤するサトシに対して，コウジはその"感じ方"に寄り添い，情動調律によるかかわりを行った。この場面

ではサトシの"感じ方"をコウジもまた身をもって感じていたからこそ，コウジ自身が気持ちを落ち着かせるときに使う深呼吸によるかかわりが生まれた。サトシの"感じ方"にかかわり手が寄り添い，かかわり手自身がわが身のそれで体験できるほどにサトシの体験を自らに引き寄せていくことが大事であることが示唆された。

加えて，深呼吸によるかかわりを，コウジだけでなく山口先生やクラスメイトも行い，心が落ち着く体験をサトシが積み重ねていったことも重要であった。エピソード3のように，気持ちにそぐわず，うまくいかない場面も確かにあるのだが，情動調律によるかかわりを積み重ねていくことで，エピソード4や5のようにサトシが自ら先生やクラスメイトとつながりを持とうとする姿が生まれてきた。これはタイムアウトのように，関係を断つことで気持ちを調整しようとする姿とは全く異なるものである。

最後にすべての事例で，担任の先生の子どもたちに対する見方が，筆者にとって非常に参考になった。事例1では，ケントが相貌的世界を生きているという共通理解を担任の先生との間で確認することができた。また事例2でも，山口先生との話し合いを通じて，それぞれのエピソード体験には様々な背景があることを知るとともに，山口先生がサトシとかかわるときの思いも知ることによって，一面的ではない子ども理解へとつなげていくことができた。

特に事例3においては，カズマの"捉え方"や"感じ方"について西川先生と情報を交換することは，筆者自身にとっては大きな学びにつながっていった。週1回の観察では得られないカズマのありようを教えていただき，1人の見方だけでなく，複眼的にカズマに対する見方を共有していくことが，子どもたちに対する理解を深めていく上で大変重要であった。また子どもへの理解が深まってくるからこそ，子どもたちとのあいだで共有できる体験が生まれてくると考えられる。

(2) 関係性を重視した特別支援教育のあり方とは

ここまで発達障碍のある子どもたちと私たちとが共有できる体験を生み出していくために必要な観点を事例に基づいて考察してきた。最後にこの観点を基盤とした特別支援教育のあり方を提言する。

a）「生きにくさ」を和らげる特別支援教育を目指して

　我が国の近年の大きな動向として，2014年1月に障害者権利条約に批准したことがある。この条約の批准に向けた一連の障碍者制度改革の中で，教育についても検討がなされ，「共生社会の形成に向けたインクルーシブ教育システム構築のための特別支援教育の推進」の報告がなされた（文部科学省，2012b）。共生社会の形成に向けて，インクルーシブ教育システムの理念が重要であり，その構築のため，特別支援教育を着実に進めていく必要があるとされる。インクルーシブ教育システムとは，「人間の多様性の尊重等を強化し，障害者が精神的及び身体的な能力等を可能な最大限度まで発達させ，事由な社会に効果的に参加することを可能にするという目的の下，障害のある者と障害のない者が共に学ぶ仕組み」であるとされる。

　障碍のある子どもと障碍のない子どもが共に学ぶというインクルーシブ教育システムの構築に向けては「合理的配慮」の提供が必要とされる。また障害者権利条約によると，「合理的配慮」の否定は障碍に基づく差別となる。「合理的配慮」とは，発達障碍のある子どもに限らず，すべての子ども一人一人の状態に合わせた支援をしていくことであり，子どもとその保護者，担任教師が必要とされる援助について相談や合意を重ねながら，支援を進めていくことを目指

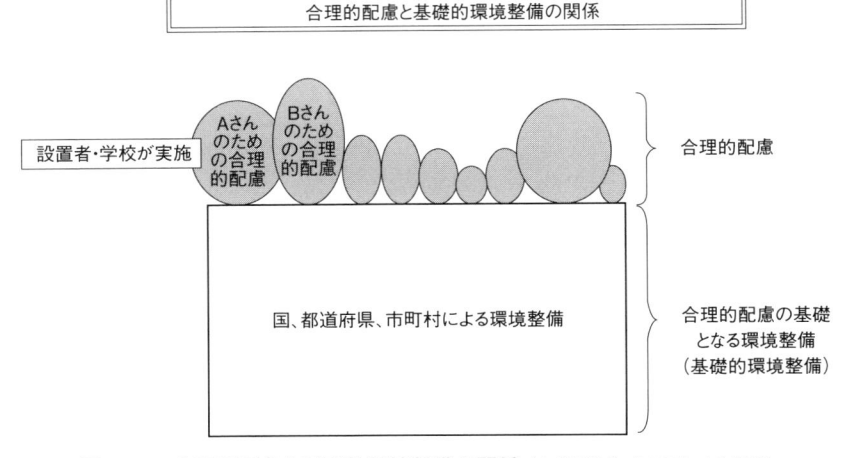

図—16　**合理的配慮と基礎的環境整備の関係**（文部科学省（2012b）より引用）

第3節　関係性を重視した特別支援教育のあり方　221

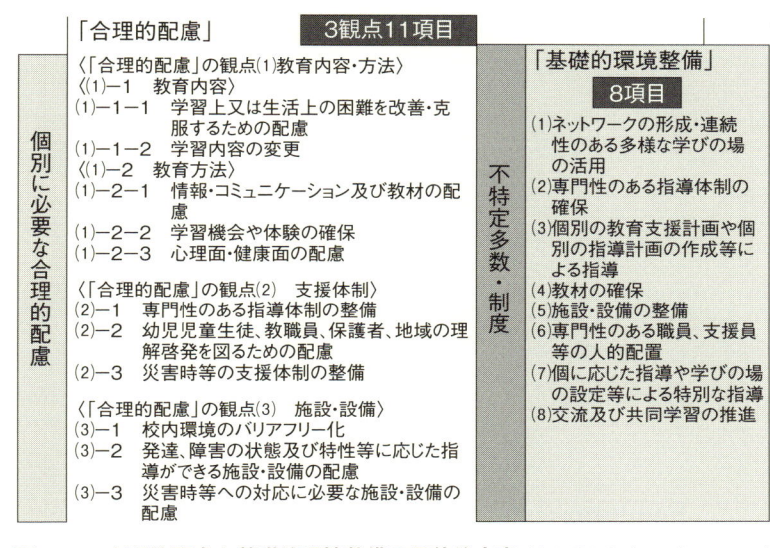

個別に必要な合理的配慮	「合理的配慮」　3観点11項目	不特定多数・制度	「基礎的環境整備」8項目
	〈「合理的配慮」の観点(1)教育内容・方法〉 〈(1)—1　教育内容〉 (1)—1—1　学習上又は生活上の困難を改善・克服するための配慮 (1)—1—2　学習内容の変更 〈(1)—2　教育方法〉 (1)—2—1　情報・コミュニケーション及び教材の配慮 (1)—2—2　学習機会や体験の確保 (1)—2—3　心理面・健康面の配慮 〈「合理的配慮」の観点(2)　支援体制〉 (2)—1　専門性のある指導体制の整備 (2)—2　幼児児童生徒、教職員、保護者、地域の理解啓発を図るための配慮 (2)—3　災害時等の支援体制の整備 〈「合理的配慮」の観点(3)　施設・設備〉 (3)—1　校内環境のバリアフリー化 (3)—2　発達、障害の状態及び特性等に応じた指導ができる施設・設備の配慮 (3)—3　災害時等への対応に必要な施設・設備の配慮		(1)ネットワークの形成・連続性のある多様な学びの場の活用 (2)専門性のある指導体制の確保 (3)個別の教育支援計画や個別の指導計画の作成等による指導 (4)教材の確保 (5)施設・設備の整備 (6)専門性のある職員、支援員等の人的配置 (7)個に応じた指導や学びの場の設定等による特別な指導 (8)交流及び共同学習の推進

図—17　合理的配慮と基礎的環境整備の具体的内容（文部科学省（2012b）より引用）

す配慮といえるだろう。また「合理的配慮」の充実を図る上で，スロープの設置など学校のバリアフリーに向けた基礎的環境整備は欠かせないとされる。この合理的配慮と基礎的環境整備の関係，およびその内容を具体化したものが，以下の図—16・図—17である。

このインクルーシブ教育システムが目指すところ，すなわち，障碍のある子どもと障碍のない子どもが共に学ぶ場を追求し，すべての子どもたちに充実感のある生活を提供できるよう支援していく教育の形には筆者も賛同する。発達障碍のある子どもたちが生き生きとした学校生活を送っていく上で，特別支援教育をいかに展開していくのかという問いは今後より重要な観点となっていくであろう。

この問題に対して，これまでの特別支援教育のままで十分であるとはいえない。従来の発達障碍概念の根幹には，子どもとかかわり手の関係を行動の相互作用に還元するモデルがあった。これに対しては，第2節で批判的に検討してきた。しかしこの見方が広く浸透していたために，発達障碍のある子どもたちに対する特別支援教育研究においても，行動の相互作用モデルを前提とした支

援が模索されていた。具体的には，アセスメントによる実態把握を通して，発達障碍のある子どもたちの認知特性を明らかにし，その認知特性に応じた適切な教育を行うことで，社会的な能力，つまり行動の相互作用を円滑に行うことができるという考え方である（長崎，2006；高畑，2006）。このような個に応じた支援，つまり「個別の配慮や支援」および「合理的配慮」を行っていくことが特別支援教育の大きな流れとして強まっていることは第1章でも述べてきた。

　しかしながら先に述べた，「発達障碍のある子どもたちの世界の"捉え方"や"感じ方"を否定することなく，私たちの枠組みをひとまず留保する」という観点からすれば，発達障碍のある子どもたちの認知や行動を評価する枠組みに基づいた特別支援教育に対しては疑問を持たざるを得ない。そもそも評価をするという枠組み自体に定型発達との差異を否定的に，または肯定的に捉える観点が入り込んでいるために，発達障碍のある子どもたちのありのままの内面世界に踏み込んでいくことがなかなかできない。たしかに教育という領域においては，評価する枠組みからはなかなか逃れられない。しかし実際の教育の場では，評価ばかりに囚われているわけではなく，山口先生や西川先生のように，学校の先生たちも子どもたちを受け止めにくい現実に戸惑いを感じ，どのように働きかけていけばよいのかと悩みを感じていることが多い（加茂，2011）。彼らの"捉え方"や"感じ方"に迫っていくことができないために，子どもと先生たちとの間に共有できる体験が生まれにくくなり，両者に「生きにくさ」が生まれてくる。こういった両者の受け止めにくさや働きかけにくさといった「生きにくさ」をどう支援していくのかを（田中，2014；鯨岡，2014），特別支援教育において第一義的に考えていかなくてはならない。

　従来の特別支援教育は，発達障碍を子どもの外的な行動・能力の特性とみなし，定型発達者の社会へと適応させるために，それら特性に応じた教育や支援を行っていくという側面にばかり目が向けられていた。確かに，第3章で提示してきた事例において，特性とされる行動が彼らを理解する一助になった面はあったが，それらはあくまで補助的なものに過ぎず，表面的な水準での子ども理解にとどまっていることはこれまで何度も指摘してきた。特別支援教育の中で，本来最も向き合っていかなくてはならなかった，発達障碍のある子どもたちとその子とかかわる人たちの「生きにくさ」に言及されることがこれまでは

とんどなかったのである。

　様々な事例で提示してきたように，悪気なく一生懸命に生きているのに，周囲からなかなか受け止めてもらえず，常に浮かばれない思いをしている子どもたちと，その子どもたちと向き合い，一生懸命に受け止めていこうとしているのに，なかなか明るい見通しが持てないでいるかかわり手との間で，内面的な関係性が円滑に噛み合わなくなっている状態が生まれている場合が数多くあると考えられる。そのお互いに報われない状況にある両者の関係を支えていくことが，特別支援教育において何よりも求められている。

　ここで関係性を重視するとは，発達障碍のある子どもたちと私たちとの行動の相互作用を円滑にすることを目指したものではない。「受け止める－受け止められる」関係が生じにくい現実によって生まれる両者の「生きにくさ」を多少なりとも和らげていく，特別支援教育のあり方を模索していくことが求められる。そのためには，発達障碍のある子どもたちの内面世界に私たちが踏み込むことが不可欠であり，かかわりの中から子どもに対する理解を構成していくことが必要になる。つまり，発達障碍のある子どもたちの"捉え方"や"感じ方"を共有できたという体験を積み重ねていくことが重要になると言えよう。では，これを実現していくために，私たちはどのように学校現場に臨んでいくことが求められるのだろうか。

b）　発達障碍のある子どもたちと私たちとが「共育」していくことで，生きやすくなる

　発達障碍のある子どもたちと私たちとの間で共有できる体験を生み出していくための観点として，発達障碍のある子どもたちの世界の"捉え方"や"感じ方"を自らの体験に引き寄せて考え，私たち自身の"捉え方"や"感じ方"も問い直しながら，十分に味わうかかわりを積み重ねていく必要性を述べた。この観点が，従来の特別支援教育研究においてほとんど取り上げられてこなかった。その背景には，発達障碍のある子どもたちと私たちとをはっきりと分断してしまっていたことがある。つまり，子どもだけの問題としてだけでなく，それを取り巻く状況や対人関係も合わせて考えていくという視点（田中，2011）を欠いてしまっていたのであった。

特別支援教育の場で，相互作用モデルのように発達障碍のある子どもたちと私たちとを切り離すことなく，両者の間に営まれる「受けとめる－受け止められる」関係を考えていくためには，子どもたちの世界の"捉え方"や"感じ方"に私たちの身体を重ね合わせてみたり，子どもたちの立場に身を置いて，気持ちを重ねてみたりといった現象を考えていく必要がある。そこでは，関係の担い手の片側である私たち自身の"捉え方"や"感じ方"をも丁寧に描き出していくことが欠かせない。そして，発達障碍のある子どもたちの世界に踏み込んだかかわりを積み重ねていく中で，発達障碍のある子どもたちと私たちとの間に共有できる体験を生み出していくことができれば，子どもたちには他者に対する安心感が育まれ，自分らしい表現で世界に働きかけようとする様子，つまり，他者に支えられながら自らを押し出していこうとする姿が確かに生まれてくる。筆者が体験してきた事例からはこのように結論付けられる。

　ただし，発達障碍のある子どもたちにどんなに寄り添ってみても，分からない面が残ることはあった。かかわり手が自らの問題として置き換えてみても，なかなか身体で了解していくことが難しく，子どもたちとは「違う」面があることを痛感してしまうことはあるだろう。共有できる体験を容易に生み出していけるわけではないことは指摘しておく必要がある。

　その上でなお，かかわり手は身体を開いて，子どもたちと粘り強いかかわりを継続していくことが求められる。というのも，様々なエピソードで提示してきたように，すぐには分からないでいた彼らの"捉え方"や"感じ方"に，ふと気づかされる体験が生まれうるからだ。ここから，発達障碍のある子どもたちとのかかわりの中で生じた，彼らに対する分からなさや違和感といった感覚を，障碍特性といった表面的な理解で分かったつもりになってしまうのではなく，かかわり手の内面でその感覚を留保しておくことが大切になる。つまり，「分からなさ」が残ることもつながりの1つであり，発達障碍のある子どもたちとの「違い」をじっくりと味わい続けることによって，かかわり手は彼らとのつながりを保っておくことができると考えられる。

　加えて大切なのは，発達障碍のある子どもたち独特の世界の"捉え方"や"感じ方"に寄り添い，またそれらを問い直す営みの中に，私たち自身の学びや育ちが生まれてくることである。具体的には事例2や3のように，その子の"感

じ方"に合わせた情動調律によるかかわり方や，ドングリを活用した授業場面での工夫が生まれてくることが挙げられる。また事例2では，サトシとクラスメイトのコウジや山口先生との間に"共にある"という気持ちが育まれていった。そういった事象を田中（2008）は「共育」という言葉で表しているが，このように，"共にある"ことに支えられた，様々な心の育ちや変容が私たちに生まれてくる。これこそが特別支援教育，そしてこれからのインクルーシブ教育の目指すべき着地点になると考えられる。

c) ボランティアや支援員の立場だからこそ見えてくる理解がある

最後に，「発達障碍のある子どもたちの"捉え方"や"感じ方"について，その子とかかわる人たちと共に共通理解を重ねていくこと」も特別支援教育では欠かすことはできない。この観点はこれまでも重視されており，連携の必要性が指摘されるとともに（近藤，2013），個別の指導計画，個別の教育支援計画に見られるような，一貫した支援の必要性が指摘されてきた（安達，2013）。

保護者など周囲の人たちとの連携や，発達障碍のある子どもたちの生涯にわたるサポートが必要であることについては筆者も賛同する。しかしながら，発達障碍概念の歴史的変遷や転回を振り返ると，立場が違えば，発達障碍についての見方も実に多様であったし，支援を必要とする子どもたちに対する理解の仕方も，関係者間で大きく異なることが常であった。様々な異なる立場のあいだで，共通理解を生み出していくことに困難を伴う場合が少なくない。

実際筆者のアプローチが，従来の特別支援教育の方向性と全く異なる方向性であるために，筆者は様々な対立や行き違いを何度となく経験してきた。第1章を振り返ってみても，例えば心理療法と行動療法の諍いや養護学校の義務教育化など，これまでの発達障碍支援や特別支援教育において様々な対立が生まれてきたように，発達障碍の支援にはどこか対決の色合いが強くなっていくことが否めない。様々な観点から子どもを理解していくことは大切ではあるが，そこで意見を対立させていても，子どもの支援につながっていかなければ意味がない。加えて，それが子どもたちのかかわりにまで影響が生じてくるのであれば，本末転倒になる。発達障碍のある子どもたちに対する，周囲の人たちとの共通理解をどのように生み出していくのか，かかわり手となる人たちの関係

性も特別支援教育においては実は重要なポイントになってくる。

　そしてその板挟みに合いやすいのが，学校ボランティアや特別支援教育の支援員といった人たちであると思われる。先生でもなく，しかし子どもたちの友だちでもない，とても曖昧な存在として筆者は学校現場にいた。金子（1992）が述べているように，ボランティアはそもそも弱い存在なのかもしれない。しかしボランティアや支援員は学校現場に欠かすことができない人であると強く思う。ボランティアや支援員の中心的な役割は，先生のもう1つの手として，支援を必要とする子どもたちの学校適応に向けた手助けをしていくことだろうし，その役割を意識しておく必要性はたしかにある。しかしそれを超えて大事なことは，子どもたちと率直に遊ぶ相手になったり，相談する相手になったりと，子どもたちの世界を受け止められるような存在でいることだった。そのような立場の人が一人でも学校にいることは，「受け止める−受け止められる」関係が生まれにくい子どもたちにとっては，極めて重要なことである。

　先生でもなく，保護者でもなく，友だちでもない存在としてある，ボランティアや支援員は，発達障碍の子どもたちの内面世界を想像しながら，かかわりの中で感じられた彼らの感覚を十分に受け止めて，彼らが"共にある"ことを支えていこうとする一方で，得られた感覚を言語化し，周囲の人たちと共有していくことで，学校という場で期待される支援員としての役割をこなしていく。この二重性を抱えているところに，先生や保護者などにはない，ボランティアや支援員ならではの存在意義がある。

　また，この二重性を引き受けていくプロセスの中でこそ，ボランティアや支援員がそれまで有していた発達障碍の枠組みをリフレーミングするということも起きてくる。多様な観点から子どもたちを理解していくために，幅広い視野に開かれたボランティアや支援員というのは，現代の学校教育現場において欠かせない人的環境であると思われる。

　以上の議論から，関係性を重視した特別支援教育のあり方をまとめると，次のようになる。

発達障碍のある子どもたちとその子にかかわる人たちとのあいだに「受け止める－受け止められる」関係が生まれにくいために生じる「生きにくさ」を多少なりとも和らげていくのが，本来の特別支援教育のあり方である。

　そのためには，子どもたちの世界の"捉え方"や"感じ方"に私たちの身体を重ね合わせてみたり，子どもたちの立場に身を置いて，気持ちを重ねてみたりといった姿勢を持つ必要がある。この発達障碍のある子どもたち独特の世界の"捉え方"や"感じ方"に寄り添ったかかわりを積み重ねていく中で，子どもたちが他者に支えられながら自らを押し出していこうとする姿が確かに生まれてくる。

　それによって，私たちが発達障碍のある子どもたちを受け止めやすくなり，"共にある"という実感が生じ，子どもたちと私たちとがお互いに学び合っていくという「共育」が生まれる。このような形での両者の心の育ちや変容こそが特別支援教育の目指すべき着地点である。

　加えて，発達障碍のある子どもたちに対する，周囲の人たちとの共通理解をどのように生み出していくのかも特別支援教育においては重要なポイントである。特に学校ボランティアや特別支援教育支援員が，先生でもなく子どもでもないという二重性を抱えながら，実直に子どもたちを受け止める存在としてそこにあることには，非常に大きな意味がある。

第4節　今後の課題

　第Ⅰ部から発達障碍概念の歴史的変遷を追いかけ，その概念の問題点を批判的に検討した。また第Ⅱ部の事例から，「受け止める－受け止められる」関係の生まれにくさを根幹とする新たな発達障碍概念を提唱し，発達障碍のある子どもたちと私たちとが"共にある"ことを目指す特別支援教育のあり方を述べてきた。今回得られた発達障碍に対する理解と支援の観点を基礎として，発達障碍のある子どもたちと私たちとが共に生きやすい地平とは何かを今後とも追い

求めていきたい．最後にこれからの課題を2つ挙げて，本書を締めくくることとする．

第1の課題として，私たちに身体を通して感じられる，発達障碍のある子どもたちの世界の"捉え方"や"感じ方"を言葉にしていくことの難しさである．

発達障碍概念はこれまで大いに揺れてきたし，今後の医療や教育の展開によっては，これからも様々な変遷をたどっていくことであろう．その揺れの要因の1つに，発達障碍のある子どもたちに私たちとは「同じとも言えないが，違うとも言えない」面があることを挙げた．そして，その両面のどの立ち位置から子どもたちを見るかによって，見方は様々に変わってくることを指摘した．

その上で，もう1歩踏み込んで考えていく必要があるのは，私たちが発達障碍のある子どもたちとかかわっていると，その一瞬一瞬で実に様々なことを体験しているのだが，それをある言葉で記述してしまったときに，零れ落ちてしまうものが実に多いという問題である．

発達障碍のある子どもたち独特の世界の"捉え方"や"感じ方"を記述していこうとしても，なかなか言葉が追い付いていかない感じに筆者自身襲われることがある．彼らを受け止めきれていない感覚が残って，本書で取り上げるのを躊躇った事例もあった．言葉で記述してしまうと，かかわっていた私たちに感じていたはずの様々なことが失われる．しかしその感じを言葉で記述していく他ない難しさにいつも直面している．

恐らく，発達障碍概念が揺れてしまうのは，そういったことも影響しているのではなかろうか．実に多様な側面を持つ子どもたちであるにもかかわらず，ある一面を言葉で切り取ってしまうと，それ以外の面が捨象される．その問題をどう考えるか．これが1つ目の課題である．

第2に発達障碍のある子どもたちの進学や就職に困難があるという問題，および「育てられる者が育てる者になっていく」という関係発達の問題がある．筆者がかかわってきた子どもたちは小学校や中学校を卒業し，高校や大学，専門学校に進学している．中には就職をして働き始めた人もいる．社会に出て奮闘している彼らの姿をうれしく思う反面，彼らが学校や職場での対人関係や仕事に苦しんでいることを耳にし，ときにそれを目の当たりにもしてきた．義務教育のみならず，高校や大学などの高等機関でのサポートのあり方を巡る研究

第 4 節　今後の課題　229

(大倉，2009；福田，2010) も増えてきていることは喜ばしい。また就職においても，就職相談やジョブコーチなどの取り組みがなされるようになってきた (梅永，2013)。しかし障碍特性理解に基づいた発達障碍支援が中心になっており，今後は関係性を重視した発達障碍支援へと転換していくことが必要になってくるように思われる。そもそも彼らが抱えているトラブルの多くは，職場や学校での対人関係なのであるが，自閉症スペクトラムの特性として，私たちと切り離した理解をしている限り，彼らが抱えるトラブルはなかなか解消していかないのではないだろうか。

　また彼らがいつか親になるという事実も見逃すことができない。「育てられる者が育てる者になる」(鯨岡，1999) という転回が，筆者がかかわってきた子どもたちにも起きることはとても興味深いし，楽しみでもある。彼らはいったいどのような親になっていくのだろうか。また生まれてくる子どもたちに対してどのような思いを向けるようになるのだろうか。実際，子どもだけでなく，自身に発達障碍のあることが分かった親の子育て体験を記したものも取り上げられるようになってきた (笹森・笹森，2010)。彼らの生涯にわたる「生きやすさ」を考えていく上でも，さらなる研究の展開が望まれる。

　問いは尽きないが，私たちが発達障碍のある子どもたちを受け止めていくことが，彼らの「生きやすさ」につながり，社会や教育・医療の発達障碍理解の深まりにつながり，次の世代の子どもたちにもつながっていってほしい。そのような願いを込めて，本書を閉じることとする。

あ と が き

　本書は 2014 年 7 月に京都大学大学院人間・環境学研究科に提出した学位論文「"共にある"ことを目指す特別支援教育―関係論から発達障碍概念を問い直す―」をもとに，若干の修正・加筆をしたものです。刊行にあたっては，京都大学「平成 27 年度総長裁量経費人文・社会系若手研究者出版助成」の交付を受けました。

　本書を執筆するにあたり，大変多くの方々に励まされ，支えられてきました。

　まず，指導教官である京都大学大学院人間・環境学研究科の大倉得史先生，京都大学名誉教授，現中京大学客員教授の鯨岡峻先生に心から御礼申し上げます。厳しさの中にも温かさがある眼差しを向けてくださり，懇切丁寧にご指導下さいました。私を研究者としての本当のスタートラインまで押し上げてくださったと感じています。本当にありがとうございました。また鯨岡研究室・大倉研究室で苦楽を共にしてきた先輩・後輩の皆さまからは，常に忌憚のない意見を数多くいただきました。

　次に，これまでに出会ってきた子どもたちや学校の先生方，保護者の方々に，感謝の気持ちを捧げたいと思います。本文中に出てくる子どもたちとの出会いは，私にとっていつまでも宝物です。彼らも出会った頃に比べれば随分と大人っぽくなりました。社会に出ていく彼らを心から応援しつつ，これからもどうか仲良く私と付き合ってほしいと思っています。また保護者の皆さんや現場で奮闘する先生方にも大変お世話になりました。学校や家庭の場のみならず，宴会の場でも現場を生きる難しさ，子どもとかかわる難しさを語り合ったことは大変よい思い出です。これからも刺激し合いながら，共に歩んでいければ幸いです。

　旭川大学短期大学部・桜花学園大学の先生方にも御礼申し上げます。旭川では北海道の方々ならではのおおらかさで，私を支えてくださいました。桜花学園大学の先生方には若輩者の私にいつもお気遣いいただいてきました。御礼を

申し上げます。またゼミの学生を中心に，これまで出会ってきた学生の皆さんにも御礼を言いたいと思います。「遊び」が「学び」になることを体現してくれている皆さんに大きな刺激を受けてきました。これからも子どもたちの未来を一緒に考えていきましょう。

　また，本書の出版をお引き受け下さったナカニシヤ出版の中西健夫社長，山本あかねさんにも大変お世話になりました。山本さんは京都大学総合人間学部基礎科学科の同級生でした。基礎科学科の縁で出版の運びまで至ったことに大変感謝しています。

　また私をここまで育ててくれた家族に本書を捧げたいと思います。どこへ進んでいくのか分からない私を辛抱強く見守ってくれたのが父，慎治と母，喜子でした。また3人の子どもがいる妹からは，生活感ある母親の目線を教えてもらいました。そして私を子ども好きにさせた弟からもたくさんの励ましをもらいました。

　最後に，妻の麻美に御礼を伝えたいと思います。学位論文を書いている間，私の筆がなかなか進まない中でも辛抱強く支えてもらい，時には励まされてきました。本書の最初の読み手になってもらったことで，本論の突破口が開けたような思いがあります。改めて感謝の気持ちを記します。

　ここには書き切れない全ての出会いに感謝し，またその感謝を忘れることなく，これから歩んでいきたいと思います。

2016年3月
勝浦　眞仁

引用文献

安達　潤（2013）．子どもたちの自立につながる個別支援計画とは，児童心理，**978**，64-70
秋元雅仁・落合俊郎（2007）．特別支援教育体制における小中学校での大学生サポーター活用に関する考察，LD研究，**16**（2），155-163
American Psychiatric Association (2000). *Diagnostic and Statistical Manual of Mental Disorders Fourth Edition*, Text Revision; DSM-Ⅳ-TR（高橋三郎・大野　裕・染谷俊幸（訳）（2002）．DSM-Ⅳ-TR 精神疾患の診断・統計マニュアル，医学書院）
American Psychiatric Association (2013). *Diagnostic and Statistical Manual of Mental Disorders Fifth Edition*, DSM-5（高橋三郎・大野　裕（監訳）（2014）．DSM-5 精神疾患の診断・統計マニュアル，医学書院）
姉崎　弘（2009）．保・幼・小・中・高校における発達障害のある子を支援する教育，ナカニシヤ出版
青木　聡・伊藤直文・卯月研次（2007）．小中学校に学生ボランティアを派遣する試み―大正大学フレンドリースタッフの活動報告，大正大学研究紀要，**92**，274-288
荒川　智（2003）．権利としての障害児教育の展開と課題，中村満紀男・荒川　智（編）障害児教育の歴史，明石書店，pp.141-154
Asperger, H. (1944). Die 'Autistischen Psychopathen'im Kindesalter. *Archivfur Psychiatrie und Nervenkrankheiten*, 117, 76-136（高木隆郎（訳）（2000）．小児期の自閉的精神病質，高木隆郎・M.Rutter・E.Schopler（編），自閉症と発達障害研究の進歩，**4**，30-68，星和書店）
Asperger, H. (1965). *Helipädagogik*（平井信義（訳）（1973）．治療教学，黎明書房）
Asperger, H. (1967). *Probieme des Autismus im Kindesalter*（平井信義（訳）（1972）．小児期における自閉症の諸問題，小児の精神と神経，**7**，205-211）
綾屋紗月（2011）．「自己」の育ち―当事者の立場からの研究，教育，**61**（11），59-66
綾屋紗月・熊谷晋一郎（2008）．発達障害当事者研究―ゆっくりていねいにつながりたい，医学書院
綾屋紗月・熊谷晋一郎（2010）．つながりの作法―同じでもなく違うでもなく，NHK出版
Baron-Cohen, S., Leslie, A., & Frith, U. (1985). Does the autistic child have a 'theory of mind'?, *Cognition*, **21**, 37-46
Baron-Cohen, S. (1988). Social and pragmatic deficits in autism: Cognitive or affective? *Journal of Autism and Developmental Disorders*, **18**, 379-402
Baron-Cohen, S. (1989). The autistic child's theory of mind: A case of specific developmental delay. *Journal of Child Psychology and Psychiatry*, **30**, 285-297

引用文献

Baron-Cohen, S. (1993). From attention-goal psychology to belief-desire psychology: The development of a theory of mind, and its dysfunction, S. Baron-Cohen, H. Tager-Flusberg, & D. J. Cohen: (Eds.) *Understanding other Minds: Perspectives from Autism*, pp. 59-82（田原俊司（訳）(1997). 注意 - 目標心理学から信念 - 欲求心理学へ：心の理論の発達とその機能不全，田原俊司（監訳），心の理論―自閉症の視点から　上，八千代出版，pp.83-116)

Baron-Cohen, S. (1995). *Mindblindness*（長野　敬・長畑正道・今野義孝（訳）(2002). 自閉症とマインドブラインドネス，青土社）

Baron-Cohen, S. (2008). *Autism and Asperger Syndorome-The Facts*（水野　薫・鳥居深雪・岡田　智（訳）(2011). 自閉症スペクトラム入門―脳・心理から教育・治療までの最新知識，中央法規出版）

別府　哲 (2006). 高機能自閉症児の自他理解の発達と支援，発達，**106**，47-51

別府　哲 (2007). 自閉症における他者理解の機能連関と形成プロセスの特異性，障害者問題研究，**34** (4), 259-266

別府　哲 (2010). 通常学級における特別支援教育―集団の中での子どもの育ちを考える，教育心理学年報，**49**，37-40

Bettelheim, B. (1967). *The Empty Fortress: Infantile Autism and the Birth of the Self*（黒丸正四郎・岡田幸夫・花田雅憲・島田照三（訳）(1973). 自閉症・うつろな砦　1・2，みすず書房）

Bleuler E. (1911). *Dementia praecox oder Gruppe der Schizophrenien*（飯田　真・下坂幸三・保崎秀夫・安永　浩（訳）(1974). 早発性痴呆または精神分裂病群，医学書院）

Bogdan, R. & Biklin, S. (2007). *Qualitative Research for Education: An Introduction to Theory and Methods* (5th ed.), Boston: Alley & Bacon.

Bondy, A. & Frost, L. (2001). The picture exchange communication system. *Behavior Modification*, **25**, 725-744（門眞一郎（訳）(2004). 絵カード交換式コミュニケーションシステム，高木隆郎・P. Howlin・E. Fombonne.（編），自閉症と発達障害研究の進歩，8，星和書店，pp.82-94)

Cox, A., Rutter, M., Newman, S., & Bartax, L. (1975). A comparative study of infantile autism and specific developmental receptive language disorder: Ⅱ Parental Characteristics, *British Journal of Psychiatry*, **126**, 146-159

DeMyer, M. K. (1979). *Parents and Children in Autism*（久保紘章・入谷好樹（訳）(1986). 自閉症と家族　児童編，岩崎学術出版社）

土居健郎 (1992). 新訂　方法としての面接　臨床家のために，医学書院

Eisenberg, L. (2001). 序文，十亀史郎・斉藤聡明・岩本　憲（訳）幼児自閉症の研究，黎明出版

福田真也 (2010). Q&A 大学生のアスペルガー症候群：理解と支援を進めるためのガイドブック，明石書店

Frith, U. (1989). *Autism: Explaining the Enigma*（富田真紀・清水康夫・鈴木玲子（訳）(1991). 自閉症の謎を解き明かす，東京書籍）

Frith, U. & Happé, F.（1994）. Autism : Beyond "Theory of Mind". *Cognition*, **50**, 115-132

Frith, U.（2003）. *Autism: Explaining the Enigma*（2nd ed.）（富田真紀・清水康夫・鈴木玲子（訳）（2009），新訂自閉症の謎を解き明かす，東京書籍）

伏見憲明・綾屋紗月・熊谷晋一郎（2009）．対談『発達障害当事者研究』を読んで，精神看護，**12**（1），64-76

Glenys, J.（2002）. *Educational Provision for Children with Autism and Asperger Syndrome*（緒方明子（監修）海輪由香子（訳）（2005），自閉症・アスペルガー症候群の子どもの教育―診断，学校選びから自立に向けての指導法，明石書店）

Goldfarb, W.（1961）. *Childhood Schizophrenia*, The Commonwealth Fund by Harvard University Press.

後藤　毅（1976）. Play therapy についての一考察―わたくしども 20 年の経験から，児童精神医学とその近接領域，**17**（2），99-104

Grandin, T. & Scariano, M.（1986）. *Emergence: Labeled Autistic*（カニングハム久子（訳）（1994），我，自閉症に生まれて，学習研究社）

Gray, C.（2004）. *Social Stories 10.0: The New Defining Criteria & Guidelines*（服巻智子（訳）（2006），お母さんと先生が書くソーシャルストーリー　新しい判定基準とガイドライン，クリエイツかもがわ）

Gutstein, S. E.（2000）. *Autism/Aspergers: Solving the Relationship Puzzle*（杉山登志郎・小野次朗（監修）足立佳美（監訳）坂本輝世（訳）（2006），自閉症／アスペルガー症候群 RDI「対人関係発達指導法」―対人関係のパズルを解く発達支援プログラム，かもがわ出版）

浜田寿美男（1992）．「私」というもののなりたち―自我形成論のこころみ，ミネルヴァ書房

浜田寿美男（2009）．障害と子どもたちの生きるかたち，岩波書店

浜田寿美男（2010）．ことば―この重宝にして困難なるもの，発達，**121**，2-8

浜田寿美男・伊藤哲司（2010）．「渦中」の心理学へ　往復書簡　心理学を語り直す，新曜社

浜谷直人（2006）．小学校通常学級における巡回相談による軽度発達障害児等の教育実践への支援モデル，教育心理学研究，**54**（3），395-407

浜谷直人（2012）．通常学級における特別支援教育の研究成果と課題，教育心理学年報，**51**，85-94

Happé, F.（1991）. The autobiographical writings of three asperger syndrome adults: Problems of interpretation and implications for theory, Frith, U.: (Ed.), *Autism and Asperger Syndrome*, Cambridge University Press. pp.207-242（富田真紀（訳）（1996），アスペルガー症候群の成人による自伝―解釈の問題と理論への示唆，自閉症とアスペルガー症候群，東京書籍，pp.361-423）

Happé, F.（1999）. Autism: Cognitive deficit or cognitive style?, *Trends in Cognitive Sciences*, **3**, 216-222

東山紘久（1975）．自閉症児の集団 Communication 療法，児童精神医学とその近接領域，

16(4),224-236
平井信義(1967).乳幼児に於ける自閉症の諸問題,児童精神医学とその近接領域,**7**,1
平野信喜(1979).自閉症の本態に関する一考察―知的発達の視点から,児童精神医学とその近接領域,**20**(4),271-288
Hobson, R. P. (1989). Beyond cognition: A theory of autism, G.Dawson: (Ed.) *Autism Nature, Diagnosis, and Treatment*, pp.22-48(野村東助(訳),1994,認知を超えて―自閉症の理論,野村東助・清水康夫(監訳)自閉症―その本態,診断および治療,日本文化科学社,pp.21-46)
Hobson, R. P. (1993a). Understanding persons: The role of affect, S. Baron-Cohen, H, Tager-Flusberg & D. J. Cohen: (Eds.) *Understanding Other Minds Perspectives from Autism*, pp.204-227(小林 真(訳)(1997).人の理解:情動の役割,田原俊司(監訳)心の理論―自閉症の視点から 上,八千代出版,pp.285-317)
Hobson, R. P. (1993b). *Autism and the Development of Mind*. (木下孝司(監修)(1997).自閉症と心の発達―「心の理論」を超えて,学苑社)
本田秀夫(2014).「アスペルガー症候群」はどこへ行く?,こころの科学,**174**,29-35
Honda, H., Shimizu,Y., Misumi, K., Niimi, M., & Ohashi, Y. (1996). Cumulative incidence and prevalence of childhood autism in children in Japan. *British Journal of Psychiatry*, **169**, 228-235(本田秀夫(訳)(1998).小児自閉症の累積発生率および有病率,高木隆郎・M. Rutter・E. Schopler(編)自閉症と発達障害研究の進歩,2,星和書店,pp.73-84)
本郷一夫(2010).保育の場における「気になる」子どもの理解と対応―特別支援教育への接続,おうふう
堀口真宏(2010).小学校における特別支援教育支援員の立場から,発達,**123**,11-18.
細川かおり(2004).障害をどう≪みる≫か,柴崎正行・長崎 勤・本郷一夫(編)障害児保育,同文書院,pp.3-24
市橋香代(2006).ローナ・ウィングとアスペルガー症候群,石川 元(編)アスペルガー症候群―歴史と現場から究める,至文堂,pp.63-70
飯田順三(2006).発達障害におけるこだわりと強迫症状,太田昌孝(編)発達障害,日本評論社,pp.53-64
今村 明・橋田あおい・中根允文(2009).遺伝研究,高木隆郎(編)自閉症―幼児期精神病から発達障害へ,星和書店,pp.121-137
石橋泰子(1966).幼児自閉症の精神療法,児童精神医学とその近接領域,**7**(1),78-83
石井高明(1962).1自閉症児の精神発達的考察,児童精神医学とその近接領域,**3**(4),63-79
石井高明(1966).自閉的精神病質の3例,児童精神医学とその近接領域,**7**(1),48-49
石川 元(2007).アスペルガー症候群の歴史,石川 元(編)アスペルガー症候群―歴史と現場から究める―,至文堂,pp.10-51
石川 元・市橋香代(2007).アスペルガー症候群の歴史―統合失調症か人格障害かという論争から広汎性発達障害に組み込まれるまで,日本臨床,**65**(3),409-418

石野秀明（2004）．肉眼による観察 「間主体的な知」を紡ぎだす地平を拓く，無藤 隆・やまだようこ・南 博文ら（編）質的心理学 創造的に活用するコツ，新曜社，pp. 134-139

石坂好樹（2008）．自閉症考現箚記，星和書店

石坂好樹（2009）．自閉症の認知理論の現在，高木隆郎（編）自閉症—幼児期精神病から発達障害へ．星和書店，pp.61-85

Itard, E. M.（1801）. *De l'Education d'un homes sauvage ou des premiers développements physiques et moraux du jeune sauvage de l'Aveyron*（中野善達・松田 清（訳）（1978）．新訳 アヴェロンの野生児：ヴィクトワールの発達と教育，福村出版）

伊藤良子（2006）．自閉症スペクトラム障害における情動共有とコミュニケーション，自閉症スペクトラム研究，5，9-16

伊藤良子（2009）．人間はみな発達障害，伊藤良子・角野善宏・大山泰宏（編）「発達障害」と心理臨床，創元社，pp.15-27

岩永竜一郎（2007）．アスペルガー症候群と感覚統合，石川 元（編）アスペルガー症候群—歴史と現場から究める，至文堂，pp.279-286

岩澤啓子・入江直子・古屋喜美代（2009）．神奈川大学における学生ボランティアの展開と課題，神奈川大学心理・教育研究論集，28，107-165

泉 流星（2003）．地球生まれの異星人 自閉者として日本に生きる，花風社

門 眞一郎（2000）．要旨と解説，高木隆郎・M. Rutter・E. Schopler（編）自閉症と発達障害研究の進歩4，星和書店，pp.102-103

門 眞一郎（2007）．生きたアセスメントを進めるために，臨床心理学，39，319-323

上出弘之（1967）．幼児自閉症の概念について，児童精神医学とその近接領域，8（1），53-54

上出弘之・伊藤隆二（1981）．まえがき，上出弘之・伊藤隆二（編）自閉傾向のある子ども，福村出版，pp.3-5

神尾陽子（2000）．≪展望≫アスペルガー症候群：その概念の過去と現状，高木隆郎・M. Rutter・E. Schopler（編），自閉症と発達障害研究の進歩，4，星和書店，pp.3-29

神尾陽子（2008）．自閉症への多面的なアプローチ—発達というダイナミックな視点から，そだちの科学，11，10-14

加茂 勇（2011）．小学校における特別支援教育のとりくみから考える，教育，790，11-17

神田橋條治・岩永竜一郎・愛甲修子・藤家寛子（2010）．発達障害は治りますか？，花風社

Kanner, L.（1943）. Autistic disturbances of affective contact, *The Nervous Child*, 2, 217-250（十亀史郎（訳）（2001）．情緒的交流の自閉的障害，岩本 憲・斎藤聡明・十亀史郎（訳）幼児自閉症の研究，黎明出版，pp.10-55）

Kanner, L.（1946）. Irrelevant and metaphorical language in early infantile autism, *American Journal of Psychiatry*, 103, 242-246（十亀史郎（訳）（2001）．早期幼児自閉症における不適切な比喩，岩本 憲・斎藤聡明・十亀史郎（訳）幼児自閉症の研究，黎明出版，pp.56-61）

Kanner, L.（1949）. Problems of nosology and psychodynamics in early infantile autism,

American Journal of Orthopsychiatry, **19**, 416-426（十亀史郎（訳）（2001）．早期幼児自閉症における疾病学と精神力動に関する諸問題，岩本　憲・斎藤聡明・十亀史郎（訳）幼児自閉症の研究，黎明出版，pp.62-73）

Kanner, L.（1951）．The conception of wholes and parts nosology in early infantile autism, *American Journal of Psychiatry*, **108**, 23-26（十亀史郎（訳）（2001）．幼児自閉症における全体と部分の観念，岩本　憲・斎藤聡明・十亀史郎（訳）　幼児自閉症の研究，黎明出版，pp.76-82）

Kanner, L. & Eisenberg, L.（1955）．Notes on the follow-up studies of autistic children, Psychopathology of Childhood, P. H. Hoch & J. Zubin（Eds）, pp.227-239（十亀史郎（訳），（2001）．自閉的な子どもたちの追跡調査記録，岩本　憲・斎藤聡明・十亀史郎（訳）　幼児自閉症の研究，黎明出版，pp.91-102）

Kanner, L.（1956）．Early infantile autism 1943-1955, *American Journal of Orthopsychiatry*, **26**, 55-65（十亀史郎（訳），（2001）．早期幼児自閉症― 1943年～1955年―，岩本　憲・斎藤聡明・十亀史郎（訳）　幼児自閉症の研究，黎明出版，pp.103-114）

Kanner, L.（1965）．Infantile Autism and the Schizophrenias, *Behavioral Science*, **10**, 412-420（十亀史郎（訳）（2001），幼児自閉症と精神分裂病，岩本　憲・斎藤聡明・十亀史郎（訳）　幼児自閉症の研究，黎明出版，pp.136-151）

Kanner, L.（1968）．Early Infantile Autism Revisited, *Psychiatry Digest*, **29**, 17-28（十亀史郎（訳）（2001），再び早期幼児自閉症について，岩本　憲・斎藤聡明・十亀史郎（訳）　幼児自閉症の研究，黎明出版，pp.152-156）

Kanner, L.（1969）．The children haven't read those books, *Acta Paedopsychiatrica*, **36**, 2-11（斉藤聡明（訳）（2001）．子どもたちはそういった書物を読んだことがない，岩本　憲・斎藤聡明・十亀史郎（訳）　幼児自閉症の研究，黎明出版，pp.157-167）

Kanner, L. & Eisenberg, L.（1971）．Follow-up study of eleven autistic children originally reported in 1943, *Journal of Autism and Childhood Schizophrenia*, **1**, 119-145（斉藤聡明（訳）（2001）．1943年に最初に報告された11名の自閉症児童に関する追跡調査研究，岩本　憲・斎藤聡明・十亀史郎（訳）　幼児自閉症の研究，黎明出版，pp.177-208）

Kanner, L., Rodorigez, A., & Ashendon, B.（1972）．How far can autistic children go in matters of social adaptation?, J. *Durnal of Autism & Childhood Schizophrenia*, **2**, 9-33（斉藤聡明（訳）（2001）．自閉症児はどこまで適応可能か？，岩本　憲・斎藤聡明・十亀史郎（訳）　幼児自閉症の研究，黎明出版，pp.209-235）

Kanner, L.（1973）．*Child Psychiatry*（黒丸正四郎・牧田清志（訳）（1974）．カナー児童精神医学，医学書院）

亀口憲治（2002）．コラボレーション　協働する臨床の知を求めて，現代のエスプリ，**419**, 5-19

金子郁容（1992）．ボランティア　もうひとつの情報社会，岩波書店

勝浦眞仁（2010）．支援を必要とする児童のために学校ボランティアを活かすには―ボランティア体験を学級担任とエピソードで共有する試み―，こども環境学研究，**6**（3），42-50

勝浦眞仁（2011）．相貌性を知覚するアスペルガー症候群生徒の1事例―知覚共有体験から生まれた理解と援助―，国立特別支援教育総合研究所研究紀要，**38**，83-94

勝浦眞仁（2012）．共にあろうとする気持ちを育んだ情動調律―特別支援学級に在籍する自閉症をもつ生徒の事例から―，育療，**53**，31-40

川端利彦（1972）．自閉症問題の当面の課題をめぐって（Ⅰ），児童精神医学とその近接領域，**13**（3），1-30

河本英夫・綾屋紗月・熊谷晋一郎（2009）．つながるための条件 発達障害から考える身体・言語・コミュニケーション，看護学雑誌，**73**（3），34-49

Kazdin, A. E. & Weisz, J. R (2003). *Evidence-based Psychotherapies for Children and Adolescent.* Guilford Press.

木村訓子（2005）．盲・ろう・養護学校としてのコンサルテーションのあり方―小・中学校における教員と学生ボランティアの「協働」への支援―，神奈川県立総合教育センター長期研修員研究報告，**3**，105-108

小林隆児（2000）．自閉症の関係障害臨床 母と子のあいだを治療する，ミネルヴァ書房

小林隆児（2004）．自閉症とことばの成り立ち，ミネルヴァ書房

小林隆児・鯨岡 峻（2005）．自閉症の関係発達臨床，日本評論社

小林隆児・村田豊久（1977）．自閉症児療育キャンプの効果に関する一考察，児童精神医学とその近接領域，**18**（4），221-234

国立特別支援教育総合研究所（2015）．特別支援教育の基礎・基本 新訂版 共生社会の形成に向けたインクルーシブ教育システムの構築，ジアース教育新社

高森 明（2007）．アスペルガー当事者が語る特別支援教育 スロー・ランナーのすすめ，金子書房

高野久美子（2006）．支援する人を支援する（その2）―学校におけるボランティアを支える―，そだちの科学，**6**，116-121

河野哲也（2015）．現象学的身体論と特別支援教育―インクルーシブ社会の哲学的探求―，北大路書房

Kolvin, I. (1971). Studies in the Childhood Psychoses Ⅰ. Diagnostic Criteria and Classification, *British Journal of Psychiatry*, **118**, 381-384

近藤幸雄（2013）．医療・福祉機関との連携―学校・教師が中心になってできること，児童心理，**978**，87-91

厚生省心身障害研究班（1981）．自閉症の本態 原因と治療法に関する研究，研究報告書

窪島 務（2008）．読み書き障害の概念 アセスメント，診断と教育的指導の理解―発達・教育的パースペクティブにおける理論的実践的可能性と課題，障害者問題研究，**35**，242-253

鯨岡 峻（1997）．原初的コミュニケーションの諸相，ミネルヴァ書房

鯨岡 峻（1998）．両義性の発達心理学：養育・保育・障害児教育と原初的コミュニケーション，ミネルヴァ書房

鯨岡 峻（1999）．関係発達論の構築，ミネルヴァ書房

鯨岡 峻（2002）．「共に生きる場」の発達臨床，ミネルヴァ書房

鯨岡　峻（2005）．エピソード記述入門　実践と質的研究のために，東京大学出版会
鯨岡　峻（2006）．ひとがひとを分かるということ：間主観性と相互主体性，ミネルヴァ書房
鯨岡　峻（2007）．発達障碍ブームは『発達障碍』の理解を促したか，そだちの科学，**8**，17-22
鯨岡　峻（2010）．保育・主体として育てる営み，ミネルヴァ書房
鯨岡　峻（2012）．エピソード記述を読む，東京大学出版会
鯨岡　峻（2013）．なぜエピソード記述なのか　「接面」の心理学のために，東京大学出版会
鯨岡　峻（2014）．「接面」の観点から発達障碍を再考する，発達，**137**，42-49
栗田　広（1995）．高機能広汎性発達障害，発達障害研究，**17**（2），81-87
黒田吉孝（2004a）．自閉症研究の新たな展開を迎えて，障害者問題研究，**32**（2），1
黒田吉孝（2004b）．自閉症スペクトラムとしての高機能自閉症・アスペルガー症候群の心理臨床学的問題，障害者問題研究，**32**（2），11-21
黒川新二（1998）．思春期の自閉症児，こころの科学，**78**，81-86
黒丸正四郎（1959）．児童の精神分裂病，精神医学，**1**（2），71-81
車谷隆弘（2007）．アスペルガー障害の非行事例，石川　元（編）アスペルガー症候群―歴史と現場から究める―，至文堂，pp.211-217
桑原　斉・加藤佳代子・佐々木　司（2014）．DSM-5では何がどう変わったか？，こころの科学，**174**，22-28
Lockyer, L. & Rutter, M.（1969）. A Five to Fifteen Year Follow-up Study of Infantile Psychosis Ⅲ Psychological Aspects, *British Journal of Psychiatry*, **115**, 865-882
Lotter, V.（1966）. Epidemiology of autistic conditions in young children, *Social Psychiatry*, **1**, 124-137（木村宣子（訳）（1998）．幼児の自閉的状態の疫学，自閉症と発達障碍研究の進歩，**2**，35-58）
牧田清志（1966）．幼児自閉症とその周辺―診断基準と疾病学的位置づけについて―，児童精神医学とその近接領域，**7**（1），54-72
牧田清志（1979）．児童精神医学における最近の諸研究―自閉症研究の位置づけとその将来的意義―，精神医学，**21**（6），593-603
松居美樹子・古塚　孝（1999）．自閉症2歳女児に対する"情動調律"を指標としたセラピー過程，北海道大学教育学部紀要，**78**，73-84
松井　治・中山登美江（1973）．自閉症児の行動療法―症例の検討（Ⅰ），児童精神医学とその近接領域，**14**（1），36-45
松本真理子（2011）．子ども理解のための「心理アセスメント」とは，児童心理，**942**，1-11
箕浦康子（1999）．フィールドワークの技法と実際　マイクロ・エスノグラフィー入門，ミネルヴァ書房
茂木俊彦（2010）．アセスメント，茂木俊彦（編）特別支援教育大事典，旬報社，pp.10-11
文部科学省（2003）．今後の特別支援教育の在り方について（最終報告），＜http://www.mext.go.jp/b_menu/shingi/chousa/shotou/018/toushin/030301.htm＞（アクセス日，

2005-10-20）
文部科学省初等中等教育局特別支援教育課（2001）．21世紀の特殊教育の在り方について――一人一人のニーズに応じた特別な支援の在り方について――（最終報告），＜http://www.mext.go.jp/b_menu/shingi/chousa/shotou/006/toushin/010102.htm＞（アクセス日，2005-10-20）
文部科学省初等中等教育局特別支援教育課（2002）．「通常の学級に在籍する特別な教育的支援を必要とする特別な教育的支援を必要とする児童生徒に関する全国実態調査」，＜http://www.mext.go.jp/b_menu/shingi/chousa/shotou/018/toushin/030301i.htm＞（アクセス日，2005-10-20）
文部科学省初等中等教育局特別支援教育課（2005）．特別支援教育を推進するための制度の在り方について（答申），＜http://www.mext.go.jp/b_menu/shingi/chukyo/chukyo0/toushin/05120801.htm＞（アクセス日，2006-5-15）
文部科学省初等中等教育局特別支援教育課（2007a）．「特別支援教育支援員」を活用するために，＜http://www.mext.go.jp/a_menu/shotou/tokubetu/material/002.pdf＞（アクセス日，2008-11-12）
文部科学省初等中等教育局特別支援教育課（2007b）．「発達障害」の用語の使用について，＜http://www.mext.go.jp/a_menu/shotou/tokubetu/main/002.htm＞（アクセス日，2010-9-26）
文部科学省初等中等教育局特別支援教育課（2007c）．特別支援教育の推進について（通知），＜http://www.mext.go.jp/b_menu/hakusho/nc/07050101.htm＞（アクセス日，2009-6-3）
文部科学省初等中等教育局特別支援教育課（2007d）．特別支援教育関係 ボランティア活用事例集，＜http://www.mext.go.jp/a_menu/shotou/tokubetu/material/012.htm＞（アクセス日，2008-7-21）
文部科学省初等中等教育局特別支援教育課（2012a）．通常の学級に在籍する発達障害の可能性のある特別な教育的支援を必要とする児童生徒に関する調査結果について，＜http://www.mext.go.jp/a_menu/shotou/tokubetu/material/__icsFiles/afieldfile/2012/12/10/1328729_01.pdf＞（アクセス日 2013-2-17）
文部科学省初等中等教育局特別支援教育課（2012b）．共生社会の形成に向けたインクルーシブ教育システム構築のための特別支援教育の推進，＜http://www.mext.go.jp/b_menu/shingi/chukyo/chukyo3/044/houkoku/1321667.htm＞（アクセス日，2015-6-30）
森 さち子（1996）．自閉的な子どもとの治療的かかわり（その1）――自己感の発達をともにし，象徴的表現が芽生えるまで――，精神分析研究，**40**（5），463-492
森口奈緒美（2004）．変光星 自閉の少女に見えていた世界，花風社
森岡正芳（2010）．一人の障害者の前で私たちは――当事者の視点をめぐって，発達，**123**，76-82
森田弘子（1975）．自閉症児の集中模倣訓練――その治療的接近の試み――，教育と医学，**23**，538-547
村上靖彦（2008）．自閉症の現象学，勁草書房

村松陽子・門　眞一郎（2009）．自閉症スペクトラムの療育と支援，高木隆郎（編），自閉症─幼児期精神病から発達障害へ，星和書店，pp.163-179

村瀬嘉代子（2004）．臨床家のためのこの1冊─「鍛えられた心─強制収容所における心理と行動─」，臨床心理学，**4**（5），691-694

村瀬　学（2007）．「診断理性批判」の方へ─あとがきにかえて，小澤　勲（著），自閉症とは何か，pp.569-577

村田保太郎（1968）．自閉症児担任教師の会（東京都公立学校情緒障害児研究会）の創設，平井信義（著），小児自閉症，日本小児医事出版社，pp.483-490

無藤　隆・堀越紀香（2008）．保育を質的にとらえる，無藤　隆・麻生　武（編），育ちと学びの生成　質的心理学講座1，東京大学出版会，pp.45-78

長崎　勤（2006）．生活の中でのコミュニケーション・社会的スキルのアセスメントと支援，別冊発達，**28**，34-42

中川信子（2009）．ことばの援助，別冊発達，**30**，266-273

中村孝博（2014）．保育現場から考えること，発達，**137**，24-29

中根　晃（1969）．自閉症児の治療─治療的係わりの現象学から─，児童精神医学とその近接領域，**10**（4），222-237

中根　晃（1978）．自閉症研究，金剛出版

中根　晃（1983）．自閉症の臨床─その治療と教育，岩崎学術出版社

中根　晃（1999）．発達障害の臨床，金剛出版

中根　晃（2003）．自閉症は「自閉」症ではないこと，そだちの科学，**1**，110-113

中根允文（2009）．広汎性発達障害の疫学研究，高木隆郎（編），自閉症─幼児期精神病から発達障害へ，星和書店，pp.139-152

中塚善次郎（1993）．自閉症児の情動表出行動の特徴─ダウン症児と精神遅滞児との比較─，発達障害研究，**15**，55-62

中山　治（1978）．小児自閉症の原因論について─IRM障害説─，児童精神医学とその近接領域，**19**（4），219-245

中山　治（1979a）．小児自閉症のIRM障害説について，児童精神医学とその近接領域，**20**（4），259-270

中山　治（1979b）．児童臨床の方法論に関する一考察，児童精神医学とその近接領域，**20**（5），325-338

中山　治・中山登美江（1973）．自閉症児の行動療法─症例の検討（Ⅱ），児童精神医学とその近接領域，**14**（4），218-236

中山　治・中山登美江（1974）．自閉症児の行動療法，児童精神医学とその近接領域，**15**（1），29-40

中山　治・中山登美江（1977）．精薄児・自閉児の早期学習訓練，児童精神医学とその近接領域，**18**（4），247-261

ニキリンコ（2005）．俺ルール！　自閉は急に止まれない，花風社

ニキリンコ（2006）．支援を辞退したくなる環境，ならない環境とは？，精神療法，**32**（1），51-58

ニキリンコ・藤家寛子（2004）．自閉っ子，こういう風にできてます！，花風社
能智正博（2009）．質的研究法の視点と実践研究，臨床心理学，**49**，22-26
大井　学（2007）．語用障害，日本臨床，**65**（3），459-463
岡田尊司（2012）．発達障害と呼ばないで，幻冬舎新書
大倉得史（2009）．大学における発達障害者支援を考える，中川書店
大倉得史（2011）．育てる者への発達心理学　関係発達論入門，ナカニシヤ出版
奥住秀行（2011）．アセスメントによる子ども理解の意義と課題，障害者問題研究，**39**（2），10-17
太田昌孝（2000）．高機能自閉症の長期経過，臨床精神医学，**29**（5），507-515
太田昌孝（2003）．自閉症圏障害における実行機能，高木隆郎・P.Howlin・E.Fombonne（編）自閉症と発達障害研究の進歩，**7**，星和書店，pp.3-25
小澤　勲（1968）．幼児自閉症論の再検討（1）―症状論について―，児童精神医学とその近接領域，**9**（3），147-171
小澤　勲（1969）．幼児自閉症論の再検討（2）―疾病論について―，児童精神医学とその近接領域，**10**（1），1-31
小澤　勲（1972）．小澤論文＜幼児自閉症論の再検討＞の自己批判的再検討―秋吉発言をふまえて―，児童精神医学とその近接領域，**13**（1），54-63
小澤　勲（1984）．自閉症とは何か，精神医療委員会（2007．復刊，洋泉社）
小澤　勲（2004）．私の歩んだ道，佛教福祉学，**10**・**(11)**，7-20
小澤　勲（2006）．ケアってなんだろう，医学書院
Ozonoff, S., Pennington, B. F., & Rogers, S. J. (1991). Executive function deficits in high-functioning autistic individuals: Relationship to theory of mind. *Journal of Child Psychology and Psychiatry*, **32**, 1081-1105
Pennington, B. F., Rogers, S. T., Bennetto, L. et al. (1996). Executive function and developmental psychopathology. *Journal of Child Psychology and Psychiatry*, **37**, 51-87（十一元三（訳）（1998），実行機能と発達病理，高木隆郎・M. Rutter・E. Schopler（編），自閉症と発達障害研究の進歩，2，星和書店，pp.278-335）
Pichot, P. (1996). *Un siècle de psychiatrie , Les empêcheurs de penser en rond*（帚木　生・大西　守（訳）（1999），精神医学の20世紀，新潮社）
リチャード・モート（2008）．異文化のなかでのアスペルガー生活―自分を知り，他者に働きかけ，自らも成長―，服巻智子（編），当事者が語る異文化としてのアスペルガー，クリエイツかもがわ，pp.68-94
Rimland, B. (1964). *Infantile Autism-The Syndrome and Its Implications for a Neural Theory of Behavior-*, Appleton-Century-Crofts
Russell, J., Mauthner, N., Sharpe, S. et al (1991). The 'window tasks': The performance of preschool children, children with autism, and children with moderate learning difficulties, *Cognitive Development*, **18**, 111-137
Rutter, M. (1972). Childhood schizophrenia reconsidered, *Journal of Autism and Childhood Schizophrenia*, **2**, 315-337

Rutter, M.（1974）. The development of autism, *Psychological Medicine*, **4**, 147-163（久保紘章（訳）（1976）．幼児自閉症の発達（1），四国学院大学論集，**35**，159-175；久保紘章（訳）（1976）．幼児自閉症の発達（2），四国学院大学論集，**36**，109-122）

Rutter, M.（1978a）. *Diagnosis and Definition, Autism: A Reappraisal of Concepts and Treatment*, Plenum Press, pp.1-27（丸井文男（監訳）（2006）．自閉症　その概念と治療に関する再検討，黎明書房，pp.11-39）

Rutter, M.（1978b）. *Language Disorder and Infantile Autism*, Plenum Press, pp.85-104（丸井文男（監訳）（2006），言語障害と小児自閉症，黎明書房，pp.102-121）

Rutter, M.（1987）. Treatment implications, P. Howlin & M. Rutter:（Ed.）*Treatment of Autistic Children*, John Wiley & Sons，**11**，218-237（南　陽子（訳）（1990）．治療に対する示唆，石坂好樹・門　眞一郎（監訳），自閉症の治療，ルガール社，pp.329-359）

Rutter, M.（1999）. Autism: Two-ways interplay between research and clinical work, *Journal of Child Psychology and Psychiatry*, **40**, 169-188（岡田　俊（訳）（2001）．自閉症：研究と臨床の二方向の相互作用，高木隆郎・M. Rutter・E. Schopler（編），自閉症と発達障害研究の進歩，**5**，星和書店，pp.188-215）

Rutter, M.（2001）．まえがき　十亀史郎・斉藤聡明・岩本　憲（訳），幼児自閉症の研究，黎明書房，pp.1-3（L. Kanner, *Childhood Psychosis: Initial Studies and New Insigtts*）

Rutter, M. & Bailey, A.（1993）. Thinking and relationships: Mind and brain（some reflections on theory of mind and autism）:（ed.）, S.Baron-Cohen, H, Tager-Flusberg & D.J.Cohen: *Understanding Other Minds Perspectives from Autism*, pp.481-504（矢部富美枝（訳）（1997）．思考および心と脳の関係，田原俊司（監訳），心の理論―自閉症の視点から　下，八千代出版，pp.301-332）

Rutter, M. & Bartak, L.（1973）. Special educational treatment of autistic children: A comparativ study. II. Follow-up findings and implications for services, *Journal of Chil Psychology and Psychiatry*, **14**, 241-270.（大竹喜久・眞田　敏・守屋宜子（訳）（2001）．自閉症児の特殊教育的治療：比較研究Ⅱ．―追跡調査の結果とサービスへの示唆，高木隆郎・M. Rutter・E. Schopler（編）自閉症と発達障害研究の進歩，5，星和書店，pp.37-61）

Rutter, M., Greenfeld, D., & Lockyer, L.（1967b）. A five to fifteen year follow-up study of infantile psychosis Ⅱ social and behavioural outcome, *British Journal of Psychiatry*, **113**, 1183-1199

Rutter, M. & Lockyer, L.（1967a）. A five to fifteen year follow-up study of infantile Psychosis Ⅰ descriptions of sample, *British Journal of Psychiatry*, **113**, 1169-1182

作田　勉（1981）．自閉症児の統合治療技法，児童精神医学とその近接領域，**22**（2），103-112

櫻井未央・橋本　望・原田真由美・猿渡知子（2009）．その人らしさとしての"障碍"―自伝分析にみる高機能広汎性発達障碍をもつ方々の世界，田中千穂子（編），発達障碍の理解と対応　心理臨床の視点から，金子書房，pp.149-268

Sameroff, J. & Emde, N.（1992）. *Relationship Disturbances in Early Childhood: A*

Developmental Approach, Basic Books
佐々木正美（2003）．TEACCH プログラムから，そだちの科学，1，53-58
笹森理絵・笹森史朗（2010）．発達障害をもつ家族の育児と夫婦―わが家では発達障害がマジョリティ，臨床心理学増刊，2，116-120
佐藤由宇・猿渡知子・小野田奈穂・熊坂沙織・坂井玲奈・森岡さやか（2009）．「高機能広汎性発達発達障碍」をどうとらえるか，田中千穂子（編），発達障碍の理解と対応―心理臨床の視点から―，金子書房，pp.19-147
Schopler, E. Olley, J. G. Lansing, M. D. (1982). *Teaching Activities for Autistic Children*（佐々木正美（監訳）（1985），自閉症の治療教育プログラム，ぶどう社）
関戸英紀（2006）．クラスの中でのコミュニケーション発達支援，別冊発達，28，43-55
島　宗理（2009）．特集号「エビデンスに基づいた発達障害支援の最先端」へのコメント，行動分析学研究，23（1），85-88
嶋田洋徳（2006）．メンタルフレンド，学生ボランティアを活かす工夫　教育現場における学生ボランティア活動と課題，月刊学校教育相談，22-25
島巡紀子（2006）．メンタルフレンド，学生ボランティアを活かす工夫　メンタルフレンドの採用・派遣からスーパーバイズまで，月刊学校教育相談，26-29
清水康夫（2014）．自閉症スペクトラムとは？，こころの科学，174，10-14
Solden, S. (1995). *Women with Attention Deficit Disorder, Embracing Disorganization at Home and in the Workplace*（ニキリンコ（訳）（2000），片づけられない女たち，WAVE 出版）
Stern, D. N. (1985). "*The Interpersonal World of the Infant*"（丸田俊彦（訳）（1989），乳児の対人世界，岩崎学術出版社）
菅野幸恵（2004）．学生ボランティアによる学校支援・学習支援，現代のエスプリ，441，130-137
杉山登志郎（1999）．自閉症，有馬正高（監修）熊谷公明・栗田　広（編）発達障碍の基礎，日本文化科学社，pp.274-295
杉山登志郎（2000a）．Asperger 症候群，臨床精神医学，29（5），479-486
杉山登志郎（2000b）．軽度発達障害，発達障害研究，21（4），241-251
杉山登志郎（2002a）．Asperger 症候群と高機能広汎性発達障害，精神医学，44（4），368-379
杉山登志郎（2002b）．21 世紀の自閉症教育の課題：異文化としての自閉症との共生，自閉症スペクトラム研究，1，1-8
杉山登志郎（2003）．自閉症の青年期―青年期パニックを巡って―，杉山登志郎・原　仁（編），特別支援教育のための精神・神経医学，学研，pp.56-62
杉山登志郎（2007a）．発達障害の子どもたち，講談社
杉山登志郎（2007b）．発達障害のパラダイム転換，そだちの科学，8，2-8
杉山登志郎（2011）．発達障害のいま，講談社
杉山登志郎・末田佳代・西沢めぐ美・多田早織，辻井正次（1998）．高機能広汎性発達障害青年の手記の分析，乳幼児医学・心理学研究，7（1），41-49

杉山登志郎・辻井正次（1999）．高機能広汎性発達障害―アスペルガー症候群と高機能自閉症―，ブレーン出版
Sullivan, H. S.（1953）．*The Interpersonal Theory of Psychiatry*（中井久夫・宮崎隆吉・高木敬三（訳）（1990）．精神医学は対人関係論である，みすず書房）
Sullivan, H. S.（1954）．*The Interpersonal Theory of Psychiatry*（中井久夫・宮崎隆吉・高木敬三（訳）（1986）．精神医学的面接，みすず書房）
鷲見　聡（2008）．自閉症スペクトラムの原因論―人間の多様性のひとつとして捉える―，そだちの科学，**11**，15-20
鷲見たえ子（1952）．レオ・カナーのいわゆる早期幼年性自閉症の症例，精神神経学雑誌，**54**，566
鈴木智帆・内海　淳（2004）．特別な教育的ニーズをもつ児童生徒が在籍する通常学級への支援，秋田大学教育文化学部研究紀要 教育科学，**59**，63-72
鈴木光生（2006）．メンタルフレンド，学生ボランティアを活かす工夫 「学生ボランティア」学校サポート事業，月刊学校教育相談，34-37
Tager-Flusberg, H.（1993）．What language reveals about the understanding of minds in the autistic child, S. Baron-Cohen, H. Tager-Flusberg, & D. J. Cohen: (Ed.) *Understanding Other Minds Perspectives from Autism*, pp.138-157（田原俊司（訳）（1997）．人の理解：情動の役割，田原俊司（監訳），心の理論―自閉症の視点から　上，八千代出版，pp.195-222）
田島　恵・前川あさ美（2008）．発達障害児が在籍する通常学級にボランティア・支援員が介入することの意義と問題点，日本発達心理学会第 19 回大会発表論文集，470
髙木隆郎（1961）．わが国における児童分裂病研究の歴史的展望，児童精神医学とその近接領域，**2**（2），1-15
髙木隆郎（1972）．児童期自閉症の言語発達障害説について，児童精神医学とその近接領域，**13**（5），1-10
髙木隆郎（2009a）．児童分裂病と早期幼児自閉症．髙木隆郎（編），自閉症―幼児期精神病から発達障害へ．星和書店，pp.1-8
髙木隆郎（2009b）．日本の事情（1952 — 1972）．髙木隆郎（編），自閉症―幼児期精神病から発達障害へ，星和書店，pp.9-13
高畑英樹（2006）．通常学級における特別支援教育，精神療法，**32**（1），35-42
高岡　健（2007）．自閉症論の原点―定型発達者との分断線を超える，雲母書房
竹下研三（1999）．障害の概念と歴史，熊谷公明・栗田　広（編），発達障害の基礎，日本文化科学社，pp.2-10
滝川一廣（1995）．小児自閉症―子どもの発達との関連で―，こころの科学，**62**，23-29
滝川一廣（2001）．自閉症はどう研究されてきたか―新しい自閉症観に向けて―，児童精神医学とその近接領域，**42**（3），178-184
滝川一廣（2007）．発達障害再考―診断と脳障害論をめぐって，そだちの科学，**8**，9-16
玉井収介（1979）．自閉症児の治療教育をどう考えるか，教育と医学，**27**，354-359
玉井収介（1981）．自閉傾向のある子どもに適用できる心理療法，上出弘之・伊藤隆二

（編），自閉傾向のある子ども，福村出版，pp.139-168

田中千穂子（2009a）．序 この本を読んでくださるみなさまに，田中千穂子（編），発達障碍の理解と対応—心理臨床の視点から—，金子書房，pp. 1 -18

田中康雄（2007a）．特別支援教育の現状と展望—その光と影を追う—，そだちの科学，**8**，64-69

田中康雄（2007b）．発達障害特性論からの「生きづらさ」と発達障害のある子どもの「生きづらさ」，教育，61-67

田中康雄（2008）．特別支援教育のなかの自閉症，そだちの科学，**11**，33-39

田中康雄（2009b）．通常学級における特別支援—こんなときどうする？ 理論編：君たちは，なにに困っているのだろう？，特別支援教育研究，**617**，42-45

田中康雄（2011）．発達障害のある子どもの理解を深める—医療の立場から—，教育，**790**，26-34

田中康雄（2014）．総論 生活障害としての発達障害，発達，**137**，2-9

寺井まり子（2008）．「小学校で活動する学生ボランティアに関するエスノグラフィック・リサーチ—臨床心理学の立場から—」，臨床心理学研究，**6**，87-107

寺山千代子・東條吉邦（2002）．20世紀の自閉症教育の展開と歴史，国立特殊教育総合研究所分室 一般研究報告書 自閉性障害のある児童生徒の教育に関する研究，**5**，5-16

十亀史郎（1981）．自閉傾向のある子どもの生活指導，上出弘之・伊藤隆二（編），自閉傾向のある子ども，福村出版，pp.73-104

戸ヶ崎泰子・酒井裕市・渡邉由美子（2008）．小中学校の特別支援教育における学生支援員活用の試み，宮崎大学教育文化学部紀要 教育科学，**19**，135-146

十一元三・神尾陽子（2001）．自閉症児の自己意識に関する研究，児童精神医学とその近接領域，**42**（1），1-9

十一元三（2004）．近年の発達論的療育アプローチ —サーツモデル—，こころの臨床，**23**（3），317-320

Trevarthen, C., Aitken, K., Papoudi, D., & Robert, J. (1998). *Children with Autism* (2nd ed.) *Diagnosis and Interventions to Meet Their Needs.*（中野 茂・伊藤良子・近藤清美（訳）（2005）．自閉症の子どもたち—間主観性の発達心理学からのアプローチ—，ミネルヴァ書房）

都筑 学（2004）．倫理的に配慮する 研究協力者との関係のあり方，無藤 隆・やまだようこ・南 博文・麻生 武・サトウタツヤ（編），質的心理学 創造的に活用するコツ，新曜社，pp.233-239

Tustin, F. (1972). *Autism and Childhood Psychosis*, The Hogarth Press（斉藤久美子（監修）平井正三（監訳）（1972）．自閉症と小児精神病，創元社）

Tustin, F. (1994). The perpetuation of an error, *Journal of Child Psychotherapy*, **20**（1），3-23（木部則雄（訳）（1996）．誤診の永続性，イマーゴ，**7**（10），41-59）

内堀照夫（1981）．自閉傾向のある子どもの学習指導，上出弘之・伊藤隆二（編）自閉傾向のある子ども，福村出版，pp.105-138

内山登紀夫（1997）．高機能自閉症概論，心を開く，**25**，2-13

内山登紀夫（2006）．本当のTEACCH―自分が自分であるために―，学習研究社
上田　敏（2005）．国際生活機能分類ICFの理解と活用　人が「生きること」「生きることの困難（障害）」をどうとらえるか，萌文社
上野一彦（2013）．特別支援教育士の心理専門職としての役割―よりよい支援はアセスメントから始まる―，発達，**136**，26-33
梅永雄二（2013）．発達障害をもつ人の社会参加を支援する：職業的社会参加をめざして，こころの科学，**171**，44-48
梅津耕作・篁　一誠（1969）．自閉症児の行動療法（Ⅰ），精神医学研究所業績集，**16**，45-60
Van Krevelen, O. A.（1962）. Autisms infantum and autistic personality-Two clinical Syndromes, 児童精神医学とその近接領域，**3**（3），135-146
若林慎一郎・石井高明（1970）．自閉症児の学校教育についての一考察，児童精神医学とその近接領域，**11**（3），129-143
渡部　淳（1971）．＜自閉症児＞は存在するのか，児童精神医学とその近接領域，**12**（3），53-62
Werner, H.（1948）. *Comparative Psychology of Mental Developmental*. International University Press（鯨岡　峻・浜田寿美男（訳）（1979）．発達心理学入門，ミネルヴァ書房）
Williams, D.（1992）. *Nobody Nowhere: The Remarkable Autobiography of an Autistic Girl*（河野万里子（訳）（2000）．自閉症だったわたしへ，新潮社）
Williams, D.（1995）. *Appendix Hints in Autism: An Inside-out Approach*, pp.286-312（林サダオ（訳）（1996），自閉症を理解するためのキーワード集，イマーゴ，**7**（11），226-256）
Williams, D.（1998）. *Autism and Sensing: The Unlost Instinct*（川手鷹彦（訳）（2009），自閉症という体験―失われた感覚を持つ人びと，誠信書房）
Williams, D.（2006）. *The Jumbled Jigsaw: An insider's Approach to the Treatment of Autistic Spectrum 'Fruit Salads*（門脇陽子・森田由美（訳）（2008）．ドナ・ウィリアムズの自閉症の豊かな世界，明石書店）
Wing, L.（1976）. *Early Childhood Autism : Clinical, Educational and Social Aspect*（久保紘章・井上哲雄（監訳）（1977）．早期小児自閉症，星和書店）
Wing, L.（1981）. Asperger's syndrome: A clinical account. *Psychological Medicine*, **11**, 115-129（門　眞一郎（訳）（2000）．アスペルガー症候群―臨床知見，高木隆郎・M. Rutter・E. Schopler（編），自閉症と発達障害研究の進歩，4，星和書店，pp.102-120）
Wing, L.（1988）. The continuum of autistic characteristics, *Diagnosis and assessment in autism*, pp.91-110
Wing, L.（1996）. *The Autistic Spectrum : A Guide for Parents and Professionals*, Constable（久保紘章・佐々木正美・清水康夫（監訳）（1998）．自閉症スペクトラム　親と専門家のためのガイドブック，東京書籍）
Wing, L.（1997）. History of ideas on autism: Legends, myth and reality, *Autism*, **1**（1），19-20（久保紘章（訳）（2001）．自閉症に関する考え方の歴史，現代福祉研究，**1**，73-85）

Wing, L. & Gould, J. (1979). Severe impairments of social interaction and associated abnormalities in children: Epidemiology and classification. *Journals of Autism and Developmental Disorders*, **9**, 11-29（新澤伸子（訳）(1988). 子どもの対人交流の重度の障害とそれに関係する異常性について：疫学と分類．高木隆郎・M.Rutter・E.Schopler（編），自閉症と発達障害研究の進歩，2，星和書店，pp.59-72）

World Health Organization (1992). *The ICD-10 Classification of Mental and Behavioral Disorders: Clinical Descriptions and Diagnostic Guidelines* （融　道男・中根能文・小見山実ら（監訳）(1993). ICD-10　精神および行動の障害―臨床記述とガイドライン―，医学書院）

山上雅子（1997）．物語を生きる子どもたち―自閉症児の心理療法，創元社

山上雅子（1999）．自閉症児の初期発達―発達臨床的理解と援助，ミネルヴァ書房

山本淳一・澁谷尚樹（2009）．エビデンスにもとづいた発達障害支援：応用行動分析学の貢献．行動分析学研究，**23**（1），46-70

山村温路（2007）．学校ボランティアに参加する学生が抱える思い，千里山文学論集，**77**，181-195

山中康裕（1977）．解説　自閉症とはなにか，現代のエスプリ，**120**，83-86

横山佳子（1968）．「自閉症児親の会」の発足と活動，平井信義（著），小児自閉症，日本小児医事出版社，pp.475-477

吉井勘人・長崎　勤（2002）．自閉症児に対する相互的コミュニケーション指導―共同行為フォーマットと情動共有の成立を通して―，心身障害者研究，**26**，81-91

吉岡恒生・柴田和美・相馬慎吾（2008）．発達障害児のための学校支援ボランティア事業―初年度の取り組み―，愛知教育大学研究報告　教育科学，**57**，111-119

人名索引

A

安達　潤　225
秋元雅仁　184, 185
姉崎　弘　14
青木　聡　183
荒川　智　70
Asperger, H.　22-25, 31-38, 44, 46, 47, 49, 50, 57, 76, 118, 165
綾屋紗月　104-106, 215, 216

B

Bailey, A.　55, 56, 92, 95
Baron-Cohen, S.　87-90, 116
Bartak, L.　55
別府　哲　13, 93, 103, 181, 207
Bettelheim, B.　30, 39-44, 49, 50, 57, 118, 182, 209
Biklin, S.　140
Binet, A.　24
Bleuler, E.　23-25
Bogdan, R.　140
Bondy, A.　100
Bosch, G.　37, 38

C

Cox, A.　52

D

DeMyer, M. K.　52, 102
土居健郎　116

E

Eisenberg, L.　27, 28
Emde, N.　209

F

Ferster, C. B.　74
Frith, U.　22, 91-93, 119
Frost, L.　100
藤家寛子　104, 149, 215
福田真也　229
伏見憲明　105

G

Glenys, J.　12, 100, 164
Goldfarb, W.　50
後藤　毅　71
Gould, J.　80
Gray, C.　100
Gutstein, S. E.　100

H

浜田寿美男　18, 57, 70, 106, 134, 163
浜谷直人　125, 126
Happé, F.　92, 103
東山紘久　71, 72
平井信義　46, 47
平野信喜　46
Hobson, R. P.　87, 93-96, 119
本田秀夫　208
Honda, H.　79, 102
本郷一夫　109
堀口真宏　150

堀越紀香　141
細川かおり　68, 69

I

市橋香代　79, 82, 87
飯田順三　7
今村　明　97
石井高明　46, 59, 72
石橋泰子　71, 75
石川　元　24, 79, 87, 102
石野秀明　137
石坂好樹　52, 88, 89, 91, 92, 103
Itard, E. M.　22
伊藤良子　180, 205
伊藤隆二　73
伊藤哲司　106
岩永竜一郎　100
岩澤啓子　184
泉　流星　15

K

門　眞一郎　14, 82, 98
亀口憲治　198
上出弘之　58, 73
神尾陽子　93, 97, 102
加茂　勇　222
金子郁容　186, 226
神田橋條治　17
Kanner, L.　22-31, 35, 37-40, 42, 44-46, 49-52, 54, 58, 60, 76, 93, 118, 200
加藤佳代子　208
勝浦眞仁　147
川端利彦　46
河本英夫　105, 106

Kazdin, A. E. 137	村上靖彦 215	97, 116
木村訓子 185	村松陽子 98	
小林隆児 3, 71, 72, 100, 148	村瀬　学 40, 63	**S**
Kolvin, I. 52, 53	村田豊久 71, 72	櫻井未央 104
近藤幸雄 225	村田保太郎 48	Sameroff, J. 209
古塚　孝 168	無藤　隆 141	佐々木正美 100
高森　明 16, 17		佐々木　司 208
河野哲也 90	**N**	笹森理絵 229
Kraepelin, E. 23, 26	長崎　勤 179, 222	笹森史朗 229
窪島　務 124	中川信子 163	佐藤由宇 21, 63, 74, 97
鯨岡　峻 3, 5, 16, 117, 130, 136, 141, 142, 148, 168, 209, 212-214, 222, 229	中村孝博 207	Schopler, E. 97, 99
	中根　晃 51, 52, 66, 67, 71, 75, 101	関戸英紀 206
	中塚善次郎 169	澁谷尚樹 138
	中山　治 74, 75	嶋田洋徳 184
熊谷晋一郎 104-106, 205, 216	中山登美江 74, 75	島巡紀子 184
	ニキリンコ 8, 15, 104, 149, 215	島宗　理 137
黒田吉孝 13, 102		清水康夫 208, 209
栗田　広 101	能智正博 140	Simon, Th. 24
黒川新二 169, 179		Solden, S. 15
黒丸正四郎 23, 39	**O**	Stern, D. N. 96, 119, 167, 168
車谷隆宏 106	落合俊郎 184, 185	
桑原　斉 208	大井　学 163	菅野幸恵 198
	大倉得史 168, 229	杉山登志朗 21, 25, 76, 101-103, 180, 207
L	太田昌孝 90, 91, 102	
Lockyer, L. 51	岡田尊司 209	Sullivan, H. S. 130, 137
Lotter, V. 52, 53, 79	奥住秀行 124	
	小澤　勲 21, 46, 47, 51-53, 59-65, 67, 70, 77, 116, 118, 204	鷲見たえ子 45, 97
M		鈴木智帆 106
前川あさ美 185		鈴木光生 183
Mahler, M. S. 39	Ozonoff, S. 87, 90	
牧田清志 45, 46, 50, 66		**T**
	P	Tager-Flusberg, H. 89
松居美樹子 168	Pennington, B. F. 90	高木隆郎 23, 45-47, 50, 63, 65
松井　治 74	Pichot, P. 24	
松本真理子 127-129		高畑英樹 13, 222
箕浦康子 130	**R**	篁　一誠 74
茂木俊彦 124	Richard, M. 149	高野久美子 185, 199
森　さち子 168	Rimland, B. 50	高岡　健 24, 52, 70, 102
森口奈緒美 15, 103, 149	Russell, J. 90	
	Rutter, M. 23, 25, 44, 49, 51-58, 61, 65, 67, 74, 76-79, 92, 93, 95,	竹下研三 68
森岡正芳 117, 127		滝川一廣 21, 39, 54,
森田弘子 75		

75,76,207
玉井収介　71,73
田中千穂子　3
田中康雄　12,16,18,
　103,109,181,207,214,
　222,223,225
田島恵　185
寺井まり子　183
寺山千代子　48,70
十亀史郎　72
戸ヶ崎泰子　183
十一元三　93,97
東條吉邦　48,70
Trevathen, C.
　94-96,119,180
都筑学　143
辻井正次　103

Tustin, F.　75

U

内堀照夫　73
内山登紀夫　98,102
上田敏　68,70
梅津耕作　74
梅永雄二　229
内海淳　106

V

Van Krevelen, D. A.
　37,38

W

若林慎一郎　72
渡部淳　70

Weisz, J. R.　137
Werner, H.　148
Williams, D.　16,104,
　149,171
Wing, L.　22,23,38,
　50,51,77-87,89,99,
　101,112,116,205

Y

山上雅子　47,75,96
山本淳一　138
山村温路　183,184
山中康裕　60
横山佳子　48
吉井勘人　179
吉岡恒生　184

事項索引

あ

ICD-10　3
愛着　84
Asperger 型　46
アスペルガー症候群　38
アセスメント　14, 124
ありのまま　57
生き生きとした情動（vitality affects）　96
生きづらさ　18, 214
インクルーシブ教育システム　220
受け止める　57
　　——-受け止められる　211
エピソード記述　141
エピソード記録　140

か

外的な枠組み　84
学校ボランティア　183
Kanner 型　46
環境　12
　　——調整　181
関係障碍　209
関係性　203
感じ方　4
間主観的　136
感受性　63
間身体性　134
関与・観察　5, 130
共育　182, 225
共同注意の欠如　89
強迫症状　7
共有できる体験　200, 217
空白の自己　92
軽度発達障碍　103
言語・認知障碍仮説　54
現象学的還元　117
高機能広汎性発達障碍　103
高機能自閉症　102
交叉体験　217
構造化　55
行動療法　55
広汎性発達障碍　3
合理的配慮　123, 220
国際障害分類（ICIDH）　68
国際生活機能分類（ICF）　69
互恵的な支援　199
心の理論障碍説　88
個体能力発達　56
個別の配慮・支援　109
孤立　30

さ

自己表現　62
自他混沌の世界　64
実行機能障碍説　90
自閉　25
　　——症概念　22
　　——症児（Autistic child）　86
　　——症スペクトラム　5, 79
　　——症のある子ども（Child with Autism）　86
　　——スペクトラム症（autism spectrum disorder）　208
　　——性　46
　　——的精神病質　32
「——的」世界　34
　　——的知能　33
　　——度　60
集団療育　71
障碍特性　13
　　——理解　214
情動　95
　　——調律　167
小児自閉症　40
心因論　39
身体感覚　215
心理療法　75
すれ違い　163
早期幼児自閉症　26
相互作用モデル　206
相互主体性　213
相貌性　149
相貌的知覚　148

た

対人関係障碍説　93
タイムアウト　170
知覚共有体験　164
つなぎ役　12, 165
DSM　3
TEACCH　98
定型発達　55
　　——者　15
同一性保持能力　29
当事者　15
　　——研究　104
特性理解　114

独特の関係性　19
特別支援教育　13, 106, 107
　　——支援員　4
共にある　114, 227
捉え方　4

な

内面世界　15
認知・言語障碍説　44
能動性　42

は

発達障碍　3
　　——の当事者　104
発達性障碍　67
発達凸凹　207
不確かさ　139
不調和　35
プレイセラピー　47

ま

見る・見られる　126
無関心　44

や

養護学校　70
予後　51

弱い中枢性統合仮説　92

ら

リフレーミング　198
両義性　212

わ

わがまま　8
"我が"まま　12
分からなさ　63, 117

【著者紹介】
勝浦眞仁（かつうら　まひと）
桜花学園大学保育学部准教授
京都大学大学院人間・環境学研究科後期博士課程研究指導認定退学（2011）
博士（人間・環境学）（2014）

"共にある"ことを目指す特別支援教育
関係論から発達障碍を問い直す

2016年3月24日　　初版第1刷発行	定価はカヴァーに表示してあります

　　　　　　著　者　　勝浦眞仁
　　　　　　発行者　　中西健夫
　　　　　　発行所　　株式会社ナカニシヤ出版
　　　　　　〒606-8161　京都市左京区一乗寺木ノ本町15番地
　　　　　　　　　　　　　　　Telephone　075-723-0111
　　　　　　　　　　　　　　　Facsimile　075-723-0095
　　　　　　　　　　　Website　http://www.nakanishiya.co.jp/
　　　　　　　　　　　Email　　iihon-ippai@nakanishiya.co.jp
　　　　　　　　　　　　　　　郵便振替　01030-0-13128

装幀＝白沢　正／印刷・製本＝亜細亜印刷
Printed in Japan.
Copyright ©2016 by M. Katsuura
ISBN978-4-7795-1050-2

◎本書のコピー、スキャン、デジタル化等の無断複製は著作権法上での例外を除き禁じられています。本書を代行業者等の第三者に依頼してスキャンやデジタル化することはたとえ個人や家庭内の利用であっても著作権法上認められておりません。